JN457760

미래조직을 위한

조직설계의 이해

4판

한빛아카데미
Hanbit Academy, Inc.

지은이 **현선해**

성균관대학교 경영학과를 졸업하고 미국 아이다호 주립대(Idaho State University) 경영학 석사, 미국 콜로라도 주립대(University of Colorado at Boulder) 경영학 박사 학위를 취득하였다. 성균관대학교 입학처장, 경영대학원(iMBA) 주임교수, 글로벌 경영학과 학과장, 그리고 부총장을 역임하였다. 논문으로는 『조직정당성에 대한 제도적 관점과 전략적 관점의 비교 연구』, 『전략적 의사결정과정의 합리성과 조직환경, 조직구조, 그리고 조직성과 간의 관계에 대한 연구』 외 다수가 있다.

지은이 **최세경**

숙명여자대학교 경영학과를 졸업하고 성균관대학교에서 경영학 박사 학위를 취득하였다. 성균관대학교 글로벌경영학과와 글로벌창업대학원에서 조직설계, 조직행동론, 스타트업조직연구 등을 강의하였고, 현재는 백석대학교 경상학부 부교수로 재직 중이다. 논문으로는 『Does creativity benefit both entrepreneurship and job searching stress?』, 『리더의 주도적 행동과 배려가 구성원의 조직정치지각에 미치는 영향』 외 다수가 있다.

지은이 **서문교**

고려대학교 중어중문학과를 졸업하고 성균관대학교에서 경영학 박사 학위를 취득하였다. 성균관대학교 경영학과와 글로벌창업대학원에서 조직설계 및 창업경영학특론 등을 강의하였고, 현재는 웅지세무대학교 회계세무정보학부에서 부교수로 재직 중이다. 논문으로는 『The Study of relationships among Proactive Personalities and Organizational Performance in Chinese Corporation』, 『Does Self-Efficacy Always Trigger Entrepreneurial Intention?: An Exploratory Approach』 외 다수가 있다.

미래조직을 위한 **조직설계의 이해 4판**

초판발행 2021년 8월 13일

지은이 현선해, 최세경, 서문교 / **펴낸이** 전태호
펴낸곳 한빛아카데미(주) / **주소** 서울시 서대문구 연희로2길 62 한빛아카데미(주) 2층
전화 02-336-7195 / **팩스** 02-336-7199
등록 2013년 1월 14일 제2017-000063호 / **ISBN** 979-11-5664-562-7 93320

책임편집 김현용 / **편집** 권오상
디자인 표지 박정화 내지 박정화 / **전산편집** 인투 / **제작** 박성우, 김정우
영업 이윤형, 길진철, 김태진, 김성삼, 이정훈, 임현기, 이성훈, 김주성 / **영업기획** 김호철, 주희

이 책에 대한 의견이나 오탈자 및 잘못된 내용에 대한 수정 정보는 아래 이메일로 알려주십시오.
잘못된 책은 구입하신 서점에서 교환해 드립니다. 책값은 뒤표지에 표시되어 있습니다.

홈페이지 www.hanbit.co.kr / 이메일 question@hanbit.co.kr

Published by HANBIT Academy, Inc. Printed in Korea
Copyright © 2021 현선해, 최세경, 서문교 & HANBIT Academy, Inc.
이 책의 저작권은 현선해, 최세경, 서문교와 한빛아카데미(주)에 있습니다.
저작권법에 의해 보호를 받는 저작물이므로 무단 복제 및 무단 전재를 금합니다.

지금 하지 않으면 할 수 없는 일이 있습니다.
책으로 펴내고 싶은 아이디어나 원고를 메일(writer@hanbit.co.kr)로 보내주세요.
한빛아카데미(주)는 여러분의 소중한 경험과 지식을 기다리고 있습니다.

미래조직을 위한

조직설계의 이해

4판

현선해, 최세경, 서문교 지음

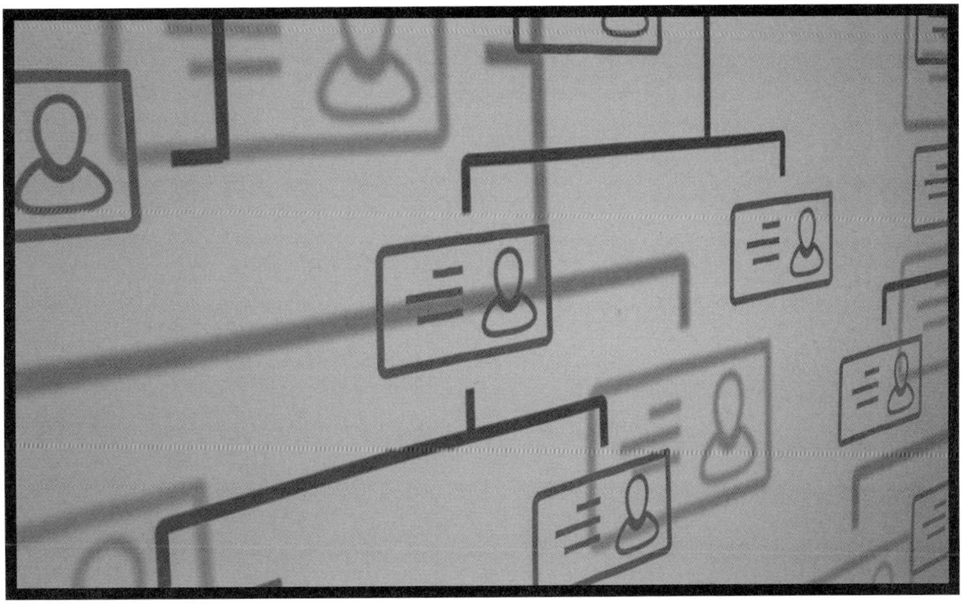

한빛아카데미
Hanbit Academy, Inc.

조직설계와 조직이론에 관한 기초 내용과 이론

조직이론과 조직설계론을 강의해 오면서 학생들이 주로 어떤 주제들에 대한 관심을 갖는가를 알게 되었고, 이에 대한 정리를 하면서 조직설계에 대한 교재를 어떻게 구성하는 것이 바람직한가에 대한 나름의 구상을 갖게 되었다. 본 교재는 이러한 구상을 바탕으로 조직설계와 조직이론에 관한 기초 내용과 이론을 담고 있다.

경영학의 인사 · 조직 분야는 크게 미시적 접근과 거시적 접근으로 구분된다.

미시적 접근은 심리학의 영향을 많이 받은 분야로서, 조직 내에서 개인 또는 집단을 분석 대상으로 하며, 조직행동과 인사관리가 여기에 해당된다.

거시적 접근은 조직사회학의 영향을 많이 받았으며, 조직과 외부환경 간의 상호관계 속에서 조직들이 어떻게 생존해 나가는가를 관심 대상으로 하고, 조직이론과 조직설계가 여기에 해당된다.

이 책의 주제는 거시적 접근에 해당되며, 조직구조를 외부환경변화에 적응하고 생존해 나가기 위한 중요한 도구로 이해하고, 이를 위해서 조직구조에 대한 이해와 이에 영향을 미치는 여러 요인들에 대해서 알아보는 것을 그 목적으로 한다.

본 교재에서는 조직구조의 설계를 중심으로 하는 여러 요인에 대한 논의가 포함되어 있다.

2010년 조직설계의 기초라는 제목으로 처음 교재를 출판하고 3판까지 개정 작업을 거쳤으나, 아쉬운 부분이 많아 이번 기회에 개편과 보완을 하여 새로운 책으로 출판하게 되었다. 여전히 미흡한 부분이 많으나 앞으로 지속적인 보완을 통해 더 나은 교재로 발전시킬 것을 다짐해 본다.

끝으로 이 책이 출판되기까지 많은 지원과 도움을 주신 한빛아카데미에 깊은 감사를 드린다.

저자 일동

목차

PART 02

조직구조의 이해

PART 03 조직의 환경

PART 04

조직의 과정

PART 01

조직에 대한 이해

CHAPTER

01

조직에 대한 이해

01. 기시적 시각과 미시적 시각
02. 조직이란 무엇인가?
03. 시스템적 접근
04. 투입–변환–산출
05. 이 책의 구성

학 | 습 | 목 | 표

- 조직을 분석하는 연구의 수준을 파악한다.
- 조직의 개념을 이해한다.
- 조직이론의 학문적 패러다임의 변화를 이해한다.
- 조직에 대한 다양한 관점의 대표 연구를 파악한다.
- 환경과 조직이 어떠한 과정으로 상호작용하는지 이해한다.
- 급변하는 환경 속에서 조직에게 주어진 새로운 도전 과제를 이해한다.
- 이 책의 구성을 살펴볼 수 있다.

CHAPTER 01

조직에 대한 이해

01 거시적 시각과 미시적 시각

당신은 어떤 조직에 속해있는가? 아마 이 책을 읽는 독자는 학교, 봉사단체, 회사 등 하나 이상의 대답을 내놓을 수 있을 것이다. 현대 사회에서 조직과 상관없는 삶을 살아가는 것은 거의 불가능하다. 몸이 아플 때는 병원에 가야하고, 보다 쉽게 지식을 습득하기 위해서는 학교를 다녀야 한다. 개인이 예술품을 모으기에는 비용이 많이 드나, 박물관을 찾아가면 비교적 낮은 가격에 예술을 감상할 수 있다. 경찰이 있기에 사회 치안이 유지되고, 우체국이 없다면 소포를 보내기 위해 직접 발품을 팔아야 한다. 이와 같이 우리의 삶 속에 깊은 영향을 미치는 조직에 대해 보다 체계적으로 연구하고 이해할 필요가 있다.[1)]

그렇다면 조직은 어떻게 설명될 수 있을까? 기업, 학교, 병원, 정부 등 조직은 매우 다양한 형태로 존재하지만, 그러한 다양성 속에서도 몇 가지 공통점을 찾아낼 수 있다. 첫째, 모든 조직은 최소 2인 이상의 집단성을 지니고 있다. 학교에는 국어, 영어, 수학 등 각 과목별로 수업을 담당하는 선생님이 있고, 병원 역시 의사, 간호사, 약사 등의 다양한 구성원이 존재한다. 즉, 조직은 개인이 아닌 집단 수준으로 존재하게 된다.

둘째, 각 조직마다 추구하는 목표가 존재한다. 학교에서는 교육을, 병원에서는 질병의 치유를 위해 노력한다. 즉, 각 조직별로 달성하고자 하는 특수한

1) R. Scott & G. Davis (2007), *Organizations and Organizing*, Pearson Prentice-Hall.

목표가 존재하는 것이다. 이에 따라 조직학자들은 조직에 대해 특정한 목표를 달성하는데 있어 상호협력적인 노력을 기울이기 위해 창조된 사회적 구조물로 정의하기도 한다.

하지만 이러한 공통점만 존재하는 것은 아니다. 조직마다 서로 다른 독특한 특징이 존재한다. 예를 들어, 규모의 측면에서 볼 때, 수십만 명 규모의 군대와 서너 명의 직원으로 구성된 벤처기업은 분명 그 구조와 운영 방식에서 차이가 존재할 수밖에 없다. 또한 이윤을 추구하는 기업과 봉사를 위해 조직 된 사회단체가 같은 방식으로 활동하지는 않는다. 이렇게 조직의 형태와 과정이 서로 다른 모습으로 존재하는 만큼, 조직에 대한 설명과 이해 역시 다양한 시각을 반영해야만 한다.

따라서 조직을 설명하는 조직이론은 매우 다양한 시각에서 발전되어 왔고, 때로는 서로 상반되는 시각으로 조직을 설명하기도 한다. 다양한 종류의 조직만큼, 조직을 바라보는 시선도 다양하기 때문이다. 그런데 조직이론들이 서로 다른 시선으로 조직을 설명한다고 해서 누군가 하나가 틀렸다고 말할 수는 없다. 예를 들어, 미술의 석고 소묘를 생각해보자. 비너스를 가운데 두고 동그랗게 둘러앉아 그림을 그리면, 앉은 자리에 따라 그림의 결과가 달라질 것이다. 앞에 앉은 사람은 비너스의 아름다운 얼굴을 정면에서 바라보며 그릴 것이고, 누군가는 비너스의 뒤에 앉아 곱슬거리는 머리모양만 그릴 수 있을 것이다. 눈 · 코 · 입 없이 뒤통수만 그렸다고 해서, 그 그림이 비너스가 아니라고 말할 수 있을까?

조직 역시 어느 시각에서 바라보는가에 따라 강조되는 특성이 달라질 수 있지만, 바라보는 대상이 서로 다른 것은 아니다. 이것은 다시 말해, 조직을 온전히 이해하기 위해서는 조직을 바라보는 다양한 시각을 모두 이해해야 함을 의미한다. Poggi는 '세상을 바라보는 하나의 시선은, 세상을 제대로 바라보지 못하는 또 다른 시선이 될 수 있다'고 지적하였다(a way of seeing is a way of not seeing).[2] 즉, 하나의 시각만으로는 조직을 온전하게 이해할 수 없다. Astley & Van de Ven 역시 조직이론의 다분화된 시각을 정리 · 비교함으로써 조직에 대한 전반적인 이해를 더욱 높일 수 있음을 지적하고, 조직을 바라보는 시각을 거시적 시각과 미시적 시각으로 분류하였다.[3]

거시적 시각(macro view)은 전체 조직에 초점을 맞추고, 조직과 환경의 관계, 변화하는 환경에 대한 조직의 적응, 그리고 조직과 조직 간의 관계 등에 대해 설명한다. 이러한 거시적 시각을 따르는 학문 분야로는 조직설계, 조직이론, 경영전략론 등이 존재한다.

미시적 시각(micro view)은 다시 개인 수준과 집단 수준으로 구분되는데, 개인 수준에서는 개인의 성격, 가치관, 태도 등 개인을 이해할 수 있는 다양한 요인들에 대하여 연구하고, 집단 수준에서는 커뮤니케이션, 갈등과 협상, 리더십 등 구성원 간 상호작용 과정에서 발생하는 다양한 역학에 대해 다룬다. 이러한 미시적 시각을 따르는 학문 분야로는 조직행동론, 인사관리 등이 존재한다. 이 책은 거시적 시각에서 조직을 바라보고, 조직이 직면하는 환경(environment)의 특성, 조직구조(organizational structure)의 설계, 조직의 자원(strategic resources), 다양한 조직 과정(organizational process) 등에 대해 설명한다.

도표 1-1 조직을 바라보는 시각

구분	특징	연구 분야
거시적 시각	조직 자체에 초점을 두고 조직과 환경, 조직과 조직 간의 관계를 설명	조직이론, 경영전략
미시적 시각	조직 내부에 초점을 두고, 조직 내 개인에 대한 이해와 집단역을 설명.	조직행동, 인사관리

2) G. Poggi (1965), "A main theme of contemporary sociological analysis: Its achievements and limitations," *British Journal of Sociology*, vol. 16, pp. 283~294.

3) W. Astley & A. Van de Van (1983), "Central perspectives and debates in organization theory," *Administrative Science Quarterly*, vol. 28, pp. 245~273.

02 조직이란 무엇인가?

조직의 정의

조직의 공통점으로 특정한 목표의 달성을 위해 집단적 협력을 기울이는 존재라고 설명하였다. 이러한 특징에 대해 조금 더 구체적으로 살펴보기로 한다. 우선 조직의 목표에 대해 생각해보자. 조직이 특정한 목표를 달성하기 위해 존재한다는 것은 곧, 조직구성원들 간에는 공동의 목표(common goal)가 공유되고 있다는 것을 의미한다. 이와 관련하여 Narayanan & Nath는 조직을 '공동의 목표를 달성하기 위해 사람들이 함께 모여 복잡한 업무를 수행하는 활동장소(arena)'라고 정의했다.[4] 여기서 한 가지 주의할 점은, 단순히 많은 사람들이 한 장소에 모여 있다고 해서 이를 조직이라 부를 수는 없다.

조직
계층적인 구조를 갖고 상호협력 하에 공동의 목표를 추구하는 모임.

예를 들어, 각자 다른 길을 가기 위해 출근시간에 지하철을 기다리는 플랫폼의 많은 사람들은 조직이 아니다. 출근길의 사람들은 저마다 서로 다른 이유와 의도를 가지고 지하철을 기다리고 있을 뿐, 공통된 목표를 달성하기 위해 서로 협력하며 상호작용하지는 않는다. 즉, 조직이란 구성원들이 공동의 목표를 인지하고, 원하는 가치를 획득하기 위해 서로의 행동을 조정하고 협력하는 존재(entities)로 정의될 수 있다.

그렇다면, 조직이 추구하는 목표는 어떠한 특성을 가지고 있을까? 조직의 목표는 크게 두 가지 유형으로 구분할 수 있다. 첫째는 공식적 목표(official goal)로, 이는 조직이 대외적으로 자신의 존재 이유에 대하여 설명하는 사명서(mission statement)의 형태로 나타난다. 즉, 공식적 목표란 조직이 왜 존재하고 어떠한 가치를 추구하는지 등에 대하여 공개적으로 기술해놓은 공식적인 원칙이라 할 수 있다.[5] 조직목표의 두 번째 유형은 운영목표

4) V. Narayanan & R. Nath (1993), *Organization Theory: A strategic Approach*, Richard D. Irwin, Inc.

5) G. Jones (2010), *Organizational Theory, Design and Change*, Pearson Education, Inc.

(operational goal)이다. 운영목표란 조직이 실제로 달성하고자 하는 바를 구체적으로 기술한 것으로, 장 · 단기 과업목표 혹은 달성하고자 하는 목표의 기준치인 표준성과 등으로 표시된다. 시장점유율, 불량률, 비용, 고객만족도 등 수치화 되어 나타나는 경향이 많으며, 이러한 운영목표의 달성 여부를 통해 조직의 효과성을 측정하기도 한다.

이제 조직의 두 번째 특징인 집단성에 대해 살펴보자. 위에서 살펴본 바와 같이 조직은 여러 사람들이 함께 모여 과업을 수행하는 존재이다. 이때 집단적으로 과업을 수행한다는 것은 모든 사람이 똑같은 업무를 행한다는 의미는 아니다. 개개인별로 서로 다른 역할을 부여받아 일하면서 서로를 보완하고 협력하는 등 시너지를 발휘하게 된다. 공동의 목표를 추구하는 과정에서도 개개인은 서로 저마다 다른 경험을 하게 되고, 그에 따라 축적되는 지식과 기술의 숙련 역시 달라지며, 이는 곧 요구되는 책임의 차이를 야기한다. 다시 말해, 조직 내에는 다양한 구성원들이 서로 다른 권한을 갖는 계층구조(levels of hierarchy)가 형성된다는 것이다. 오늘날 많은 기업들은 구성원에게 대리, 과장, 차장, 부장 등의 계층적 직위를 부여한다. 많은 사람이 모여 복잡한 업무를 수행하기 위해 상호작용하는 과정에서 역할이 세분화되며 계층 역시 나타나게 되는 것이다.

도표 1-2 조직이란?

공통점	특징
목표	공동의 목표를 추구 • 공식적 목표: 대외적으로 조직의 존재이유를 설명 • 운영목표: 장 · 단기 과업목표, 표준성과
집단성	집단적 협력 • 시너지: 상이한 역할을 수행하며 보완과 협력 • 계층구조: 상이한 책임과 권한의 형성

조직의 발생

그렇다면 이러한 조직은 왜 발생하는 것일까? 미국의 사회학자 Parsons는 특정한 일을 수행함에 있어 개인 수준을 초월하는 목표를 달성하기 위해서는 조직의 개발이 필수적임을 지적했다.[6] 개인으로서는 도달할 수 없는 일이라 할지라도 조직을 통해 수행하면 그 추구하는 바를 이루어낼 수 있음을 의미한다. 이는 단순히 여러 사람의 힘을 합친 큰 에너지로 인한 것이 아니라, 조직을 구성하는 다양한 구성 요소 간 서로 협력하고 조화를 이루며, 다양한 기술의 결합과 보완을 통해 시너지가 발생되기 때문에 가능한 일이라 할 수 있다. 조직은 분업을 통해 효율성과 전문성을 높일 수도 있고, 대규모 투자와 작업으로 규모의 경제효과를 달성하기도 한다. 즉, 조직은 개인이 보유하고 있는 고유한 에너지를 결합하여 시너지를 발생시켜 보다 고차원적인 목표의 달성을 가능케 한다.

한편, 조직의 발생에 대하여 설명하고 있는 또 다른 시각이 존재하는데 바로 거래비용과 관리비용의 비교에서 접근하는 거래비용이론이 여기에 해당된다. 경제학자 Coase는 기업이 존재하는 이유에 대하여 똑같은 기능을 시장에서 수행하는 것보다 조직 내부로 가져와 관리할 때 드는 비용이 더 적게 발생할 때 기업조직이 생겨난다고 보았다.[7] 시장(market)에서 조직이 원하는 바를 달성하기 위해서는 계약(contract)에 의한 거래가 이루어져야 하는데, 이러한 계약을 체결하는 데에는 여러 가지 거래비용(transactional cost)이 발생하게 된다. 예를 들어, 적절한 계약 대상을 찾기 위한 사전조사라든가, 계약을 성사시키기 위한 협상, 그리고 계약 후 이행을 감시하는 데 드는 비용 등이다. 그에 비해 조직은 위계(hierarchy)적 권한에 의해 움직이게 되는

6) T. Parsons (1960), *Structure and Process in Modern Societies*, Glencoe, IL, Free Press.

7) O. Williamson (1977), "Markets and Hierarchies: Analysis and Antitrust Implications," *Administrative Science Quarterly*, vol. 22(3), pp. 540~544.

데, 위계적 질서가 제대로 운영되도록 통제하고 감시, 감독하는 데 드는 비용을 관리비용(administrative cost)이라 한다. 시장에서 발생하는 거래비용보다 조직 내부에서 직접 통제하는 관리비용이 상대적으로 더 적게 들 때 시장과 조직의 경계가 발생하며, 거래비용의 감소를 위해 조직이 생겨나게 되는 것이다. 예를 들어, 의류를 제조하는 의류기업의 입장에서 원단을 시장으로부터 구매해오는 거래비용과 직접 원단을 제작하는 관리비용을 비교했을 때, 후자의 비용이 더 적게 든다면 원단의 생산 활동 역시 조직 내부에서 수행한다. 이와 같이 거래비용이론은 생산의 범위를 결정하는데 있어 조직 차원에서 관리할 것인가, 시장으로부터 구매할 것인가에 대한 생산-구매 결정(make or buy decision) 결과에 따라 조직의 경계가 생겨나게 된다고 본다.

도표 1-3 조직이 형성되는 이유

학자	특징
Parsons	개인 수준에서 달성할 수 없는 목표를 추구하기 위해 조직 생성
Coase	시장에서 발생하는 비용을 절감하기 위해 조직 생성

03 시스템적 접근

조직구성원은 공동의 목표를 수행하기 위해 서로 다른 역할을 수행함을 설명하였다. 예를 들어, 축구 경기에서 11명의 선수가 모두 공격만 한다면 결코 경기를 승리로 이끌 수 없다. 누군가는 골대 앞에서 공을 막는 골키퍼 역할을 해야 하고, 누군가는 중앙에서 상대 선수를 수비해야 하며, 누군가는 상대방의 골문 앞에서 골을 넣기 위한 기회를 노려야 한다. 다만 중요한 점은 서로 다른 역할을 수행하는 선수들이라 할지라도, 서로 간에는 협력하여 서로를 보완하며 움직여야 하는 점이다. 같은 팀 선수의 움직임을 살피지 않고는 전체적인 경기를 진행해나갈 수 없다. 즉, 선수들은 저마다 고유한 역할을 수행하는 동시에 상호 간 유기적인 연결이 되어야 비로소 공동의 목표를 달성할 수 있다. 조직 역시 마찬가지이다. 조직 내 구성원들은 서로 다른 고유한 역할을 수행하고, 조직 내 부서도 고유한 기능 영역을 갖지만, 각각의 구성 요소는 서로 유기적으로 얽혀 직접 혹은 간접적인 상호작용을 통해 목표를 향해 나아갈 수 있다. 이와 같이 직 · 간접적으로 상호작용하는 구성 요소들의 통합된 조직을 시스템(system)이라고 한다.

우리 주변에는 시스템적 특징을 갖는 수많은 존재가 산재하는데, 그중 가장 대표적인 시스템으로 바로 사람의 신체를 들 수 있다. 위는 음식의 소화를, 심장은 혈액의 공급을, 간은 독소의 해독을 담당하는 등 각 장기마다 고유한 역할을 수행하는데, 이러한 장기들이 유기적으로 연결되지 않는다면 생명을 유지할 수가 없다. 심장이 뛰기 위해서는 충분한 영양분을 흡수해야 하고, 그러기 위해서는 뇌가 신호를 보내 음식을 먹는 행동을 유발해야 한다. 조직에서도 마찬가지로 한 부서가 기능을 제대로 수행하기 위해서는 다른 부서가 이를 보조 혹은 보완하는 상호관계가 존재해야 한다. 즉, 공동의 목표를 달성하기 위해 여러 사람이 모여 과업을 수행하는 조직은 시스템적 특징을 갖게 된다. 그렇다면 시스템으로서의 조직은 구체적으로 어떠한 특성을 보유하고 있을까?

시스템
직접적 혹은 간접적으로 상호작용하는 구성 요소들의 통합된 조직

Scott는 오늘날 조직을 바라보는 관점을 합리적 시스템, 자연적 시스템, 그리고 열린 시스템 등 세 가지로 정리하였다. 이러한 세 가지 관점은 경영학의 역사적 산물로서, 각각의 관점에 따라 조직에 대해 고유한 분석의 틀을 제공한다.[8)]

---

8) R. Scott (2006), *Organizations: Rational, Natural, and Open Systems*, 6th Editions, Prentice-Hall.

도표 1-4 시스템으로서의 조직

구분	특징	대표연구
합리적 시스템	목표달성을 위한 수단	과학적 관리법, 관료제
자연적 시스템	제한된 합리성의 집합체	호손연구
열린 시스템	생존을 위해 환경과 상호작용	상황이론

합리적 시스템

합리적 시스템
목표달성을 위해 최대의 효율성을 발휘할 수 있는 존재

조직을 합리적 시스템(rational system)으로 바라보는 시각은 조직을 목표를 달성하기 위한 수단으로 간주한다. 다른 무엇보다 목표달성을 최우선과제로 삼고, 목표달성을 통해 조직이 존재하는 이유를 설명할 수 있다. 즉, 조직은 매우 체계적이고 합리적인 존재로서, 목표를 달성하는데 최대의 효율성을 발휘할 수 있는 존재이며, 그렇게 설계되고 관리, 운영되어야 한다는 것이 이 시각의 특징이다. 그렇다면 조직을 합리적으로 운영하기 위해서는 어떠한 방법들을 사용할 수 있을까? 첫째, 조직 내 명확하고 구체적인 목표(goal specificity)가 제시되어야 한다. 달성하고자 하는 바가 무엇인지 조차 파악하지 못하는 상태라면, 당연히 목표달성을 위해 어떠한 역할을 수행하고 어떻게 자원을 활용해야 할지 알 수 없다. 따라서 합리적인 존재로서의 조직은 구체적이고 명확한 목표가 모든 구성원 사이에 공유되어야 한다. 둘째, 조직 내 과정은 체계화 되어야 한다. 과제가 주어졌을 때마다 임기응변으로 혹은 사람마다 다른 방법으로 대처를 하는 것이 아니라, 정교하게 설계된 기계처럼 계획적이고, 효율적인 운영 과정을 공식화(formalization)해야 한다. 즉, 과업을 수행하는 규칙과 규정, 표준화 된 기준 등이 구체적으로 기술되어 있어야 한다.

Taylor의 과학적 관리법

조직을 합리적 시스템으로 바라본 대표적 학자로 Taylor를 들 수 있다. Taylor는 근로자들의 자의적인 태업과 불량한 작업태도 등의 문제점을 개선하기 위해, 근로자가 하루에 수행해야 할 업무량을 설정하여 이를 과업(task)이라 하였다. 그리고 관리자로 하여금 동작 및 시간연구를 통해 과업을 수행하는데 있어 가장 효율적이고 최선의 방안을 찾아내어, 근로자 누구나 동일한 과정으로 과업을 수행할 수 있도록 감독, 통제해야 함을 지적했다. 즉, 관리자는 과업과 관련한 표준(standard)을 마련하는 등 구체적인 계획을 세우고, 근로자는 계획에 따라 표준을 충족시키기 위해 노력하며, 그 결과에 맞게 적절한 보상과 인센티브가 제공됨으로써 효율성을 높일 수 있다고 보았다.[9)]

Taylor는 이러한 일련의 과정에 대해 과학적 관리법(scientific management)이라고 명명하고, 관리자가 준수해야 할 네 가지 원칙을 다음과 같이 제시했다. 첫째, 시간 및 동작연구(time and motion study)를 통해 근로자가 수행하는 과업은 과학적으로 분석되어야 하고, 과업을 수행하는 하나의 최선의 방법이 표준화되어야 한다. 이는 과업을 수행하는데 있어 능률을 높일 수 있는 방안을 찾기 위해 관리자로 하여금 항상 과업에 대해 탐구하고 체계적으로 접근할 것을 요구하는 것이다. 둘째, 근로자들은 과학적으로 선발되고 훈련(scientific selection and training)되어야 한다. 과거에는 근로자를 훈련하기 위한 체계적인 접근이 존재하지 않았던 것에 비해, 과학적 관리법은 관리자에게 근로자를 훈련시키는 것에 대해 중요한 책임으로 요구한다. 셋째, 과학적으로 설계된 과업과 훈련된 근로자를 적절하게 결합할 수 있어야 한다. 그러기 위해서는 근로자가 진심으로 과업의 수행에 몰입할 수 있도록 독려하는 것이 필요한데, 이는 근로자의 과업수행 결과에 따라 합리적인 보상을 부여하는 차별적 성과급제(differential price rate system)를 통해 관리할 수 있다.

9) F. Taylor (1911), *The Principles of Scientific Management*, New York, Harper and Row.

마지막으로, 관리자의 역할과 책임을 분명히 하고, 관리자는 과업성과의 개선을 위한 표준을 개발하는 등 과업완수에 중요한 기능을 제공(functional foreman system)할 수 있어야 한다. 이는 근로자들이 관리자에 대해 갖고 있던 불만을 줄이고, 과업의 완성에 관리자 역시 책임을 분담해야 한다는 사실을 강조한다.

Weber의 관료제

Weber는 대규모조직의 효율적인 운영을 위한 규칙을 제시하고, 그러한 규칙을 바탕으로 운영되는 조직을 관료제(bureaucracy)조직이라 하였다.[10] 관료제조직은 방대한 양의 과업을 수행하는데 있어 개인의 가치판단에 의한 즉흥적인 의사결정을 최대한 배제하고, 과업수행에 관련한 일정한 법규와 계층, 규정 등을 사전에 제정하는 등, 조직의 구조적인 차원에서 조직운영의 기능을 통제할 수 있도록 접근해야 함을 설명한다.

특히 Weber는 조직을 통제할 수 있는 힘의 원천을 크게 세 가지로 구분하였는데, 전통적 권한, 카리스마적 권한, 그리고 합법적 권한이 여기에 해당된다. 전통적 권한은 과거의 전통, 관습 등에 의해 정당성이 부여된 권한으로, 혈연에 의한 왕위 세습과 같은 형태로 나타나곤 한다. 카리스마적 권한은 개인의 초인적인 능력이나 영웅적인 특성에 의해 힘을 갖게 되는 권한으로, 카리스마 권한을 지닌 리더가 조직 내 존재할 때에는 뛰어난 결과물을 도출할 수 있으나 개인이 조직을 떠남과 동시에 그 자리를 쉽게 대체할 수 있는 사람이 존재하지 않는 문제점이 있다. 합법적 권한은 합법적 법규와 과정에 의해 선출된 리더가 발휘하는 권한으로, 조직구성원의 합의에 의한 투표 등 공식적인 자격검증 절차를 통해 정당성이 부여된다.

10) M. Weber (1968), *Economy and Society: An Interpretive Sociology*, 2 vols., ed. Guenther Roth and Claus Wittich, NY, Bedminister Press.

관료제는 위의 세 가지 권한 유형 중 특히 합법적 권한에 의해 운영되는 조직이라 할 수 있다. Weber는 합법적 권한이 제대로 발휘될 수 있도록 조직 내 반드시 준수되어야 할 구조적 원칙을 다음과 제시하였다.

첫째, 조직은 규칙(rules)과 규정(procedures)에 의해 운영되어야 한다. 이를 통해 누구나 알 수 있는 법규에 의해 직무를 수행함으로써, 개인의 감정을 배제한 합리적인 방법으로 과업에 임할 수 있다.

둘째, 전문화(specialization)와 분업(division of labor)이 이루어져야 한다. 대규모의 조직에서는 과업 역시 다양하고 복잡해지는 경향이 있는데, 이를 효율적인 수준에서 보다 작은 단위로 나누어 특수화된 업무를 수행할 때 효율성이 더욱 높아질 수 있다.

셋째, 기술적으로 자격요건을 갖춘(technically qualified) 인사를 고용해야 한다. 새로운 사람을 고용할 때에는 친분에 의해 사람을 구하던 방식을 버리고, 공개적 검증 과정을 통해 과업에 대한 적절한 기술과 지식을 갖추고 있는 사람을 뽑음으로써 합법성을 추구할 수 있다.

넷째, 권한의 계층(hierarchy of authority)이 구분되어야 한다. 조직 내부에는 상하관계가 존재하여 각 계층별로 권한과 책임을 명확히 하며, 상위 계층은 하위 계층에 대한 통제와 감독의 임무를 수행한다.

다섯째, 개인(person)과 직급(position)을 분리해야 한다. 공적인 업무와 사적인 업무는 엄격히 분리하며, 조직 자산과 권리의 사유화를 방지한다.

마지막으로, 회의 등의 대화는 기록(records)으로 남겨져야 한다. 모든 직무수행은 문서의 형태로 보존하여 공유되고, 언제든 다시 확인할 수 있어야 한다.

도표 1-5 합리적 시스템과 조직관리[11) 12)]

Taylor의 과학적 관리법	Weber의 관료제
• 시간 및 동작연구 • 과학적 선발 및 훈련 • 차별적 성과급제 • 기능적 관리자	• 규칙과 규정에 의한 운영 • 전문화와 분업 • 자격요건에 따른 고용과 배치 • 계층에 의한 관리 • 개인과 직급의 분리 • 문서주의

자연적 시스템

자연적 시스템
조직의 비공식적 목표, 관계, 구조를 강조

조직은 다양한 사람들로 구성되어 그 안에는 여러 가지 사회적 관계가 발생하게 된다. 아무리 목표를 달성하기 위해 모인 존재로서 효율적인 운영 방법을 추구한다 하더라도, 인간의 상호작용으로 움직이는 조직은 여전히 예측할 수 없고 복잡 미묘한 특성들을 내포한다. 이와 관련하여 Blau는 합리적 시스템으로 조직을 바라보는 시각은 비합리성을 지니게 된다고 비판하였다.[13)] 즉, 사회적 관계 속에서 사회적 구조물로 나타나는 조직은 지극히 복잡한 특징을 보이는 존재로, 합리성과 거리가 먼 고유한 특성을 지닌다는 것이다. 이와 같이 합리적 시스템의 한계를 비판하고 생겨난 관점이 바로 자연적 시스템(natural system) 시각이다.

자연적 시스템 관점에서는 집합체로서의 조직을 강조하며, 조직은 특정한 목표를 달성하기 위한 수단이라기보다는 조직의 유지, 조직의 생존 자체가 목표가 되는 경우도 존재한다. 즉, 목표달성 자체가 불가능하거나 그 과정의 비효율성이 존재할 때에는 이를 개선하기 위한 노력이 필요한데, 조직이 언제나 합리적인 시각으로 조직 전체의 효율성을 추구하는 것은 아니다. 이와 같

11) F. Taylor (1911), *op. cit*.

12) M. Weber (1930), *The Ethic and the spirit of Capitalism*, Translated by Talcott Parsons, Allen and Unwin.

13) P. Blau (1956), *Bureaucracy in Modern Society*, New York, Wiley.

이 제한된 합리성이 나타나는 이유로 다음 두 가지 이유를 설명할 수 있다.

첫째, 조직의 목표는 복잡성(goal complexity)을 갖는다. 우선, 조직이 대외적으로 밝히는 공식적 목표인 사명과, 실제 운영 과정에서 구성원들에게 요구하는 운영목표 사이에 차이가 존재하는 경우가 있다. 또한, 조직 차원에서는 하나의 공통된 목표가 제시되지만, 조직을 구성하는 부서와 개인 수준으로 내려오면 훨씬 더 다양하고 상반된 세부목표들이 존재할 수 있다. 예를 들어, 목표달성을 위해 서로 협력하기보다는 개인의 승진을 위해 서로 경쟁하고 팀의 목표보다 개인의 목표를 우선시 하게 된다. 이와 같은 목표 복잡성은 조직 내 모든 과정과 운영이 항상 효율적인 방향으로 흐르는 것을 방해한다.

둘째, 조직 내에는 공식적 구조 외에 비공식적 구조(informal structure) 역시 발생한다. 자연적 시스템 관점이 조직의 공식구조를 완전히 부정하는 것은 아니다. 하지만, 공식구조가 조직구성원에게 갖는 영향력에 대해서는 의문을 보인다. 즉, 조직 내 공식적인 권한체계에 의해서만 모든 의사결정이 내려지고 과업이 수행되는 것은 아니라는 점이다.

개인의 성격이나 능력에 따라 보다 강력한 권한을 발휘하는 구성원이 생겨나거나, 조직에서 제시된 규칙, 규정을 뛰어넘는 관례나 분위기가 존재할 수 있다. 다시 말해 자연적 시스템으로서의 조직은 조직이 의도적으로 설계한 구조와 규칙에 따라 공동의 목표를 향해 효율적으로 나아가는 특성보다, 비공식적 구조와 복잡한 목표로 인해 예측하기 어려운 사회적 속성을 갖는 제한된 합리성의 존재라 할 수 있다.

메이요와 인간관계학파

Mayo는 작업 현장에서 근로자가 느끼는 심리, 태도, 그리고 인지적 과정이 작업 생산성에 중요한 영향을 미친다는 사실을 확인하였다. 그에 따라 작업성과의 향상을 위해서는 합리적이고 효율적인 접근보다는 심리적이고 인지적인 접근으로, 다시 말해 인간과 인간의 관계 속에서 동기부여를 유발해야 한다는 점을 강조하였다. 이와 같은 일련의 주장은 미국 시카고 교외에 있는 호손공장에서 실시된 다양한 실험을 통해 제기되었으며, 이러한 호손연구(Hawthorne study)는 인간관계학파가 대두된 발판이 되기도 했다.[14)]

호손연구에서 실시된 대표적 실험으로 조명실험(illumination test)이 있다. 이는 작업장에 설치된 조명의 밝기를 조절하며 생산성이 변화하는 정도를 검증한 실험인데, 그 결과 조명이 밝아지거나 혹은 어두워지거나 두 경우 모두 생산성이 높아지거나 높은 상태로 유지되는 것을 확인하였다. 근로자들이 작업환경의 객관적인 조건 변화보다는 공장이 자신에게 관심을 갖고 있다는 점에 더욱 자극을 받아 열심히 작업에 임했기 때문이다.

Etzioni는 호손연구를 통해 얻은 주요한 내용을 다음과 같이 정리하였다.[15)] 첫째, 경제적 요인보다는 심리적 · 사회적 요인이 생산성에 더욱 큰 영향을 미친다. 즉, 경제적인 보상보다는 칭찬, 고충처리, 상담 등과 같은 비경제적 보상의 중요성을 강조하게 되었다. 둘째, 근로자는 조직의 규범에 개인이 아닌 집단구성원으로서 반응하는 경향을 보인다. 즉, 개인의 가치관에 따른 판단과 행동보다는 동료집단과의 인간관계를 바탕으로 형성된 사회적 규범(social norms)에 의해 행동하는 경향이 있다. 셋째, 이러한 집단 규범은 조직 내 공식적 관계보다는 비공식적 관계에 의해 더 큰 영향을 받는다. 다시 말해, 공식적 직급을 가지고 있지 않다하더라도 신뢰, 존경 등의 친밀감이 형성된 비공식적 리더의 역할이 대단히 중요함을 확인하였다.

---

14) E. Mayo (1933), *Human Problems of an Industrial Civilization*, Cambridge, MA, Harvard University Press.

15) A. Etzioni (1961), *A comparative analysis of complex organizations: on power, involvement, and their correlates*, NY, Free Press of Glencoe.

도표 1-6 자연적 시스템과 동기부여

주요 요인	특징
심리적 요인	칭찬, 고충처리, 상담
규범	개인적 가치관, 사회적 규범
비공식적 관계	신뢰, 존경, 친밀감

열린 시스템

열린 시스템
환경과의 상호작용이 조직의 생존에 필수

조직을 시스템으로 바라보는 관점 중, 환경의 변화가 커짐에 따라 더욱 중요시 여겨지는 것이 바로 열린 시스템(open system) 관점이다. 앞서 살펴본 합리적 혹은 자연적 시스템 시각은 조직 내부에 존재하는 특성에 대해 관심을 갖고 조직을 설명하는데 반해, 열린 시스템 시각은 조직에 영향을 미치는 주요 요인으로 외부환경에 관심을 갖는다. 여기서 조직이 열려있다는 것은, 단순히 환경과 상호작용함을 의미하는 것이 아니라, 환경에 대응하여 적절히 상호작용하는 것이 조직 생존에 필수적임을 의미한다.[16] 식물, 동물 그리고 인간과 같이 살아있는 유기체는 이러한 열린 시스템의 특징을 갖는다. 예를 들어, 인간은 음식을 섭취하지 않고는 생존에 필요한 영양분을 스스로 생성해낼 수 없는데, 이러한 음식은 외부환경으로부터 얻게 된다. 또한, 영양소가 호흡에 의해 분해될 때 생기는 노폐물을 다시 환경에 배설하는 과정을 거치며 생명을 유지한다.

조직도 이와 비슷한 과정을 거친다. 열린 시스템으로서 조직은 외부환경의 변화에 따라 새로운 목표를 설정하고, 새로운 환경으로부터 적절한 자원과 기술을 획득하며, 기존과는 다른 새로운 방식으로 조직을 운영함으로써 환경이 요구하는 적합한 산출물을 환경에 제공할 때 생존이 가능해진다. 그런데 조직마다 환경의 변화를 적절히 감지하거나 환경으로부터 새로운 자원을 획

16) W. Buckley (1967), *Sociology and Modern Systems Theory*, Englewood Cliffs, NJ, Prentice-Hall.

득할 수 있는 역량은 서로 다르다. 그로 인해 조직에 따라 환경과 상호작용하는 방법 역시 달라지고, 이러한 차이는 조직의 성과와 생존에 영향을 미치기도 한다. 이때, 조직과 외부환경이 상호작용하는데 있어 나타나는 특성들이 몇 가지 존재하는데, 차례대로 살펴보면 이인동과성(equifinality), 부적 엔트로피(negative entropy), 부적 피드백(negative feedback) 등이 있다.

열린 시스템의 특징

❶ 이인동과성

이인동과성
하나의 결과는 다양한 방법에 의해 달성될 수 있다.

이인동과성(equifinality)이란 시스템이 최종적으로 도달하고자 하는 목표가 서로 같을지라도, 이 목표를 달성하기 위한 수단과 방법은 저마다 다를 수 있다는 것을 의미한다. 다시 말해, 하나의 결과는 다양한 방법에 의해 달성될 수 있다는 뜻이다. 일반체계이론을 창시한 Bertalanffy에 의하면, 시스템의 최종 상태는 초기 조건과 아무런 관계가 없다.[17] 열린 시스템은 환경과 끊임없이 상호작용하고 환경은 지속적으로 변화하기 때문에, 시스템이 변화하는 환경에 어떻게 대응하고 적응해나가느냐에 따라 초기 상태와 전혀 다른 최종 상태에 도달할 수 있기 때문이다. 즉, 서로 다른 원인이 동일한 결과를 가져올 수 있다고 보는 이인동과성은, 조직이 목표를 달성하는데 있어 단 하나의 최선의 방법이 존재하는 것은 아니며, 저마다 처한 상황과 보유하고 있는 역량에 따라 다양한 해결책을 모색할 수 있음을 의미한다.

❷ 부적 엔트로피

미국의 경제학자 Rifkin은 엔트로피를 '질서 있는 것에서 무질서한 것으로, 사용 가능한 것에서 사용 불가능한 것으로 진행하는 것'이라 설명한다.[18] 보다 쉽게 이야기하자면 시스템은 에너지를 지속적으로 사용하게 되는데 이러

17) L. Bertalanffy (1969), *General System Theory*, New York, George Braziller.
18) J. Rifkin (1980), *Entropy: A New World View, with Ted Howard*, Viking Press.

한 에너지의 손실이 반복되다보면 종국에는 사용 가능한 에너지가 하나도 남지 않아 시스템이 소멸되거나 죽음을 맞이하게 된다는 것을 의미한다. 하지만 열린 시스템은 이러한 엔트로피를 피할 수 있는데, 그러한 현상을 부적 엔트로피(negative entropy), 혹은 음엔트로피(negentropy)라 한다.

시스템이 열려있다는 것은 곧 환경과 상호작용하며 환경으로부터 새로운 자원을 획득함을 의미한다. 다시 말해, 열린 시스템은 자신이 소진하는 에너지보다 더 큰 투입(input)을 환경으로부터 받아들임으로써 시스템이 해체되거나 소멸되지 않고 존재할 수 있는 것이다. 물론, 모든 열린 시스템이 부적 엔트로피를 달성하는 것은 아니다. LG경제연구소에 따르면 Fortune 500 기업 중, 1950년부터 2000년 사이에 계속해서 그 목록에 이름을 올리고 있는 기업은 약 160여 개에 불과하다.[19] 적절한 자원을 획득하지 못하거나, 획득한 자원보다 더 많은 에너지를 소비한 시스템은 결국 소멸되고 말 것이다. 즉, 환경으로부터 어떠한 자원을 획득하느냐에 따라 조직의 운명이 달라질 수 있다.

❸ 부적 피드백

열린 시스템으로서의 조직은 환경으로부터 자원을 획득하고, 기술을 이용해 이를 가공하여, 최종제품을 생산해 환경에 배출한다. 이때, 마지막 단계인 생산결과가 애초에 의도했던 바와 다르게 나타나면, 환경으로부터 부정적인 신호가 발생하고 조직은 그러한 신호를 없애기 위해 잘못된 결과의 반대 방향으로 움직이려는 성향을 보인다. 이와 같이 의도와 다른 산출을 에러(error)라고 하며, 그러한 에러를 감소하도록 반응하는 것을 부(負)적 피드백(negative feedback)이라 한다. 조직은 부적 피드백을 통해 궁극적인 목표달성을 위한 방향으로 안정적으로 유지될 수 있다. 그런데, 적절한 부적 피드백은 에러를 정확히 감지할 수 있을 때에 비로소 이루어진다.

---

19) 이병주 (2005), "100년기업의 조건," *Business Management Analysis*, LG경제연구원.

예를 들어, 에어컨에 설정해 놓은 온도보다 실제의 온도가 높을 때 에어컨은 자동으로 가동된다. '온도의 차이'라는 에러를 감소시키는 부적 피드백을 보이는 것이다. 그러나 온도측정센서가 고장 났다면, 아무리 온도의 차이가 커져도 에어컨은 가동되지 않는다. 즉, 제대로 된 부적 피드백을 받지 못하는 경우, 에어컨이 존재하는 본연의 목표를 달성할 수 없게 된다. 이때, 온도측정센서를 수리할 수 없다면, 에어컨은 그 효능을 발휘하지 못하고 당연히 폐기된다. 다시 말해, 에러를 정확히 인지하지 못하는 시스템은 자연스레 소멸되거나 퇴출된다. 또한, 에러를 인지했다 하더라도 이를 무시하거나, 계속하여 반복하는 경우 역시 시스템은 쇠퇴의 길을 걷는다. 환경으로부터 발생하는 부정적 신호를 정확히 인지하고 이를 수정할 수 있을 때, 조직은 생존할 수 있다.

상황이론

상황이론은 한마디로 조직을 운영하기 위한 단 하나의 최선의 방법은 존재하지 않는다는 것(there is no one best way to organize)을 가정한다. 조직과 환경은 지속적으로 변화하기 때문에 조직관리를 위한 절대적인 방법 역시 존재하지 않으며, 이전의 환경에서는 바람직했던 방법이 변화된 환경에서는 부정적인 효과를 야기할 수도 있다. 따라서 조직을 운영하는 최선의 방법은 그때그때 변화하는 환경과의 적합(fit)을 추구하기 위해 조직 역시 변화해야 한다는 것인데, 상황이론의 대표적 학자인 Lawrence와 Lorsch는 특히 환경의 불확실성 수준에 따라 조직의 구조적 특징 역시 달라져야 함을 지적하였다.[20)]

조직을 둘러싸고 있는 외부환경은 여러 개의 복잡한 영역으로 구분될 수 있

---

20) P. Lawrence & J. Lorsch (1967), *Organization and Environment: Managing Differentiation and Integration*, Boston, MA, Graduate School of Business Administration, Harvard University.

다. 조직은 다양한 환경 영역에 대응하기 위하여, 그 내부를 여러 개의 하위 시스템(sub system)으로 분화해야 하고, 각각의 하위 시스템별로 자신들이 직접적으로 상호작용하는 환경 영역에 대응할 때 효율성이 높아진다. 외부환경의 영역이 다양할수록 조직의 분화 수준 역시 높아지는데, 조직은 일관적이고 효율적인 관리를 위해 분화된 하위 시스템을 다시 통합(integration)하는 과정을 필수적으로 거쳐야 한다. 따라서 외부환경의 다양성과 불확실성 수준에 따라 적절하게 분화가 이루어진 조직일수록, 그리고 분화의 수준이 높을 때 그에 대응하는 통합 역시 적극적으로 이루어진 조직일수록 환경에 적합한 조직이라고 할 수 있고, 다른 조직에 비해 높은 성과를 이끌어낼 수 있다.

04 투입–변환–산출

열린 시스템으로서의 조직은 환경으로부터 자원을 획득하고, 이를 변환하여, 다시 환경에 제품과 서비스를 제공하는 과정을 거친다. 이러한 일련의 순환과정을 투입–변환–산출 과정이라고 하는데, 조직은 이러한 과정을 반복해 가며 살아남는다.

투입

조직과 외부환경의 상호작용 과정은 크게 세 단계로 구분되는데 그 중 첫 단계인 투입(input)은 조직이 환경으로부터 다양한 자원을 획득하는 단계이다. 자원은 조직의 운영에 이용되는 원료로서, 자원의 유형은 어떠한 시각에서 접근하느냐에 따라 다양한 기준으로 구분될 수 있는데, 대표적으로는 물적, 인적, 재무, 정보자원이 존재한다.

투입(input)
조직이 환경으로부터 다양한 자원을 획득

첫째, 물적자원(raw material)은 조직이 보유하고 있는 기계설비는 물론 생산에 활용되는 원자재 등을 포함하며, 조직이 자체적으로 확장하거나 개발하는 데에는 약간의 한계가 있다.

둘째, 인적자원(human resources)은 조직구성원이 보유하고 있는 경험과 역량으로 교육과 훈련에 의해 지속적인 성장이 가능하다.

셋째, 재무자원(financial resources)은 금전적 형태로 사용될 수 있는 자원으로 현금, 유동증권, 신용한도액 형태로 존재한다.

마지막으로 정보자원(information)은 급변하는 환경 속에서 환경을 이해하고, 예측하고, 대응하기 위해 필수적으로 획득해야 하는 자원이다.

한편, Bellinger 등은 자료, 정보, 지식, 그리고 지혜를 다음과 같이 개념적으로 구분하였다.[21] 자료(data)란 외부환경의 상태를 요약해 놓은 것으로 어떠한 해석이나 의미가 부여되기 이전의 상태다. 정보(information)는 자료를 가공하여 그로부터 패턴을 구하거나 의미 있는 해석을 부여한 상태이며, 지식(knowledge)은 정보를 응용하여 환경에 대응하는데 활용할 수 있는 노하우를 의미한다. 마지막으로 지혜(wisdom)는 정보와 지식을 바탕으로 얻어진 새롭고 창의적인 아이디어라 할 수 있다.

변환

변환 과정
시스템에 새롭게 들어온 자원과 기존에 존재하던 구성물이 상호작용하는 일련의 현상

두 번째 단계인 변환 과정(transformation)은 외부환경으로부터 획득한 에너지와 자원을 사용하는 과정으로, 시스템에 새롭게 들어온 자원과 기존에 존재하던 구성물이 상호작용하는 일련의 현상이다. 이러한 변환 과정은 의사결정, 전략, 조직화, 지휘, 통제 등의 기능을 통해 자원이 산출물로 변화되는 단계라 볼 수 있다. 이때, 자원을 변환시키는 주요 작업은 생산부서가 담당하며, 인적관리, 재무관리, 회계 파트로부터의 지원을 받기도 한다.

21) P. Lawrence & J. Lorsch (1967), *Organization and Environment: Managing Differentiation and Integration*, Boston, MA, Graduate School of Business Administration, Harvard University.

다양한 기능을 통해 자원을 산출물로 전환시키기 위해서는 그에 대한 지식과 기술이 필요한데, 지식의 유형은 크게 암묵지와 형식지로 구분된다. 암묵지(tacit knowledge)는 개인이 내재적으로 보유하고 있는 지식으로, 이를 겉으로 표현하거나 설명하기는 애매하지만 실제로 행동으로 나타내기는 쉬운, 숙련과 통찰이라고 볼 수 있다. 암묵지는 반복적인 노력과 훈련 등 경험을 통해 향상된다. 그에 비해 형식지(explicit knowledge)는 조직 내 언어와 문자로 표현되어 있는 지식으로, 매뉴얼, 규정 등이 여기에 해당된다. 형식지는 분석적으로 접근하여 조직 내 지식을 공유하고 전달하는 역할을 수행한다.

효율적인 변환 과정을 위해서는 암묵지와 형식지의 상호발전이 필요하다. 즉, 조직 내 존재하는 형식지를 실제로 실천하기 위해서는 개개인이 훈련과 연습을 통해 자신의 것으로 내재화 시키는, 다시 말해 암묵지로 이끌어가는 과정이 필요하고, 구성원이 보유하고 있는 숙련과 노하우 등을 조직에 전이시키기 위해서는 이를 분석하여 기록하고, 조직 전체에 공유할 수 있도록 형식지로 전환하는 것이 필요하다.

산출

마지막 단계인 산출(output)은 변환 과정에서 구성원과 자원이 상호작용하여 만들어낸 결과물로, 유형의 제품과 무형의 서비스를 환경에 다시 제공하는 단계이다. 또한, 조직이 환경에 배출한 산출물에 대한 환경으로부터의 반응이 다시 조직에 투입되어 다음의 변환 과정에 영향을 미치기도 하는데 이러한 과정을 환류(feedback)라 한다.

산출
유형의 제품과 무형의 서비스

제품(goods)은 눈에 보이고 손으로 만질 수 있는 유형의 것으로, 재고를 발생시키고 소비에 앞서 생산이 먼저 진행되어야 한다. 또한, 생산 공정은 소비자에게 노출되지 않으며 결과물에 대한 품질의 측정이 비교적 용이하다. 그에 비해 서비스는 눈에 보이지 않는 용역으로 저장이 불가능하기 때문에 이동 역시 쉽지 않으며, 생산과 동시에 소비되어 서비스 제공자와 소비자는 높은 접촉을 갖는다. 또한, 서비스 품질에 대한 평가는 주관에 의존하는 경향이 있다. 그러나 제품과 서비스 모두 지식과 기술을 바탕으로 향상될 수 있는 공통점도 존재한다.

투입–변환–산출의 과정은 조직과 환경의 상호작용뿐 아니라 조직 내 여러 부서의 상호작용 결과로도 나타난다. 예를 들어, 구매부서가 공급자들로부터 자원을 획득하면 생산 및 관리부서가 이를 제품으로 변환하고, 마케팅 부서는 이를 다시 시장에 내놓는다. 즉, 투입은 주로 공급업자와의 관계, 산출은 고객과의 관계를 관리하는 부서가 각각 담당하며, 변환은 이 둘을 연결하여 조직이 유지되도록 결합시킨다. 변환 과정에서 투입된 자원보다 더 큰 가치를 산출해낼 때 조직의 성과가 올라간다.

도표 1–7 열린 시스템의 투입–변환–산출 과정

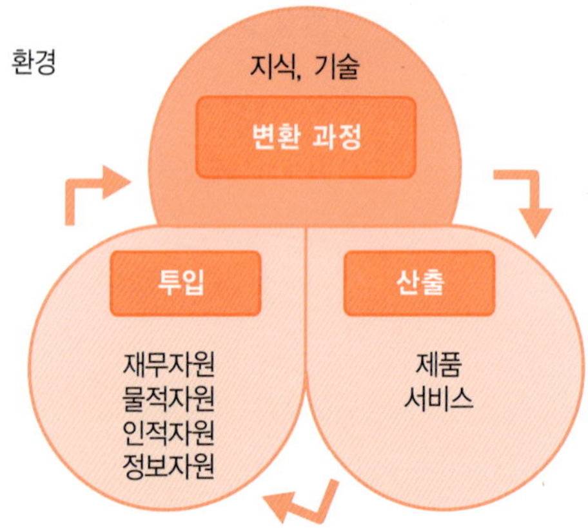

05 이 책의 구성

이 책은 조직 수준에서 조직을 정의하고, 조직설계와 관련한 다양한 개념을 설명한다. Part 1에서는 조직에 대한 기본적인 이해(Understanding

Organizations)를 제공하고, Part 2에서는 조직구조의 설계(Designing Organizational Structure)를 이해하기 위해, 조직설계에 필요한 기본개념을 살피고, 최고경영자가 선택할 수 있는 다양한 유형의 조직구조를 알아본다. Part 3은 조직의 환경(Organizational Environment)에 대해 설명하는데, 이는 다시 조직과 상호작용하는 외부환경과 조직문화 · 자원 등의 내부환경으로 나뉜다. Part 4는 전략, 혁신 및 의사결정 등 조직의 과정(Organizational Process)에 대해 설명한다.

도표 1-8 이 책의 구성

Part 1: 조직에 대한 이해	제1장 조직에 대한 이해 제2장 조직효과성과 윤리
Part 2: 조직구조의 이해	제3장 조직구조의 설계: 3요소 제4장 조직구조의 설계: 디자인의 선택
Part 3: 조직의 환경	제5장 외부환경 제6장 내부환경: 조직문화 제7장 내부환경: 전략적 자원
Part 4: 조직의 과정	제8장 전략 제9장 조직변화와 혁신 제10장 의사결정과정

토의

01 자신이 소속되어 있는 조직의 목록을 모두 나열한 후, 각 조직 간 공통점과 차이점을 비교해보자.

02 합리적, 자연적, 열린 시스템 중 가장 마음에 드는 시각을 선택하고, 그 이유를 이야기해보자.

03 환경의 변화에 따라 조직에게 새롭게 요구되는 과제에 대해 생각해보자.

CHAPTER
02

조직효과성과 윤리

학 | 습 | 목 | 표

- 조직효과성의 개념에 대해 이해한다.
- 효율성과 효과성의 차이를 이해한다.
- 조직의 효과성을 측정하는 다양한 접근법에 대해 파악한다.
- 균형 있는 조직효과성의 평가를 위한 통합접근법을 이해한다.
- 윤리경영의 개념을 이해한다.
- 윤리경영을 위해 사용할 수 있는 다양한 윤리도구를 파악한다.
- 윤리적 딜레마 상황에 대처할 수 있는 방안을 고민한다.

CHAPTER 02 조직효과성과 윤리

01 조직효과성

효과성

효과성
조직이 목표를 달성하는 정도

효과성(effectiveness)이란 조직이 목표를 달성하는 정도를 뜻하는 것으로, 목표(goal)는 조직이 근본적으로 달성하고자 하는 바람직한 결과를 의미한다.[1] 즉, 조직이 이루고자 하는 바를 어느 정도 달성했는가에 따라 조직의 효과성이 달라진다고 할 수 있다. 목표는 조직으로 하여금 어떠한 방향으로 나아가야 하는지, 또한 어떻게 조직구조를 설계하고 구성원에게 동기를 유발하며 성과를 평가할 수 있는지에 관련한 기본적인 의사결정의 틀을 제공한다. 모든 조직은 공통된 목표를 달성하기 위하여 존재하는데, 이를 실현할 수 없다면 조직이 존재할 이유를 잃는 것이나 마찬가지다. 목표를 달성할 수 없다면 조직은 존재에 위협을 느끼게 된다. 이러한 목표를 달성하는 조직을 효과적인 조직이라고 부른다. 조직효과성은 학자에 따라 다양한 표현으로 정의되기도 한다.[2]

- Taylor: 생산의 극대화, 비용의 최소화, 기술적 우수성 등과 같은 요인에 의해 효과성이 결정 된다(Effectiveness is determined by

1) R. Daft (2010), *Understanding the Theory and Design of Organizations*, 10th Edition, SOUTH-WESTERN Cengage Learning.

2) S. Robbins (1990), *Organization Theory: Structure, Design and Applications*, 3rd Edition, Dorsey Press.

factors such as production maximization, cost minimization, technological excellence, etc).

- Fayol: 효과성은 조직 내 명확한 권한과 규율의 함수이다(Effectiveness is a function of clear authority and discipline within an organization).
- Mayo: 효과성은 직원의 만족으로부터 결정되는 생산성의 함수이다(Effectiveness is a function of productivity resulting from employee satisfaction).

효율성

효과성이 목표를 달성한 정도로서 결과를 나타낸다면, 효율성(efficiency)은 목표를 달성하는 과정에 대한 개념으로, 경제적인 시각과 심리적인 시각으로 구분하여 설명할 수 있다. 경제적 시각에서 바라보는 효율성은 결과를 얻기 위해 투입한 자원과 산출된 결과를 비교하여 측정할 수 있다. 즉, 동일한 자원으로 더 많은 산출을 얻거나, 더 적은 자원으로 동일한 산출을 얻는다면 효율성이 높다고 할 수 있다. 이에 비해 심리적인 시각은, 목표를 달성하는 과정에서 수행자가 느끼는 만족의 정도로 효율성을 규정한다. 즉, 수행자가 동기부여 되고 불만족하지 않은 상태를 효율적이라고 말할 수 있다.[3)]

효율성
동일한 자원으로 더 많은 산출을 얻거나, 더 적은 자원으로 동일한 산출을 얻는 것

효과성과 효율성

효과성과 효율성은 어떠한 관계에 있을까? 효율성이 높아도 효과성이 낮을 수 있고, 반대로 효율성이 낮아도 효과성은 높을 수 있다. 예를 들어, 서울에서 부산을 가고자 할 때, 인천항으로 가서 부산행 배를 탄다면, 부산에 도착

---

3) C. Barnard (1971), *The Function of the Executive*, 30th Anniversary Edition, Harvard University Press.

한다는 목표는 달성할 수 있다. 즉, 효과성은 존재한다. 그러나 이것이 효율적인가? 시간이라는 투입 요소로 결과를 비교하면 효율성이 떨어진다고 할 수 있다. 특히 오늘날과 같이 시간의 가치가 높을 때에는, 그 비효율성이 훨씬 높아진다. 만약 배를 타고 가면서 배 멀미라도 하게 된다면, 심리적 차원의 효율성 역시 크게 떨어질 것이다. 한편, 시간을 줄이기 위해 KTX를 이용한다고 가정해보자. 실수로 서울역이 아닌 용산역에서 기차를 타게 된다면, 3시간 안에 남해에 도착하는 효율성은 높을 수 있으나, 도착 장소는 원했던 부산이 아닌 전혀 다른 장소가 될 것이다. 즉, 효과성이 떨어진다고 할 수 있다. 효과성과 효율성을 비교하여 정리한 학자들의 정의를 살펴보면 다음과 같다.

- P. Drucker: 효율성이란 일을 올바르게 하는 것이고, 효과성이란 올바른 일을 하는 것이다 (Efficiency is doing things right; Effectiveness is doing the right things).[4)]
- R. Daft: 효율성이란 한 단위의 산출을 얻기 위해 사용되는 자원의 합이고, 효과성이란 조직이 목표를 달성하는 정도이다 (Efficiency is amount of resources used to produce a unit of output; Effectiveness is degree in which an organization relizes its goals).[5)]

자원을 아끼는 것에 집착하여 애초에 설정했던 목표를 잊는 경우도 있고, 목표달성을 위해 그 결과가 가져올 효용은 고려하지 않고, 막무가내의 자원투자로 인해 손실을 입을 수도 있다. 기업은 이러한 효율성과 효과성의 균형적인 발전을 이루는 것이 중요하다. [도표 2-1]은 효과성과 효율성의 차이를 단편적으로 보여준다.

---

4) P. Drucker (1993), *The Practice of Management*, Collins.

5) R. Daft (2010), *op. cit*.

도표 2-1 효과성과 효율성

02 시스템 관점과 조직효과성

1장에서 살펴본 바와 같이 조직을 시스템으로서 바라보는 관점은 합리적·자연적, 그리고 열린 시스템으로 구분된다. 어떠한 시각에서 조직을 바라보는가에 따라 조직의 효과성을 평가하는 방법 역시 다를 것이다. 각 시각에 따른 효과성의 차이를 살펴보도록 하자.

합리적 시스템과 통제관리

합리적 시스템 관점은 조직을 폐쇄적이고 이성적인 존재로 간주한다. 합리적 시스템은 무엇보다 목표의 달성 그 자체를 강조하는데, 이를 위해서는 우선 목표를 구체적으로 설정하고 목표달성에 필요한 여러 가지 지식과 기술 등의 과정을 문서화하여 조직을 통제, 관리할 것을 강조한다. 합리적 시스템 관점에서 바라보는 조직효과성은 성과표준을 설정하여 이를 구성원에게 주입시키고, 과업을 수행하는 방법에 대하여 공식적인 규범과 규칙을 생성하며, 성과에 대한 철저한 감독을 통해서 향상될 수 있다고 여겨진다.

자연적 시스템과 인간관계

자연적 시스템 관점은 조직을 비합리적인 존재로 간주한다. 자연적 시스템은 조직의 공식적인 목표와 실질적인 목표가 서로 다를 수 있음을 지적하고,

조직효과성의 달성을 위해서는 무엇보다 구성원으로부터 목표에 대한 지원(support)을 얻어내는 것을 중요시 여긴다. 구성원의 지원과 합의는 구성원의 태도, 만족, 감정, 비공식적 관계에 의해 영향을 받는다. 자연적 시스템 관점에서 바라보는 조직효과성은 구성원의 욕구를 파악하여 이를 충족시킬 수 있는 보상을 제공하고 조직목표에 대한 긍정적인 태도와 몰입을 이끌어 동기부여를 시킬 수 있을 때 달성할 수 있다고 본다.

열린 시스템과 환경

합리적 시스템 관점과 자연적 시스템 관점이 조직 내부에 초점을 두었다면, 열린 시스템 관점은 조직이 투입-변환-산출 과정을 갖고 외부환경과 상호작용함을 강조한다. 특히, 외부환경의 복잡성, 다양성 그리고 빠른 변화에 대해 조직이 신속히 학습하고 유연하게 적응할 수 있을 때, 효과성을 달성할 수 있다고 본다. 외부환경에 유연하게 대응하기 위해서 조직은 조직구조의 분화, 외부환경의 탐지, 부서 간 통합과 수평적 협력을 이루어내야 한다.

도표 2-2 시스템적 시각과 조직효과성 [6]

합리적 시스템	자연적 시스템	열린 시스템
• 목표달성 • 품질 • 생산성 • 효율성	• 목표에 대한 합의 • 만족 • 도덕성 • 대인관계	• 정보처리능력 • 유연성 • 적응성

03 조직효과성 측정의 세 가지 접근법

조직효과성은 조직을 바라보는 관점에 따라서 다르게 평가될 수 있다. 즉, 누

---

6) Adapted from K. Baker & K. Branch (2002), *Concepts Underlying Organizational Effectiveness: Trends in the Organization and Management Science Literature*, In Managing Science as a Public Good: Overseeing Publicly-Funded Science, E. Malone, K. Branch, and K. Baker, Unpublished manuscript.

가 조직의 효과성을 평가하는가, 조직의 어떤 활동에 대하여 효과성을 평가하는가 등 다양한 시각으로부터의 접근이 가능하다. 또한, 조직은 매우 다양하고 복잡한 구조와 기능을 보이기 때문에 그 효과성을 일차원적으로 평가하기는 어렵다. 따라서 조직효과성을 올바르게 측정하고 평가하기 위해서는 다차원적인 접근 방식이 필요하다. 다음에서는 열린 시스템에서 언급한 투입-변환-산출의 조직 과정별로 접근하여 조직효과성을 설명하겠다.

투입 접근법

첫 번째 접근법은 목표가 달성되었는지의 결과보다는 목표달성에 필요한 수단을 잘 획득하고 있는지에 초점을 두고 조직효과성을 평가한다. 즉, 투입에 초점을 둔 접근법(approach focusing on input)으로, 목표달성을 위한 적절한 수단을 환경으로부터 획득하고 있다면 효과적인 조직이라고 바라보는 것이다. 바람직한 결과를 얻기 위해서는 당연히 질이 높고 훌륭한 자원을 투입할 수 있어야 한다.

투입 접근법
목표달성에 필요한 수단에 초점을 두고 조직의 효과성을 평가

조직은 목표를 달성하기 위해 필요한 모든 자원을 내부에 소유하고 있지 않고, 조직이 소유하고 있는 모든 자원이 우수한 자원은 아니다. 따라서 투입을 위해서는 외부환경으로부터 자원을 획득해야만 하고, 그 과정에서는 다른 조직과 가치 있는 자원을 두고 펼치는 경쟁이 필연적으로 발생한다. 따라서 본 접근법에서는 가치 있고, 희소한 자원을 획득할 수 있는 정도로서 효과성을 평가한다.[7] 다시 말해, 외부환경으로부터 가치 있는 자원을 획득할 수 있는 조직일수록 효과성이 높다고 본다.

투입 접근법은 자원의 품질과 조직성과가 뚜렷이 연결되어 있을 때 유용하다. 다시 말해 자원과 성과 간의 인과관계가 명확한 조직에서 효과성을 평가

7) K. Cameron (1980), "Critical Questions in Assessing Organizational Effectiveness," *Organizational Dynamics*, Autumn, pp. 66~80.

할 때 사용될 수 있는 접근법이다. 예를 들어, 요식업의 경우 아무리 실력이 뛰어난 요리사라 할지라도 재료가 신선하지 않으면 음식의 맛이 나빠질 수 있다. 또한, 투입 접근법은 재무적 성과를 창출해내지 않는 조직에 적용할 수 있다. 예를 들어, 비영리조직, 연구조직, 정부조직과 같이 산출물에 대한 경제적 가치를 평가하기 어려울 때 본 접근법을 활용한다.

투입 접근법에서 효과성을 높이기 위해서 조직은 어떠한 노력과 역량이 필요할까? 첫째, 좋은 자원을 획득하기 위해서는 우선 양질의 자원이 어디에 존재하고 있는지를 확인할 수 있어야 한다. 다시 말해 환경을 탐지하고 정보를 수집할 수 있는 능력이 필요하다. 둘째, 양질의 자원을 찾은 후에는 그 자원을 보유하고 있는 주체로부터 최대한 낮은 비용으로 자원을 구매할 수 있어야 한다. 다시 말해 환경에 대한 협상력을 갖추고 있어야 한다. 이와 같이, 양질의 자원을 획득하는 것이 조직성과에 직접적인 영향을 미치는 조직에서는 환경에 대한 정보탐색능력과 협상력을 키우기 위해 노력해야 한다.

그러나 자원의 가치는 환경 변화에 따라 늘 달라질 수 있기 때문에 자원의 획득에만 초점을 두고 있는 본 접근법에는 한계가 있다. 또한, 수단에 불과한 자원에 지나치게 집중하게 되면 자원 확보에만 급급한 나머지 궁극적인 목표 달성은 등한시 할 수 있는 위험이 존재한다. 더불어 경쟁력 있는 자원을 획득하지 못한다고 해서 반드시 효과성이 떨어지는 것은 아니며, 훌륭한 자원을 획득했다고 하여 반드시 훌륭한 결과를 창출할 수 있는 것도 아니다. 따라서 투입단계에서 획득한 자원을 가공하여 이를 원하는 산출물로 변환시키는 과정 역시 효과성을 높일 수 있도록 관리해야 한다.

변환 과정 접근법

조직 내부의 조정, 조화, 동기부여, 조직구성원 만족 등을 이끌어 낼 수 있는 능력으로 효과성을 평가

변환 과정 접근법

변환 과정 접근법(approach focusing on transformation)은 조직 내부를 조화롭게 조정 · 화합하여 조직구성원의 만족을 이끌어 낼 수 있는 동기부여

능력으로 조직효과성을 평가한다.[8] 훌륭한 자원을 확보한 다음에는 이를 적절히 활용하여 바람직한 결과로 변환시킬 수 있어야 한다. 변환 과정은 지식과 기술을 보유한 조직구성원의 다양한 과업수행에 의해 이루어지며, 조직구성원이 행복하게 일할 수 있을 때 일의 능률 역시 오를 것이다. 즉, 만족스런 조직문화가 형성되고 부서 간의 조화를 이룰 때 조직효과성이 높아진다.

변환 과정 접근법은 변환 과정 자체가 산출된 결과물의 품질과 밀접한 연관이 있는 서비스 업종에서 유용하게 사용될 수 있다. 예를 들어, 호텔과 같은 서비스업에서는 조직구성원이 보유하고 있는 태도나 외국어능력, 지식 등의 자원을 고객이 요구하는 것에 맞춰 빠르고 친절하게 변환하는 과정 자체가 서비스의 품질을 결정짓는다. 고객의 요구에 따라 고객 앞에서 즉시 문제를 해결하고 고객이 원하는 바를 충족시켜야 하기 때문이다. 또한, 서비스 상품은 그것을 제공하는 사람의 감정과 태도에 따라 그 품질이 쉽게 영향을 받으므로, 조직구성원을 만족스럽게 만들어 주는 내부 과정이 무엇보다 중요하다.

변환 과정 접근법에서 효과성을 높이기 위해 필요한 수단에는 어떠한 것이 있을까? 구성원의 태도를 변화시키는 과정은 매우 복잡하고 복합적인 사회과정을 거친다. 따라서 만족을 높이기 위한 도구를 쉽게 정의할 수는 없지만, 조직에서 노력할 수 있는 몇 가지 방안들은 존재한다.

첫째, 자유로운 의사소통의 기회를 제공해야 한다. 불만이 있을 때에는 이를 자유롭게 표현할 수 있고, 그에 따른 불이익을 받지 않는다는 믿음이 있을 때 조직구성원은 조금씩 마음을 열어갈 것이다. 조직 역시 구성원들이 가지고 있는 불만사항을 확인하고, 이를 제거하기 위해 노력할 수 있는 좋은 기회를 얻게 된다.

8) K. Cameron (1980), *op. cit*.

둘째, 서로 협력하는 조직문화를 창출해야 한다. 조직은 보유하고 있는 자원에 한계가 있기 때문에 조직구성원의 모든 요구사항을 쉽게 받아들일 수는 없다. 이때 구성원 간에 서로를 이해하고 배려하기 위해 노력한다는 믿음이 형성된다면, 자신이 요구하는 바가 바로 받아들여지지 않는다고 해서 큰 불만을 품지는 않게 될 것이다. 이와 같이, 구성원의 태도가 조직성과에 직접적인 영향을 미치는 조직에서는 자유로운 커뮤니케이션과 협력적인 조직문화를 구축하기 위해 노력해야 한다.

그런데, 변환 과정 접근법은 조직의 효과성을 평가함에 있어 외부환경을 고려하지 않는 단점이 있다. 또한, 만족도, 몰입도와 같은 조직구성원의 태도 변수는 매우 주관적인 개념으로 명확히 측정하기가 어렵다. 지금까지 살펴본 투입과 변환에 초점을 둔 접근법은 실질적인 목표달성 여부를 명확히 평가할 수 없으므로, 각 방법만으로는 효과성을 측정하는 데 한계가 있다. 이에 목표의 달성 정도에 따라 효과성을 평가하는 접근시각에 대해 살펴보기로 한다.

산출 접근법

산출 접근법
조직이 그 목표를 달성한 수준에 따라서 효과성을 평가

조직효과성을 평가하는 마지막 기준은 산출에 초점을 두는 접근법으로, 조직이 그 목표를 달성한 수준에 따라서 조직효과성이 평가된다. 다시 말해, 조직의 산출 결과가 기존의 목표에 가까울수록, 그리고 그 목표가 개선될수록 효과성이 높다고 할 수 있다. 목표를 얼마나 달성했는가에 따라 효과성을 측정하는 산출 접근법은 조직효과성에 대한 접근 중 가장 논리적인 접근법이라 할 수 있다.[9]

산출 접근법은 구체적인 목표설정과 계량화된 성과측정이 가능한 조직에서 활용될 수 있다. 예를 들어, 이윤을 추구하는 기업의 경우, 수익률, 성장률, 점유율 등과 같은 재무지표를 활용하기 때문에 본 접근법을 쉽게 활용할 수

9) R. Daft (2010), *op. cit*.

있다. 즉, 산출에 초점을 둔 접근법에서는 적절하고 구체적인 목표설정과 공정하고 객관적인 성과측정이 가능한 조직을 대상으로 적용한다.

그런데, 애초에 설정된 목표가 잘못되었다면 목표를 달성하였다고 해서 그 조직이 효과적이라고 말하기 어렵다. 예를 들어, 목표를 너무 낮게 잡은 경우 비록 목표를 달성했다 하더라도 더 큰 기회를 놓쳤다면 효과성이 낮아질 수 있다. 또한, 목표의 달성을 지나치게 강조하다 보면 과정상의 문제가 발생할 수 있다. 기업의 사회적 책임이나 직원 복지 등의 문제는 재무적 성과만큼이나 중요한 문제이다. 따라서 불법로비나 노사갈등 등의 문제가 발생하지 않도록 하기 위해서는 지나치게 산출 접근법의 시각만 강조해서는 안 되고, 투입, 변환, 산출의 다양한 접근법을 모두 반영하여 효과성을 측정하는 것이 바람직하다.

도표 2-3 **조직효과성의 제고**[10)]

투입 접근법	변환 과정 접근법	산출 접근법
• 정보탐지능력 • 협상력 • 자원획득비용 절감 • 우수한 자원획득	• 자유로운 커뮤니케이션 • 협력하는 조직문화 • 구성원의 태도	• 목표달성 • 높은 수익성, 시장점유율 • 성장률 • 낮은 불량률

04 통합 접근법

하나의 기준으로 조직 전체의 효과성을 측정하는 데에는 한계가 있다. 조직의 종류, 조직이 처한 환경 등에 따라 조직은 서로 다른 기능과 목표를 강조한다. 따라서 보다 종합적으로 조직효과성을 평가할 수 있는 통합 모델이 요구된다. 여기서는 조직의 효과성을 크게 네 가지 차원으로 구분하여 균형적인 시각을 제시하는 Quinn & Rohrbaugh의 경쟁가치모델과, 다양한 이해

10) Adapted from R. Daft (2013), *Understanding the Theory & Design of Organizations*, 11th edition, South-Western Cengage Learning.

관계자가 요구하는 서로 다른 목표를 확인할 수 있는 이해관계자 접근법에 대해 살펴보도록 하자.

경쟁가치 모델

경쟁가치 모델
조직효과성에 영향을 미치는 다양한 구성 요소들을 통합적으로 평가

조직효과성에 영향을 미치는 다양한 구성 요소들은 서로 상충되거나 갈등을 일으키는 경우가 발생한다. 예를 들어, 조직은 비교적 안정된 상태로 유지되어야 함과 동시에 외부환경 변화에 유연하게 대처하고 적응할 수 있어야 한다. 또한 조직운영을 전반적으로 통제하면서 어느 정도는 자율성을 허락해야 한다. 조직은 공식적이고 체계적인 구조를 갖추어야 함과 동시에 비공식적인 인간관계 관리에도 힘써야 한다. 경쟁가치 모델(competing value model)은 이렇게 상충하는 요소들의 균형을 유지할 수 있을 때 조직효과성이 달성된다고 본다.[11)]

경쟁가치 모델은 조직효과성을 평가하기 위하여 세 개의 가치 차원(three value dimensions)을 제시한다. 첫 번째 가치 차원은 조직의 구조(structure)에 관한 것으로, 조직은 구조의 유연성(flexibility)을 위해 구성원에게 어느 정도의 자유재량을 보장하는 동시에 안정성(stability)을 추구하기 위해서는 구성원에 대한 어느 정도의 통제를 가할 필요성이 있다. 안정성과 유연성은 서로 상충하는 가치들로 조직이 안정성을 추구하면 유연성이 낮아지고, 유연성을 높이면 안정성이 떨어지는 관계가 형성된다. 따라서 구조에 초점을 둔 가치는 하나의 경쟁가치(competing value)로 작용한다.

두 번째 가치 차원은 조직의 초점(focus)에 관한 것으로, 조직이 외부(external)에 집중하는지 혹은 내부(internal)에 집중하는지의 정도를 나타낸다. 외부와 내부 역시 서로 반대되는 개념으로 이 역시 경쟁가치에 해당된다.

---

11) D. Denison, R. Hooijberg, & R. Quinn (1995), "Paradox and Performance: Toward a Theory of Behavioral Complex in Managerial Leadership," *Organization Science*, vol. 6(5), pp. 524~540.

이와 같은 경쟁가치는 조직이 추구하는 목표, 사용하는 자원, 직면하고 있는 환경의 특성에 따라 조직이 운영되는 과정의 방향성이 서로 달라질 수 있음을 보여준다. 외부환경의 기술을 빠르게 습득하는 것이 중요한 산업에서는 조직의 초점이 내부보다는 외부로 향하게 될 것이고, 규칙과 규정의 준수가 중요한 정부조직에서는 유연성보다는 안정성을 추구하게 된다. 이때 조직이 추구하는 가치의 방향이 어디로 향하느냐에 따라 조직의 효과성을 달성하기 위한 수단 역시 달라질 것이다.

마지막 가치 차원인 수단–목표(means–ends)는 조직이 서로 상반된 경쟁가치 중 어느 방향을 추구하는가에 따라, 해당 가치를 충족시키기 위해 나아가는 과정에서 사용될 수 있는 다양한 도구를 제시하고, 그러한 도구를 통해 얻을 수 있는 결과물을 보여준다. 즉, 수단–목표가치는 목표지점을 향해 나아가는 과정을 일련의 흐름으로 보여주는 연속가치(continuum value)라 할 수 있다.

도표 2–4 세 개의 가치 차원

유형	특징
구조의 경쟁가치(Structure)	유연성 vs 안정성
초점의 경쟁가치(Focus)	내부과정 vs 외부환경
연속가치(Means–Ends)	수단 vs 목표

경쟁가치 접근법은 구조와 초점이라는 두 개의 경쟁가치를 결합하여 조직효과성을 평가할 수 있는 네 가지 모델을 도출해 내고, 각 모델에 따른 수단–목표의 연속가치를 제시한다.

인간관계 모델

인간관계 모델(human relations model)은 조직 내부에 초점을 두면서 유연한 조직구조를 추구하는 영역에 해당된다. 이 모델에서 조직효과성의 궁극적 목표는 인적자원개발로, 구성원의 태도를 긍정적으로 구축하고 구성원의 학습과 웰빙을 추구하게 된다. 이를 달성해내기 위해서는 구성원 간 응집력을 높이기 위해 노력해야 하고, 다양한 사람이 협력하는 팀워크, 서로 자유롭게 의견을 교환하고 보완할 수 있는 토론과 토의의 기회를 제공할 수 있어야 한다.

열린 시스템 모델

열린 시스템 모델(open system model)은 조직의 외부에 초점을 두며 유연한 조직구조를 추구하는 영역이다. 이 영역에 해당되는 조직의 경영자는 외부환경으로부터 양질의 자원을 획득하고 지속적인 성장을 유지해나가는 것을 중요한 목표로 한다. 이 영역에 존재하는 조직들은 무엇보다 환경과 조직의 적합(fit)을 추구하게 된다. 이를 달성하기 위해서는 환경 변화에 쉽게 대처할 수 있도록 조직의 유연성과 적응력을 키우는 것이 필요하고, 외부환경의 요구에 따라 조직을 변화시키는 것을 두려워하지 않는 실험과 도전의 자세가 필요하다.

합리적 목표 모델

합리적 목표 모델(rational goals model)은 조직의 외부환경에 초점을 두며 안정적이고 통제되는 조직구조를 추구한다. 이 모델에서 조직효과성은 조직이 초기에 설정한 운영목표를 달성했는지 여부로 측정된다. 합리적 목표 모델은 목표를 달성하기 위해 생산성과 효율성을 높이는 것을 중요시 여기며, 이를 위해서는 객관적이고 합리적인 목표를 명확히 설정해야 하고, 이를 실천하기 위한 구체적인 계획의 설립이 필요하다.

내부 과정 모델

내부 과정 모델(internal process model)은 조직의 초점을 내부에 두고 안정적인 구조를 추구하는 영역이다. 이 영역에서의 핵심목표는 예측 가능한 운영 과정을 설계함으로써 조직의 통제와 관리를 보다 용이하게 하는 것이라

할 수 있다. 이를 위해서는 조직 내 다양한 정보의 관리, 공식적인 의사소통 체계와 표준화된 의사결정의 가치를 설정하는 것이 중요하다.

도표 2-5 경쟁가치 모델[12)]

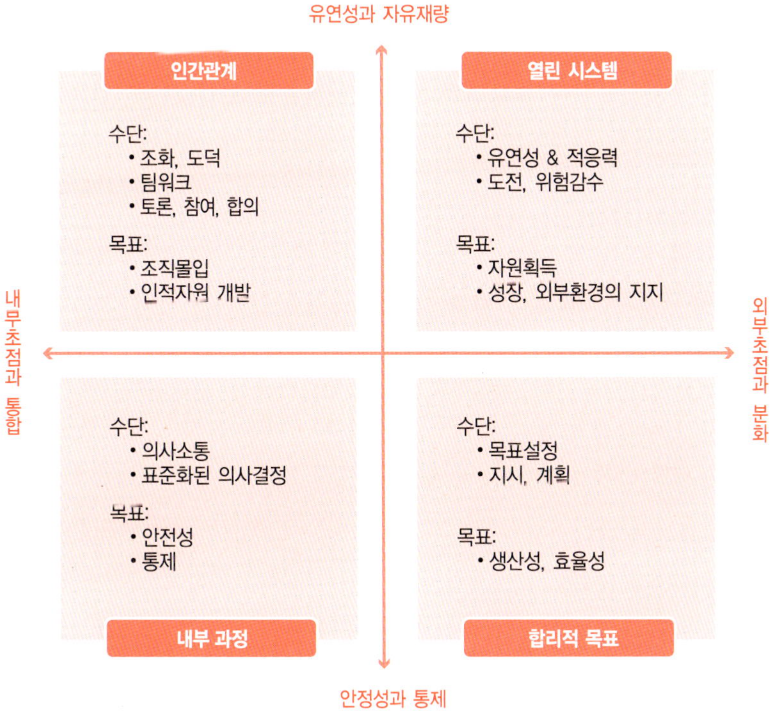

경쟁가치 모델은 조직효과성을 다차원 척도로 평가하는 의의가 있다. 또한, 조직에 따라 추구하는 가치가 서로 다르거나, 한 조직 안에서도 다양한 가치를 추구할 수 있으며, 그에 따라 가치 간 충돌이 존재할 수 있음을 보여준다. 즉, 조직의 초점과 구조에 따라 네 가지 모델을 제시하고, 각 모델별로 수

---

12) R. Quinn & J. Rohrbaugh (1983), "A Spatial Model of Effectiveness Criteria: Towards a Competing Values Approach to Organizational Analysis," *Management Science*, vol. 29, pp. 363~373.

단과 목표를 제시하여, 조직이 보다 집중해야 할 가치, 그에 따른 효과성 평가를 적절히 설명하고 있다.

이해관계자 접근법

조직이 생성되거나 운영되는 과정에서 조직은 환경에 존재하는 다양한 주체와 상호작용하게 된다. 조직이 다른 어떤 사회적 집단과 아무런 관련을 갖지 않고 독립적으로 존재하는 것은 사실상 불가능하다. 예를 들어, 기업이 성과를 내기 위해서는 소비자에게 제품을 판매할 수 있어야 하고, 제품을 만들어 내는 운영 과정에서는 정부가 제정한 다양한 법과 규정을 준수해야 한다. 이와 같이 조직과 직접 혹은 간접적으로 상호작용하면서 관련을 갖는 사회적 집단을 이해관계자(stakeholder)라 한다.

하나의 조직은 매우 다양한 이해관계자를 갖고 경우에 따라 한쪽에 유리한 상황은 다른 한쪽에게 불리한 상황이 될 수도 있다. 따라서 이해관계자들은 조직에게 서로 다른 요구사항을 제시하게 되는데, 조직은 모든 이해관계자와 올바른 관계를 설정하고, 신뢰를 바탕으로 한 조율을 위하여 노력해야 한다. 즉, 조직의 효과성은 다양한 이해관계자의 만족 수준에 의해 달라질 수도 있는 것이다.[13)]

조직을 둘러싼 이해관계자의 유형은 주주, 노동조합, 고객, 공급자, 정부, 지역사회, 국민 등으로 다양하게 구분된다. 그리고 각 이해관계자별로 추구하는 효과성은 서로 다르다.

주주(stockholder)는 무엇보다 높은 주가수익률을 원하는 반면, 노동조합(union)은 적절한 급여와 복지혜택을 요구한다. 고객(customers)은 높

13) T. Donaldson & L. Preston (1995), "The Stakeholder Theory of the Corporation: Concepts, Evidence, and Implications," *Academy of Management Review*, vol. 20, pp. 65~91.

은 품질의 제품과 만족할만한 서비스, 그리고 낮은 가격을 요구하고, 공급자(suppliers)는 신뢰할 수 있는 관계의 구축과 투명한 계약의 이행을 추구한다. 정부(government)는 성실한 납세와 법의 준수를, 지역사회(community)는 조직시민의식과 지역사회에 대한 공헌을 기대할 것이다. 국민은 세계화된 환경 속에 국위선양과 같은 역할을 요구하기도 한다. 조직은 이와 같이 다양한 이해관계자의 경쟁적인 가치를 균형 있게 충족시키기 위하여 노력해야 한다.

도표 2-6 이해관계자 접근법

유형	추구 가치
주주	주가수익률
노동조합	복지, 근무조건
고객	품질, 서비스, 가격
공급자	신뢰, 공정한 계약
정부	준법
지역사회	조직시민의식, 공헌
국민	국위선양

05 조직효과성과 윤리

윤리경영

오늘날 조직효과성은 결과로서의 경제적 지표만으로 가늠할 수 없게 되었다. 최근 기업의 부정행위가 기업경영에 치명적인 영향을 미치는 사례가 늘어나면서, 기업을 경영해 나가는 과정에 있어 높은 수준의 윤리의식이 요구되기도 한다. 윤리는 일반적으로 도덕적인 가치기준을 의미한다. 좋고 나쁨, 옳고 그름을 나누며 정의와 선의 기준이 되는 믿음이며 신념이다. 윤리는 개인과 조직의 의사결정, 나아가 행동에까지 영향을 미치는 주요한 가치관이자 철학이다.

윤리
도덕적인 가치기준

공리주의
최대다수의 최대행복 추구

공민권
개인의 기본적인 자유와 권리를 보장

정의론
공정하고 공평한 규칙

윤리를 바라보는 시각은 크게 세 가지로 구분될 수 있는데, 공리주의, 공민권, 그리고 정의론이 존재한다. 첫째, 공리주의(utilitarian model)는 최대다수의 최대행복을 추구하는 관점으로, 경영자는 이해관계자에게 미칠 이익과 손실을 비교하여 가장 큰 이익을 가져오는 대안을 선택해야 한다. 둘째, 공민권(moral rights model)은 개인의 기본적인 자유와 권리를 보장하는 것을 강조하는데, 이에 따라 경영자는 이해관계자의 기본 권리를 보호하고 권리침해를 막기 위한 의사결정을 해야 한다. 셋째, 정의론(justice model)은 공정하고 공평한 규칙을 강조하는 관점으로, 이해관계자 간 공정하고 평등한 이익 및 손실의 배분이 중요하다. 경영자는 이러한 세 가지 관점을 모두 반영할 수 있는 경영윤리 가치관을 정립하는 것이 중요하다.

경영윤리
경영자가 조직의 목표를 달성하기 위한 다양한 의사결정을 하는데 있어 반드시 준수하고 고려해야 할 도덕적 · 사회적 규범

경영윤리(managerial ethics)란 경영자가 조직의 목표를 달성하기 위한 다양한 의사결정을 하는데 있어 반드시 준수하고 고려해야 할 도덕적 · 사회적 규범이라고 할 수 있다. 조직은 단순히 목표를 달성하는 것만으로 효과성을 완벽히 충족시키기는 어렵다. 조직이 불법을 저지르거나 비윤리적인 행동을 보이는 경우 기업의 명성, 브랜드 이미지는 하락하고 소비자는 등을 돌리게 된다. 따라서 조직이 목표를 달성하는 수단은 도덕적이고 사회적으로 공정한 가치기준을 반영해야 한다. 경영윤리는 사회가 요구하는 윤리적 가치관에 의해 영향을 받기도 하고, 조직을 구성하는 개개인의 가치기준에 따라 달라지기도 한다. 바람직한 경영윤리의 확립과 준수를 위해서는 조직 차원에서 추구하는 가치를 명확히 규정하고, 모든 조직구성원들에게 윤리가치를 공유하며, 이를 실천해나갈 수 있도록 다양한 촉진과 감시의 도구를 마련하는 것이 필요하다.

윤리경영의 발전단계

Reidenbach와 Robin은 기업이 이윤추구와 윤리적 책임의 균형을 어떻게 이루어 나아가는가에 따라 기업조직의 윤리 수준이 크게 다섯 단계로 구분될

수 있음을 설명하였다.[14)]

무도덕단계

윤리 수준이 가장 낮은 단계는 무도덕단계(amoral stage)다. 기업을 소유하고 있는 소유주나 경영자를 기업의 가장 주요한 이해당사자로 간주하는 이 단계에서는 다른 무엇보다 이익의 극대화를 가장 중요한 목표로 간주한다. 무도덕단계의 조직에서 비윤리적 행동이 발생하면, 그에 대한 처벌을 받게 되지만 이익을 내기 위해 어쩔 수 없는 과정이었다고 이해되기도 한다. 또한 비윤리적 행동의 결과로 큰 이익이 발생되면 처벌의 비용이 상쇄되기 때문에 큰 문제가 없다고 고려한다. 즉, 윤리적 문제에 대해서는 전혀 고려하지 않는 단계라 할 수 있다.

준법단계

두 번째로는 법적인 의무에 대해서 책임을 느끼는 준법단계(legalistic stage)가 나타난다. 조직은 윤리경영을 위해 추가적인 노력을 기울이지는 않지만, 법적으로 규정되어 있는 지침과 기준은 충족시키기 위해 노력한다. 즉, 이 단계는 지극히 소극적인 자세에서 윤리경영에 임하는 단계로, 조직이 수행해야 할 윤리경영의 범위를 법규의 이행으로 여기는 단계이다. 준법단계는 도덕적 가치관에 의한 행동보다는 강제적으로 정해진 법을 지키는 선에서 행동하며, 추가적인 노력은 기울이지 않는다.

대응단계

대응단계(responsive stage)는 윤리적 문제에 대해 고민하기 시작하는 단계라 할 수 있다. 기업은 사회의 구성원으로서 사회적 책임을 인식하기 시작하고, 기업이 위치하고 있는 주변의 지역주민들과의 이해관계를 고려하며,

---

14) R. Reidenbach & D. Robin (1991), "A Conceptional Mode of Corporate Model Development," *Journal of Business Ethics*, April.

대외적으로 형성된 이미지를 관리하기 시작한다. 그러나 대응단계의 기업은 여전히 윤리경영을 수익창출의 도구로 생각하며, 이익의 극대화를 최우선 목표로 둔다. 즉, 윤리경영을 위한 다양한 도구를 도입하기 시작하지만, 그 의도가 윤리적이기보다는 경제적 보상을 바라는 특징이 있다.

윤리태동단계

윤리태동단계(emerging ethical stage)는 기업의 이익과 윤리적 가치가 균형을 이루기 시작하게 된다. 따라서 기업의 비전, 경영이념 등을 통해 윤리적 가치관을 제시하고, 다양한 윤리도구를 개발하여 윤리적 가치를 조직 내에 확산시키는 단계에 해당한다. 예를 들어, 윤리강령의 제정, 윤리위원회의 설치, 옴부즈맨 제도 실시 등 다양한 윤리 역할과 윤리 도구를 형성한다.

윤리선진단계

마지막으로, 윤리선진단계(developed ethical stage)가 존재한다. 이 단계는 조직의 윤리 수준이 가장 높은 단계이며, 조직구성원 모두가 확실한 윤리적 가치관과 원칙을 합의하고 공유하고 있는 단계라 할 수 있다. 윤리적 딜레마 상황이 발생하더라도, 이를 해결할 수 있는 확고한 윤리가치가 구성원 모두에게 내재화 되어 있으며, 무엇보다 이 단계에서 조직은 기업의 이익보다도 윤리경영의 실천을 더욱 중요한 것으로 고려한다.

도표 2-7 **윤리경영의 발전단계**

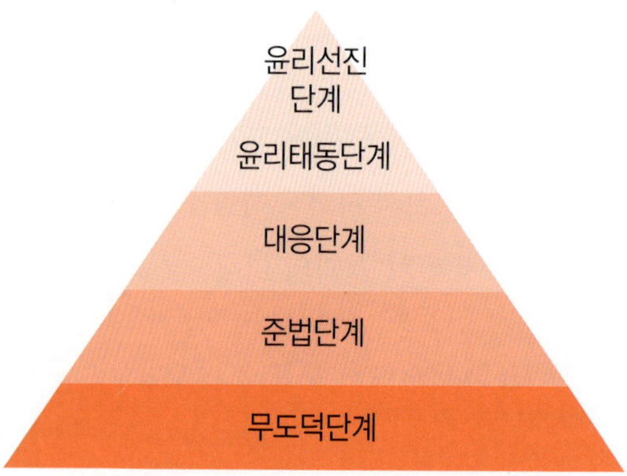

윤리경영의 혜택

오늘날 윤리경영은 기업에게 이미지 상승 이외의 다양한 효용을 가져다준다. An Ethics Toolkit for Managers의 저자인 McNamara는 윤리경영이 가져오는 효용을 소개하고 있는데, 그 중 주요한 효용 몇 가지를 살펴보면 다음과 같다.[15)]

첫째, 사회 발전에 상당한 기여를 할 수 있다. 기업은 사회의 주요한 구성원으로, 기업이 어떻게 활동하는가에 따라 사회의 윤리 수준이 크게 달라질 수 있다. 기업은 지역사회에 투자하고 기여하면서 다양한 사회복지, 교육 활동을 통해, 삶의 질 향상을 앞장 설 수 있다.

둘째, 경제위기 등 어려운 시기에도 도덕성을 유지할 수 있게 도와준다. 강력한 윤리기준을 갖고 경영을 해 나아간다면, 금융 및 경제위기의 순간에도 유혹에 넘어가지 않고 투명한 경영을 이룰 수 있다.

셋째, 조직구성원의 성장을 가져온다. 강력한 윤리기준을 갖춘 조직에서는 개개인의 조직구성원 역시 다양한 의사결정 상황에서 기업의 윤리강령에 따라 올바른 선택을 할 수 있다. 즉, 조직구성원은 조직의 윤리적 요구에 따라 부정행위를 저지르지 않고 안전하게 경력을 쌓을 수 있게 된다. 실제로 월스트리트저널에 따르면, 정서적 안정성이 높은 관리자일수록 윤리의식 역시 높은 것으로 나타났다.[16)]

넷째, 대외적으로 매우 강력한 이미지를 형성한다. 윤리경영이 직접적인 수익을 올리지는 못할지라도, 기업의 이미지와 연결되어 장기적인 관점에서는 조직의 효과성을 높여줄 수 있다.

---

15) C. McNamara (2003), *Complete Guide to Ethics Management: An Ethics Toolkit for Managers*, Authenticity Consulting, LLC.

16) Wall Street Journal, 1991.4.11, Unethical Behavior, Stress Appear Linked.

도표 2-8 윤리경영의 혜택

윤리경영의 이점
• 사회 발전 • 위기 상황에서 도덕성 준수 • 조직구성원의 성장 • 대외적 이미지 제고

06 윤리경영의 실천

윤리는 경영될 수 있는가?

그렇다면 조직은 어떻게 윤리경영을 실천해나갈 수 있을까. 다시 말해, 조직 차원에서 윤리를 통제하고 관리하는 것이 가능할까. 조직 내 윤리와 관련한 정확한 지침과 규정을 마련하고, 이를 준수할 수 있도록 감시하고 통제한다면 윤리를 경영하는 것이 완전히 불가능한 일은 아닐 것이다. 윤리강령을 작성하여 이를 준수하는 전략을 세우고 구성원에게 윤리교육을 실시하는 등 다양한 윤리 프로그램을 통해 윤리경영을 실현할 수 있다. 윤리 프로그램은 조직 내 발생하는 행동의 우선순위에 영향을 미치는 가치, 정책, 활동으로 만들어지며, 크게 윤리역할과 윤리도구로 나누어 설명할 수 있다.

도표 2-9 윤리경영의 실천 [17)]

17) Adapted from C. McNamara (2003), *op. cit*.

윤리역할

윤리경영을 실천하기 위해 조직구성원이 어떠한 역할을 수행해야 하는지에 대하여, 조직 내 존재하는 계층에 따라 그 범위를 구분하여 보여주는 것이 윤리역할 프로그램이다. 윤리역할을 수행하는 사람은 이미 조직 내에 존재하고 있던 기존의 직원일 수도 있고, 윤리경영의 감시를 위하여 임시적으로 고용된 사람일 수도 있다. 또한, 윤리역할은 조직 내 이미 존재하는 직위를 통해 수행하게 하거나, 윤리경영을 위해 새로 창조해야하는 경우도 있다. 조직의 크기에 따라 다를 수 있지만 일반적으로 윤리경영을 관리하기 위해서는 다음 네 가지 역할이 중요하다.

최고경영층

윤리경영을 위해서는 무엇보다 최고경영층(chief executive)의 강력한 지원이 필요하다. 최고경영자의 의지가 없다면 윤리경영 프로그램을 개발하고 실행하기가 어렵다. 최고경영자는 조직구조상에 윤리경영을 위해 필요한 지위를 구성하고, 포지션별로 적임자를 배치하여 역할을 잘 수행해 낼 수 있도록 도와주어야 한다.

윤리위원회

다양한 부서의 임원진을 추출하여 구성하는 윤리위원회(ethics committee)는 윤리경영 프로그램의 개발과 운영 전반을 통제하고 감찰한다. 문제가 될 수 있는 윤리적 이슈에 대한 규칙을 제시하고, 기업 전반에 대한 윤리적 문제를 관리한다. 특히, 이사진 등의 임원으로 윤리위원회를 구성함으로써 윤리경영에 대한 강력한 의지를 보여줄 수 있다.

윤리관리자

윤리관리자(ethics manager)는 일선 실무를 운영하는 현장에서 윤리 프로그램을 직접 실행하고 감독하는 역할을 수행한다. 윤리위원회에서 생성된 다양한 규정과 규칙에 대하여 이를 실천할 수 있는 구체적인 방안을 개발하고 구성원을 교육시킨다. 또한 윤리경영을 실천하는데 있어 발생하는 윤리적 딜레마 상황을 진단하고 해결하는 현장관리자라고 할 수 있다.

옴부즈맨

조직구성원 누구나 윤리역할을 수행하며 조직 내 윤리가치가 잘 지켜지고 있는지를 감시할 수 있다.

옴부즈맨(ombudsperson) 제도는 조직 내 반윤리적 문제가 발생하면 공식적인 채널을 통해 이를 신고하고, 관련 문제가 반복해서 발생하는 것을 방지할 수 있게 해준다. 옴부즈맨 제도를 실시하는데 있어서는 무엇보다 신고자의 보호와 보완이 중요하다고 할 수 있다.

윤리도구

윤리도구는 윤리 프로그램을 구성하는 규범, 제도, 정책 등으로 구성되며, 기업이 추구하고자 하는 윤리적 가치가 무엇인지를 보여준다.

윤리강령

윤리강령(code of ethics)은 기업이 추구하는 윤리적 가치와 사회적 책임에 대하여 공식적으로 작성해 놓은 문서로, 조직구성원으로 하여금 어떻게 행동할 것인지를 예측할 수 있게 해준다. 작업현장의 안전지침, 정보보호, 사생활보호 등 기업 내 다양한 부문에서의 윤리적 책임을 구체화할 수 있다.

이와 관련하여, 하버드 경영대학의 Khurana & Nohria 교수는 경영자들이 일반적으로 준수해야 할 경영 윤리강령을 제안한 바 있다. 이들은 경영자에게도 의사나 법조인과 같은 프로정신이 요구되며, 의료계의 히포크라테스 선서와 같이 보편타당하면서 강제력을 갖춘 행동규범이 필요함을 강조하고, 경영자가 필수적으로 지켜야 할 윤리강령을 제시하였다.

이후 하버드 경영대학원 졸업생들은 자발적으로 선서(The MBA Oath)에 참여하여 경영자로서의 윤리적 사명을 고취하였다.

윤리규범

윤리강령이 경영 의사결정에 대한 전반적인 가이드라인을 제공한다면, 윤리규범(code of conduct)은 작업 현장에서 따라야 할 보다 구체적인 행동지침을 제시한다. 윤리적으로 발생할 수 있는 문제 상황을 사전에 제시하고, 이를 해결하기 위한 적절한 행동의 사례를 사전에 개발해놓은 도구이다. 윤리규범은 실제 행동에 적용할 수 있도록 매우 정교하고 구체적으로 작성되어야 한다.

윤리정책

윤리경영을 위하여 기업의 정책과 절차(policies and procedures)에 윤리적 가치를 포함시켜 조직구성원의 행동에 우선순위를 제공해줄 수 있다. 예를 들어, 직무명세서를 설계하거나 성과평가의 기준을 정할 때, 윤리규범을 기초로 하여 작성함으로써 윤리적 규범을 따르게 할 수 있다. 또한, 조직 내 활용되는 다양한 자원의 재활용을 장려하거나 지역사회의 기부 및 자원봉사 등의 정책을 펼치고, 이와 같은 윤리적 행동이 실천되면 그에 대한 보상정책을 실시하여 기업 내 윤리적 문화를 창출할 수 있다.

훈련

윤리경영을 위한 다양한 역할과 도구가 구비되었다 하더라도 윤리강령, 규범, 정책에 대한 조직구성원의 이해가 없다면 윤리경영 프로그램은 성공할 수 없다. 따라서 기업이 추구하는 가치와 실천 방법을 구체적으로 교육훈련(training)시키는 것이 무엇보다 중요하다.

도표 2-10 경영자를 위한 히포크라테스 선서[18)]

이해관계의 균형	다양한 이해관계자의 균형적인 이익추구를 위해 노력하고, 나아가 사회에 공헌할 수 있는 기업을 창조한다.
기업의 이익 추구	사적인 이익을 위해 기업의 이익을 희생하지 않으며, 개인의 이기주의적인 행동은 더욱 큰 해를 가져올 수 있음을 주지한다.
공정한 의사결정	인종, 성, 종교, 국가, 정치적 성향, 사회적 지위에 따라 차별하지 않으며, 약자의 이익이 보호받을 수 있도록 돕는다.

07 윤리적 딜레마

기업에서의 윤리경영은 특정 문제에 대해 윤리적 가치관을 바탕으로 의사결정하고, 그에 따라 행동할 수 있도록 지원, 관리하는 것을 뜻한다. 그런데 아무리 구체적인 윤리규범을 제정하고 윤리정책을 펼쳐 나간다 하더라도 현실에서의 의사결정은 윤리적 딜레마의 문제에 빠지게 만들기가 쉽다.

윤리적 딜레마(ethical dilemmas)는, 서로 상충되는 이해관계에서 하나를 선택해야 할 때 발생한다.[19)] 예를 들어, 경영자가 의사결정을 내릴 때 분명 사회적으로 올바르고 기업의 주요 이해관계자에게 이익을 가져다주는 대안을 선택한다 하더라도, 바로 그 의사결정이 경영자 자신에게는 피해를 주거나 제3의 다른 이해관계자에게 불이익을 줄 수 있다. 이러한 상황을 윤리적 딜레마라고 부르며, 조직은 공정하고 윤리적인 의사결정을 내리기 위해 주의해야 한다. 조직 내 발생할 수 있는 윤리적 딜레마 상황을 구체적으로 살펴보자.

- 100미터 더 가면 우리 가게보다 물건을 더 싸게 파는 대형마트가 있다. 그 사실을 고객에게 알려줘야 할까?

18) R. Khurana & N. Nohria (2008.10), "It's Time to Make Management a True Profession," *Harvard Business Review*, pp. 70~77.

19) L. Trevino & K. Nelson (1995), *Managing Business Ethics: Straight Talk about Bow to do It Right*, NY, John Wiley & Sons Inc.

- 상사로부터 김 대리를 해고하겠다는 이야기를 들었다. 이 사실이 알려지면 회사 분위기가 나빠질 수 있기 때문에 회사에서 공식 발표가 있을 때까지 아무에게도 이야기 하지 말라는 주의를 들었다. 하지만 김 대리는 지금 융자를 얻어 아파트를 새로 구입하려고 한다. 곧 해고 될 테니 무리한 내출을 받지 말라고 미리 알려줘야 하지 않을까?
- 회사 경영이 어려워 곧 폐업을 하게 될 위기에 처했다. 회사를 닫으면 직원 500명이 갑자기 직장을 잃어 생활이 어려워진다. 그 때, 뇌물을 주면 주요 프로젝트를 발주해주겠다는 투자자가 나타났다. 뇌물을 주고 회사를 살려야 할까, 정직하게 파산을 하고 직원을 길가로 내보내야 할까.

이러한 딜레마를 해결하는 것은 매우 어려운 일이지만, 앞서 설명한 윤리도구를 잘 활용하고 명확한 가이드라인을 제시하여 대비할 수 있다. 또한 의사결정 시 체크리스트 등을 활용하여, 모두의 이해관계를 대변하고 공정한 의사결정이 이루어지고 있는지 단계별로 확인할 수 있다.

08 지속가능경영

지속가능경영(sustainable management) 혹은 경영에 있어 지속가능성(sustainability)의 중요성은 이미 꽤 오랜 시간 강조되고 있다. 지속가능경영은 기업의 수익성에만 중심을 두지 않고, 사회 전체의 지속가능성에 초점을 두는 시각이다. 즉, 사회와 기업의 공생을 강조하며 현재시점뿐 아닌 미래 세대를 포함한다. 지속가능경영의 특징으로 첫째, 환경문제를 생각할 수 있다. 최근 플라스틱과 같이 환경을 오염시키는 물질에 대한 우려의 목소리가 커지며, 환경친화적인 경영의 중요성이 강조되고 있다. 둘째, 미래 세대의 희생 없는 발전이다. 과거의 경제성장 방식은 환경오염뿐 아니라 자원고갈 등 미래 세대에게 어려운 과제를 남기는 방식으로 이루어져왔다. 새로운 기술의

지속가능경영
환경, 미래세대, 수익성을 포함한 사회 전체의 지속을 위한 경영

발달은 후속 세대의 희생 없이 미래를 지속시킬 수 있는 방향으로 나아가야 한다. 셋째, 수익성이다. 지속가능경영은 기업의 본질인 수익을 포기하는 담보로 이루어지는 것이 아니며, 친환경 에너지 등 새로운 기술을 통해 인류 전체의 번영을 증진시킬 수 있다.

SDGBI
유엔의 기업 지속가능성 분석지수

유엔 경제사회이사회 특별협의지위 국제 비정부기구인 유엔 SDGs협회는 매해 전 세계 약 3,000여 개 기업의 지속가능성을 분석하고 평가하여 지속가능개발목표경영지수(SDGBI: Sustainable Development Goals Business Index)를 발표한다.[20] SDGBI는 인권, 환경, 경제, 사회 등 분야에서 기업의 지속가능성을 평가하는 지수로, 이제 글로벌 수준의 기업평가는 단순히 수익성으로 이루어지지 않는다는 것을 알 수 있다.

ESG
환경, 사회적 가치, 지배구조 등 기업의 비재무적 성과를 측정하는 지표

이러한 추세는 자산운용사들의 투자 의사결정에도 영향을 미치고 있다. 환경(environment), 사회(social), 지배구조(governance)의 앞 자를 딴 ESG는 기업의 비재무적 성과를 측정하는 지표로, 최근 투자자들의 의사결정 시 기업의 재무적 요소와 함께 고려된다.

그린스완
기후 변화로 인한 경제위기 가능성

특히, 오늘날 환경보호의 중요성은 더욱 크게 강조되고 있다. 국제결제은행(BIS: Bank for International Settlements)은 2020년 1월, 그린스완(green swan)이라는 제목의 보고서를 발표하고, 기후 변화가 앞으로의 경제에 큰 영향 미쳐 금융위기가 발생할 수도 있음을 경고하였다. 공급 차원에서 농산물과 에너지의 가격이 급등하거나, 인적자원의 생산성 저하로 수요가 감소하는 등 기후 관련 위기가 경제성장과 기업 생태계에 큰 영향을 미칠 수 있다는 것이다. 발생가능성이 지극히 낮으나 발생 시 큰 타격을 미치는 블랙스완(black swan)을 변형한 용어로, 그린스완은 미래 어느 시점에는 실재재화 될 것이 확실한 위험 요소라 할 수 있다.

20) UN SDGs 협회 홈페이지 참고 (https://sustainabledevelopment.un.org/)

09 기업의 사회적 책임

기업의 사회적 책임(CSR: Corporate Social Responsibility)은 기업이 당사와 관련된 이해관계자는 물론 사회 전체의 복지와 이익에 공헌할 것을 요구하는 방향으로 확대되고 있다.[21] 이러한 사회적 책임을 실천하기 위해 다양한 기업이 투자와 노력을 지속하기도 한다. 예를 들어, 코카콜라는 아프리카에 소규모 유통센터 설립을 지원하여 현지 주민이 자전거를 이용하여 제품을 직접 배달하면서 자동차 이용을 줄여 환경오염을 피하는 동시에 일자리창출에 기여하기도 했다.[22]

이와 같이 기업의 사회적 책임에 대한 기대와 실천이 확장되는 가운데 한 가지 고민해야 할 사항이 있다. 조직이 윤리적 경영을 실천하는데 있어 적절한 범위와 수준을 판단하는 것은 매우 모호한 문제가 있기 때문이다. 예를 들어, 저명한 경제학자인 Milton Friedman은 기업의 사회적 책임에 대해 법적인 테두리 안에서 수익창출을 하는 것으로 충분하다고 언급한 바 있다. 기업은 사적자산시스템(private-property system)으로, 경영자는 기업의 소유주에게만 책임이 있다고 본 것이다. 하지만 1970년대의 주장이 최근에도 유효한지에 대해서는 비판적인 시각이 우세하다.

오늘날 우리 사회는 기업에게 준법의 수준을 뛰어 넘는 책임을 요구하고 있다. 사회가 요구하고 있다. Michael Porter는 기업의 사회적 책임을 발전시켜 공유가치창출(CSV: Creating Shared Value)이라는 새로운 개념을 제시하기도 했다. 기업들은 시장 생태계 내의 다른 조직들과 혁신지원, 교육 등을 공유하며 사회적 가치창출에 힘써야 한다는 것으로, 단순히 기업의 이익을

---

21) N. Craig Smith (2003), "Corporate Social Responsibility: Whether or How," *California Management Review*, vol. 45(4), pp. 52~76.

22) B. Clinton (2009), "Creating Value in an Economic Crisis," *Harvard Business Review*, September 2009.

사회에 환원하는 수준을 넘어선다. 미래에는 환경과 인권을 보호하고, 투명한 지배구조와 공정한 관행을 따라야 하는 사회적 책임을 다하는 기업만이 살아남을 수 있을 것이다.

토의

01 본인이 소속된 조직의 효과성에 대해 투입–변환–산출의 세 가지 접근법을 근거로 토의하시오.

02 현대 기업에게 요구되는 사회적 책임의 범위에 대해 토의하시오.

03 본인이 경험한 윤리적 딜레마 상황에 대해 이야기하고, 이러한 딜레마를 해결하기 위한 방법에 대해 토의하시오.

PART 02

조직구조의 이해

CHAPTER

03

조직구조의 설계: 3요소

학 | 습 | 목 | 표

- 조직구조 공식화의 개념과 방법에 대해 이해한다.
- 표준화와 자유재량의 차이점에 대해 파악한다.
- 조직구조 복잡성의 의미에 대해 이해한다.
- 수평적 · 수직적 · 공간적 분화의 개념에 대해 파악한다.
- 수평적 · 수직적 · 공간적 통합의 개념에 대해 파악한다.
- 조직구조 집권화의 특징과 결정 요인에 대해 이해한다.

CHAPTER 03

조직구조의 설계: 3요소

01 조직구조의 중요성

조직구조란 사람과 부서의 체계적 배열로 다양한 종류의 역할, 업무, 권한, 책임 등이 어떤 사람과 부서에 분배되는가를 결정하는 것을 의미한다. 조직구조를 설계하고 나면 개개인들에게 요구되는 행동들이 결정되고 업무수행이 이루어진다. 조직구성원들의 업무수행으로 조직성과가 나타나게 되는데 업무수행 시 자율권의 부여 정도와 조직의 유연하게 운영하는 정도에 따라 그 성과는 달라진다.

결국 조직구조를 효과적으로 설계했는가 아닌가는 조직의 생존에 매우 큰 영향을 미치게 된다. 조직구조가 잘못 설계 됐을 경우에는 기대한 만큼의 성과 달성이 어렵다. 그 이유는 빠르고 적절한 의사결정이 어렵고 부서 간 그리고 구성원들 간의 협조가 힘들기 때문이다. 특히 외부환경의 변화에 빠르고 적절한 대응능력을 상실하기 때문에 결국 조직경쟁력이 낮아진다.

02 기계적 조직 vs. 유기적 조직

조직경쟁력을 높이기 위한 효과적인 조직구조는 어떻게 설계할 수 있을까? 모든 상황, 모든 조직에 적용될 수 있는 단 하나의 정답 같은 조직구조는 없다. 환경에 따라, 조직의 특성에 따라 효과적인 조직구조 형태는 얼마든지 달라진다. 업종에 따라 혹은 동일 업종이라 할지라도 조직의 규모에 따라, 조직이 사용하는 기술에 따라서 등 다양한 상황적 요인에 영향을 받게 된다.

조직구조는 다양한 상황 요인을 고려하여 설계해야 하는데, 설계의 방향은 크게 기계적 조직과 유기적 조직으로 구분할 수 있다. 기계적 구조는 조직이 마치 하나의 기계와 같이 사전에 정해진 규칙과 규정에 따라 절차대로 운영되는 특징을 갖는다. 유기적 조직은 조직이 하나의 유기체와 같이 상황에 따라 유연하게 적응하며 변화하는 모습을 보인다. 최근 환경 변화의 속도가 빨라지면서 유기적 조직의 중요성이 강조되고는 있으나, 기계적 조직이 더 효과적인 상황도 여전히 존재한다.

그렇다면 조직을 설계하기 위해서는 어떠한 방법을 사용할 수 있을까? 조직 설계의 3요소인 공식화, 복잡성, 집권화 수준을 높이거나 낮춤으로써 기계적 혹은 유기적 조직을 만들 수 있다.

03 공식화

개념

공식화(formalization)란 조직 내에 업무나 규칙, 절차, 그리고 의사전달의 통로가 공식적으로 문서화되어 있는 정도를 뜻한다. 만약 공식화 정도가 높으면 조직구성원들은 정해진 업무수행 방식을 통해 일을 하게 되며, 공식화를 유지하기 위해서는 엄격한 규정과 규칙을 따라야 한다. 또한, 상사의 지시에 따른 일방적 업무수행이 이루어지며 개인에게 있어서 권한의 정도는 거의 없다. 반대로 공식화 정도가 낮다면, 정해진 규칙에 의해 업무가 이루어지는 것이 아니기 때문에, 조직구성원들이 어느 정도 자발적으로 업무를 수행할 수 있다. 공식화의 사례로는 문서화되어 있는 매뉴얼, 업무지침 및 규정, 윤리서약 등을 들 수 있다.

공식화
조직 내에 업무나 규칙, 절차, 의사소통의 통로가 공식적으로 문서화되어 있는 정도

공식화는 직무의 수행 결과를 즉시 확인할 수 있으므로 통제와 조정이 쉽게

이루어진다. 구성원 입장에서도 높은 성과평가를 받기 위해서는 어떻게 행동해야 하는지를 잘 알기 때문에 만족도가 높아질 수 있다. 하지만 조직의 공식화 수준이 지나치게 높아지면, 조직구조의 경직성을 갖게 되며, 구성원의 행동이 기계적이고 변화를 회피하는 모습을 보일 수 있다. 이로 인해 창의성이 저해되며, 조직문화는 비공식적인 면이 사라지고 공식적인 면만 중시하는 문화가 형성될 수 있다.

도표 3-1 공식화의 특징

감소 ◀──── 공식화 ────▶ 증가

【공식화 낮은 조직】	【공식화 높은 조직】
• 정해진 규칙 · 규정이 없거나 무의미함 • 상관이 부하의 업무수행에 관여하지 않음 • 개인의 자유재량권이 확보됨 • 업무가 표준화되어 있지 않음	• 정해진 규칙 · 규정에 따라 업무수행 • 상관의 지시에 따라 업무수행 • 개인의 자유재량권이 거의 없음 • 업무가 표준화됨

표준화와 자유재량

표준화
특정한 문제를 해결하는 방법이 일치되어 있는 상태

자유재량
업무를 처리하는데 개인적인 판단에 의존하는 것

공식화는 업무수행에 있어 이미 결정되어 있는 방법을 따르는 정도를 뜻하기 때문에, 공식화 수준에 따라 업무의 표준화와 조직구성원의 자유재량의 정도가 달라진다. 공식화의 수준이 높다는 것은, 업무가 표준화 되어 있다는 것을 뜻한다. 표준화(standardization)란 특정한 문제를 해결하는 방법이 일치되어 있는 상태를 뜻하는 것으로, 표준화된 업무처리 방식은 조직구성원의 행동을 예측할 수 있게 해준다. 반면, 자유재량(discretion)은 업무를 처리하는데 있어 표준화된 규칙보다는 개인적인 판단에 의존하는 것으로, 행동을 예측하기 어렵다. 표준화와 자유재량은 직무의 특성에 따라 요구되는 수준이 다르며, 따라서 둘의 균형을 이루어 조직구조를 설계하는 것이 매우 중요하다.

표준화는 일반적으로 단순 반복적인 특성을 지닌 직무에 적합하다. 즉, 작업자들이 지속적으로 같은 업무를 반복 수행할 때, 표준화를 통해 최대한 효율성을 높일 수 있다. 그에 비해 서비스업과 같이 고객을 상대하는 직무는 직무 자체가 복잡하고 예외적인 경우가 많이 발생하므로 상황에 따라 자유롭게 대응할 수 있도록 자유재량을 높이는 것이 좋다.

한편, 직무를 수행하는 계층에 따라서도 표준화와 자유재량의 수준이 달라진다. 높은 직급과 연관된 직무는 비정형적 의사결정을 통해 이루어지는 업무가 대부분이기 때문에, 표준화를 추구하기가 어렵지만, 정형적 의사결정을 통해 이루어지는 직무를 많이 수행하는 낮은 직급에서는 직무를 표준화시키기가 보다 용이하다.

이와 같이 상황에 따라 조직의 공식화 수준을 적절히 설계하는 것이 중요한데, 공식화를 설계하는데 영향을 미치는 주요 변수들에 대해 살펴보도록 하겠다.

공식화의 방법

공식화를 도입하는 방법에는 외부자문에 의해서 직무처리 과정을 분석하는 외부화 된 방법과, 직접적 관리 · 감독을 통해 실행하는 내부화 된 방법이 존재한다. 외부화 된 방법을 공식화에 적용할 경우에는 이미 결정된 사항이 조직구성원들에게 받아들여지는데 어려움이 발생할 수 있으나 객관성이 높아지는 장점이 있다. 내부화 된 행동을 적용할 경우에는 공식화의 객관성이 낮아지나 조직구성원들이 수용하는데 있어서는 용이해진다. 외부화와 내부화의 적정한 방법은 조직의 규모, 역량 등에 따라 달라진다.

조직 내 공식화를 높이는 구체적 방법으로는 직무분석, 규칙과 규정의 제정, 교육 및 훈련 등이 있다. 직무분석을 통해 직무기술서 및 직무명세서를 문서화 하여 선발, 평가, 보상 등에 활용할 수 있으며, 규칙과 규정으로 업무수행에 필요한 표준을 제공하고, 교육 및 훈련으로 표준화된 행동을 학습시킬 수 있다.

공식화 정도를 높이는 방법

❶ 직무분석

직무분석은 직무를 수행하는 과정에서 요구되는 의무, 책임, 권한, 작업환경 그리고 해당 직무를 수행하기 위해 필요한 기술, 지식, 자격, 역량 등을 분석하는 과정으로, 직무분석을 통해 직무기술서와 직무명세서를 도출할 수 있다. 직무기술서는 직무수행 시 발생하는 의무, 책임, 보고관계, 작업환경 등에 대해 정의한 문서이며, 직무명세서는 해당 직무를 수행하는데 요구되는 능력, 기술, 지식, 자격 등을 정리한 문서이다. 직무기술서와 직무명세서를 바탕으로 선발, 성과관리, 보상 등에 대한 규칙과 규정을 제정할 수 있다.

❷ 조직의 규칙과 규정

조직의 규칙과 규정을 설정하고 이를 모든 조직구성원에게 적용하는 것이다. 규칙과 규정이 문서화 된 경우에는 공식화의 실행이 용이해진다. 그러나 문서화 되지 않은 경우에도 비문서화된 관례에 따른 형식으로 공식화가 가능하다.

❸ 교육과 훈련

규칙과 규정이 만들어져도 조직구성원이 이를 제대로 습득하지 못하면 공식화의 효과가 떨어진다. 교육과 훈련을 통해 표준화된 행동기준을 공유하고, 이를 실행할 수 있도록 지식과 기술을 전수함으로써 공식화의 효과를 높일 수 있다.

도표 3-2 맥도널드의 공식화 방법

맥도널드는 매장에서 햄버거를 만드는 작업이 어떻게 수행되어야 하는가를 수백 쪽의 매뉴얼에 상세히 규정	
⬇	
이러한 규정은 미국, 캐나다, 한국, 일본, 유럽의 어느 매장에서도 동일하게 적용	업무의 표준화
⬇	
업무의 표준화를 통해서 맥도널드는 세계 어디에서도 동일한 맛을 내는 햄버거를 소비자들에게 제공	

공식화의 장 · 단점

공식화의 장점으로는 첫째, 교육훈련 비용을 절감할 수 있다. 구성원이 따라야 할 행동기준이 매뉴얼로 작성되어, 간단한 업무는 특별한 교육 없이도 매뉴얼을 따라 이행할 수 있기 때문이다. 둘째, 업무수행의 결과가 일관된 품질로 나타난다. 모두가 동일한 방법, 동일한 과정을 거쳐 업무를 수행할 경우 업무수행자별로 차이가 없는 표준화된 품질을 기대할 수 있다.

공식화의 단점으로는 첫째, 경직된 조직구조가 나타난다. 정해진 규정에 따라 업무처리를 하다보면 상황에 따른 유연성이 저해되기 때문에 지나치게 경직된 조직구조와 문화가 나타난다. 둘째, 창의성이 저해된다. 규칙과 규정을 따르지 않은 것으로 인한 문제에 대해 책임을 회피하려는 경향이 발생하고, 새로운 업무 방법을 고안해내기보다는 정해진 규칙과 지시에 따라서만 움직이게 된다. 셋째, 새로운 변화에 저항한다. 새로운 업무 방식이 제안될 경우, 기존의 규칙과 규정에 충돌하는 사항을 먼저 살피고, 새로운 방법의 장점보다는 새로운 방법으로 인해 발생할 문제에만 초점을 맞추는 과거의 답습이 쉽게 이루어진다.

04 복잡성

복잡성
조직 내 존재하는 분화의 정도

H. Mintzberg는 모든 조직화된 행동에 대해, 사람마다 수행해야 할 업무를 다양하게 나누는 것과, 그것을 다시 통합하는 상반된 절차를 거쳐야 한다고 지적했다.[1)] 조직의 구조는 두 가지 반대되는 요구를 동시에 충족해야 함을 뜻한다. 조직이 수행하는 업무가 다양하고 복잡할수록 직무는 분화되어야 한다. 또한, 높은 분화를 보인 구조는 다시 유기적으로 연결될 수 있도록 통합되어야 한다.

1) H. Mintzberg (1979), *The Structure of Organizations*, Englewood Cliffs, Prentice-Hall.

복잡성(complexity)은 통제와 조정에 관한 규정으로, 조직구조의 분화 및 통합을 요구하여 전문화의 수준에 영향을 미친다.

전문화

전문화
수행업무의 범위가 좁은 정도

전문화(specialization)란, 개인 혹은 부서에서 수행하는 업무의 범위와 관련된 것으로, 전문화가 높으면 한 사람이 수행하는 업무의 범위가 좁아지고, 전문화가 낮으면 한 사람이 넓은 범위의 업무를 수행하게 된다. 전문화의 수준이 높아지기 위해서는 조직 내 분화가 이루어져야 하는데, 분화란 조직이 자원과 인력을 하위 단위에 배분하는 과정으로, 그에 따라 조직 내 과업과 권한의 관계가 형성된다. 결론적으로, 조직구조의 설계에 있어 높은 수준의 분화와 통합은 높은 수준의 복잡성을 보여 전문화의 정도를 높인다고 할 수 있다.

분화

분화
수행하여야 할 업무를 집단화, 단위화 하는 것

분화(differentiation)는 수행하여야 할 업무를 집단화, 단위화 하는 것을 의미한다. 조직은 기업의 목표를 달성하기 위하여 업무를 나누어 전문화 시키고 조직의 구성원들에게 분담 또는 할당하게 되는데 이러한 과정을 분화라 할 수 있다. 분화는 기본적으로 수행되어야 할 활동들을 중심으로 부서를 나누는 수평적 방법과 조직의 계층을 결정하는 수직적 방법, 지역적 시장의 확대 정도에 따르는 공간적 방법으로 설계된다.

수평적 분화

수평적 분화(horizontal differentiation)란 조직이 수평적으로 몇 개의 업무단위 또는 부서로 나눠져 있는가를 의미한다. 수평적 분화는 기능(function)과 사업부(division)를 기준으로 이루어질 수 있다. 기능은 유사한 기술, 지식을 사용하는 사람들을 모아놓은 것으로, 마케팅, 재무, 인사, 생산 등으로 분화하는 것이 여기에 해당한다. 사업부는 유사한 산출물과 관련하여 활동하는 사람들을 모아놓는 것으로 모바일, 가전, 에어컨 등 제품별로 부문화 하는 것을 의미한다.

Lawrence & Lorsch[2)]의 주장처럼 환경의 불확실성이 높으면 조직에서는 각 환경 요소에 대응하기 위한 전문화된 하위 유닛을 필요로 하게 된다. 즉, 부문별로 분업(division of labor)이 발생하고, 분업으로 인해 여러 부서가 필요하게 되므로 수평적 분화가 높게 나타난다. 그에 비해 환경이 안정적이고 상대적으로 적은 부서가 필요하다면 분업 수준이 낮아져 수평적 분화가 낮아진다. 예를 들어 [도표 3-3]과 같이 조직 A는 6개의 부서가 있고, 조직 B에는 3개의 부서가 있을 경우 조직 A는 조직 B에 비해 수평적으로 너 많은 업무단위 혹은 부서로 나뉘어져 있기 때문에 이럴 경우 조직 A는 조직 B보다 수평적 분화 정도가 더 높다고 할 수 있다.

도표 3-3 수평적 분화의 예

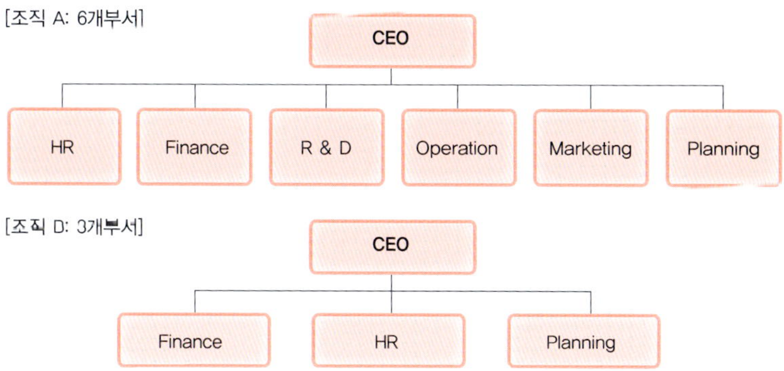

수평적 분화는 조직의 과업을 역할들로 나누고, 다시 역할들을 부서와 팀과 같은 단위로 구분하는 과정을 거치기 때문에 이러한 분업은 개인들을 특정 과업에 전문화시킨다는 의미로 볼 수 있다. 여러 다양한 업무를 수행하는 것이 아니고 특정 기능만을 수행하다 보면 조직구성원들의 업무 숙련도가 빠르

2) P. Lawrence, and J. Lorsch(1967), "Differentiation and Integration in Complex Organizations," *Administrative, Science Quarterly*, vol. 12, pp. 1~30.

게 향상되는 학습효과가 나타나기 때문에 결과적으로 효율성과 전문성의 향상을 기대할 수 있으며, 비교적 단순화된 업무규정을 통한 개별업무의 통제와 적성에 따른 인원 배치가 가능하기 때문에 분화된 부서 내의 관리 · 감독이 용이해지는 장점이 있다. 하지만 부서가 많아질수록 조직 전체보다 자기 부서의 이익을 중요시하는 정도가 커지기 때문에 부서 이기주의가 나타날 수 있고, 타부서와의 정보 공유를 기피하고 협력 필요성을 외면하게 되면서 조직 전체 차원의 의사소통이 부족해지며, 부서 간 단절로 조직학습이 부족해질 수 있다. 즉, 수평적 분화가 지나치게 높을 때는 조직 통합적인 측면에 있어 어려움을 겪을 수 있다.

수직적 분화

수직적 분화(vertical differentiation)란 학자들마다 다양한 해석들이 있지만 일반적으로 조직계층의 가장 높은 단계에서 가장 낮은 단계까지 몇 개의 직급으로 나누어져 있는가를 의미한다. 과업의 분화가 상 · 하관계로 이루어지는 것은 조직이 권한의 계층을 설계하고 조직역할과 하위단위를 연결하는 보고체계를 설정하는 것을 의미한다. 예를 들어 [도표 3–4]와 같이 조직 A에서는 7개의 직급, 조직 B는 5개의 직급으로 나누어져 있을 경우 조직 A에는 조직 B보다 수직적으로 더 많은 직급들이 존재하기 때문에 조직 A가 조직 B보다 수직적 분화 정도가 높다고 할 수 있다.

도표 3–4 수직적 분화의 예

수직적 분화는 일반적으로 조직의 규모가 커짐에 따라 발생한다. 조직구성원의 수가 늘어나면 이들을 통제하고 감독할 관리자를 필요로 하고, 그러한 관리자의 수가 늘어나면 또 다시 관리자들을 감독할 중간관리자가 생겨나게 된다. 이와 같이 권한의 크기에 따른 위계적 보고관계를 명령계통(chain of command)이라고 한다.

명령계통
권한의 크기에 따른 위계적 보고관계

조직의 규모가 커짐에 따라 이러한 명령계통은 늘어날 수밖에 없는데, 그렇다고 해서 이를 무한대로 방치할 수는 없다. 수직적 분화가 지나치게 강화되면 그로 인한 비효율성이 나타나기 때문이다. 직원 수가 수 만 명에 이르는 대규모 글로벌 기업들 역시 조직 내 계층의 수는 어느 정도 한정되게 나타난다. 즉, 조직규모의 증가에 따라 명령계통이 늘어나는 수직적 분화는 필수적이지만, 조직의 규모가 어느 수준 이상에 이르게 되면 명령계통은 더 이상 늘어나지 않고, 조직을 관리하기 위해 필요한 최소의 수준으로 유지되는 것이 보다 효과적이다.

수직적 분화는 계층의 증가로 승진의 기회를 높이는 장점이 있다. 또한 관리자가 소수의 인원을 감독하면서 계층별 관리가 용이하다. 하지만 계층의 증가로 인해 커뮤니케이션의 속도가 늦어져 그만큼 외부환경 변화에 적응하는 속도도 느려진다. 그리고 각각의 계층 간의 커뮤니케이션 과정 속에서 조직구성원들의 의견이 추가되어 왜곡된 내용을 최고경영자에게 전달하기 쉽고 직급 간 의견 조정을 많이 이루어져야하기 때문에 상호협력 정도가 낮아지게 된다.

수직적 분화와 통제의 범위

수직적 분화를 설계할 때에는 계층단계에 있어 상사가 부하직원을 통솔할 수 있는 적정인원의 수가 배정이 되어야 하는데 이를 통제의 범위(span of control)라 한다. 통제의 범위에 대한 획일적인 기준은 없으며 다양한 상황요인에 따라 결정된다고 볼 수 있다. 첫째, 조직의 업무가 상호 간 긴밀한 협의 없이 일방적인 명령에 의해 수행될 수 있고, 상사와 부하 사이에 요구되는 커뮤니케이션 정도가 낮다면 한 명의 관리자가 관리 가능한 부하직원의 수가 늘어나기 때문에 통제의 범위는 증가할 수 있다. 하지만 상사와 부하의 커뮤니케이션 정도가 높거나 상호의존성이 높은 업무의 경우 관리 가능한 부하직원의 수는 줄어들기 때문에 통제의 범위는 낮게 형성된다. 둘째, 관리자의 역량 역시 통제의 범위에 영향을 미칠 수 있다. 사회적 기술이 뛰어나고 다양한 요구를 동시에 처리할 수 있는 능력이 있는 관리자는 상대적으로 많은 인원을 통솔하면서도 부서의 효과성을 높일 수 있다. 셋째, 하급자가 숙련된 지식과 기술을 바탕으로 특별한 통제나 관리를 필요로 하지 않거나, 높은 동기부여로 자발적인 참여가 이루어질 때는 통제의 범위가 커질 수 있다.

도표 3-5 통제의 범위

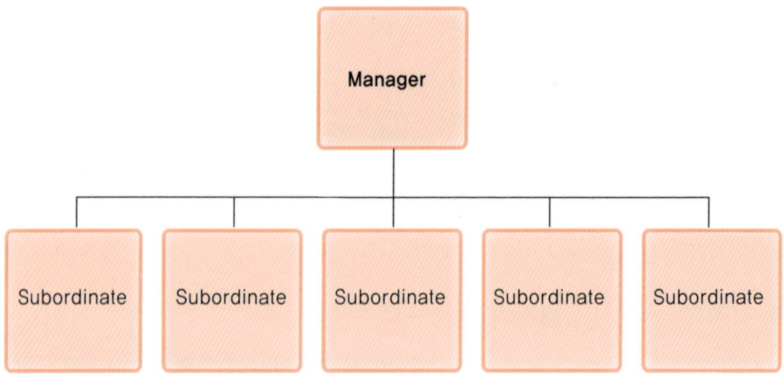

통제의 범위
상사가 부하직원을 통솔할 수 있는 적정인원의 수

통제의 범위를 어떻게 설정하느냐에 따라 조직은 수직적으로 늘어나기도 하고 수평적인 형태로 운영되기도 한다.

통제의 범위가 줄어들어 조직구조가 수직적으로 증가된 수직조직(tall organization)은 감독해야 할 부하직원의 수가 적어져 통제가 쉬워지며 친밀한 관계형성이 가능하다. 하지만 중간관리층의 증가로 조직 입장에서는 관리비용이 커질 수 있다.

반대로 통제의 범위가 늘어나 조직구조가 수직적으로 감소된 수평조직(flat

organization)은 계층의 감소로 부서 내 많은 인원에게 동일한 관리원칙이 적용될 수 있다. 하지만 감독해야 할 부하직원의 수가 많기 때문에 그만큼 통제가 어려워지며, 관리자의 높은 역량을 요구한다.

이와 같이 통제의 범위에 따른 장 · 단점이 명확하게 존재하기 때문에 다양한 상황 요소를 고려하여 조직 내 부서별로 적정한 수준의 통제의 범위를 설정하는 것이 중요하다. 그런데 통제의 범위를 늘릴 때에는 주의를 기울여야 한다. 관리자가 직접적으로 통솔하는 인원이 1명 늘어나는 것은 생각보다 큰 부담을 가중시키기 때문이다. 예를 들어 [도표 3-6]과 같이 통제의 범위가 2인 부서와 3인 부서를 비교해보면, 관리자 A와 관리자 B는 직접 통솔하는 인원의 수에서는 2명과 3명으로 한 명밖에 차이가 나지 않지만, 관리해야 하는 관계의 수는 3개에서 6개로 늘어나며 관리자 B의 부담을 증폭시킨다.

도표 3-6 **통제범위의 증가**

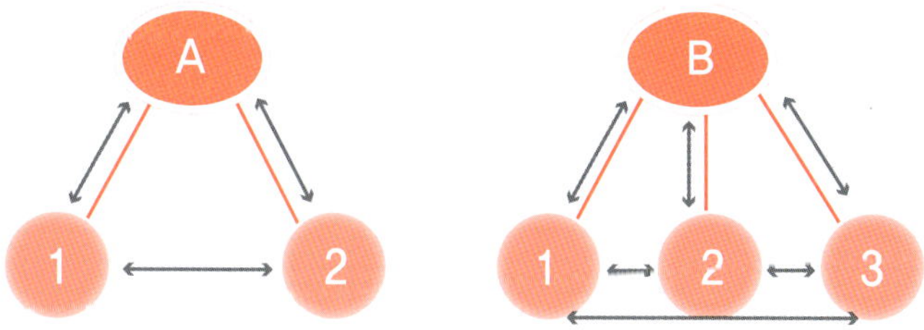

공간적 분화

공간적 분화(spatial differentiation)란 조직이 여러 지역으로 나누어져 있는 정도를 의미하는 것으로 권한이나 업무가 공간상으로 분리될 수 있다는 것이다. 공간적 분화는 조직의 전체적인 전략에 의해 영향을 받게 되는데 예를 들어 값싼 노동력 확보, 시장, 제품 및 기술의 전 세계적 무한경쟁 추세에 맞춘 사업다각화를 추진하는 경우에, 해외 유명 현지기업과의 M&A, 현지공장 건설 등의 방법을 통해 지역을 독립적으로 운영하는 해외법인이나 부서를 만드는 것 등이 여기에 해당된다.

공간적 분화를 하게 된다면 기존의 좁은 시장의 범위에서 벗어나 다양한 시장에서 많은 경험과 지식을 습득할 수 있는 장점이 생긴다. 다른 지역의 시장은 기존 시장에서 볼 수 없었던 특징들이 나타날 수 있으며, 특히 해외인 경우에는 국내 시장과 다르게 국가적인 문화 차이로 인해 많은 어려움을 겪을 수 있다. 하지만 여러 다양한 지역에서 근무하는 기회를 조직구성원들이 가지게 된다면 각 지역에 대한 특성들을 이해하고 경험할 수 있는 중요한 전략적 자원을 갖추게 된다. 그리고 지역별로 운영되고 있는 부서들은 해당 지역에 대한 전문성을 갖추게 됨으로써 지역 시장의 변화에 민감하게 대응해 유연하게 대처할 수 있다.

그러나 공간적 분화로 인해 가질 수 있는 문제점들도 있다. 우선 각 조직구성원들의 의견 조율과 정보 공유가 어려워진다. 공간적으로 멀리 떨어져 있는 경우 물리적인 여건상 상호간의 협력관계를 유지한다는 것은 불가능하기 때문이다. 공간적 분화의 목적에 맞게 전문성으로 분화된 각각의 업무들은 효율적으로 진행될 수 있으나 조직 전체적으로는 비효율성이 나타날 수 있으며, 결국 조직 전체 차원의 업무 조정을 해야 하고 이로 인한 노력과 비용이 부담될 수 있다.

도표 3-7 GM의 글로벌 디자인 센터

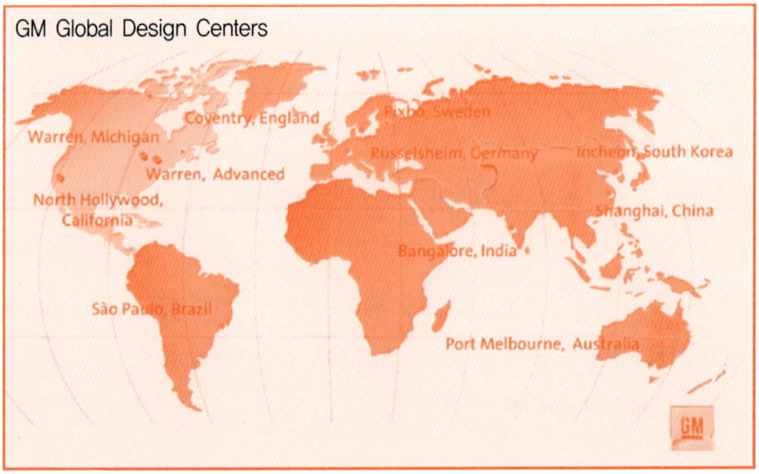

통합

통합(integration)이란 조직 내의 분화된 부서 간의 행동이 조직 전체의 목표와 일치하는 방향으로 움직이도록 하는 노력을 의미하는 것으로 분화의 반대개념이라 할 수 있다. 앞에서 언급했듯이 조직은 환경적응과 커져가는 규모에 대응하기 위해 분화라는 과정을 거치게 된다. 분화를 통해 조직 내에 늘어난 부서와 사람들은 조직 전체의 목표와 전략에 일치하는 행동들보다는 각자 속해있는 부서의 이익만을 위해서 행동하게 되고 이로 인해 전체가 추구하고자 하는 전략목표를 달성하기에는 어려움을 겪게 된다. 이런 경우에 조직구성원들은 긴밀한 상호협조 관계를 유지하기 위한 노력이 필요하며 이를 위해서는 조직구조의 통합이라는 과정을 거쳐야 한다.

통합
분화된 부서 간의 행동이 조직 전체의 목표를 향하도록 조정 · 관리하는 것

수평적 통합

수평적 통합(horizontal integration)은 조직구조가 분화로 인해 많은 부서가 생길 경우 상호협력 정도가 낮아질 수 있을 때 사용하는 방법이다. 부서 간 연결고리를 형성하여 지식, 정보, 의사결정을 공유하는 것이 필요하다. 수평적 통합의 방법은 크게 네 가지로 정리할 수 있다.

첫째, 정보시스템(information system)을 이용할 수 있다. 과거에는 대면이나 전화, 문서발송 등을 통해서만 정보의 공유가 가능했으나, 오늘날 발달된 정보기술은 다양한 형태의 콘텐츠를 손쉽게 공유할 수 있게 하며 수평적 통합을 용이하게 한다.

둘째, 직무순환(rotation)을 통한 수평적 통합 역시 가능하다. 직무순환, 혹은 부서 간 순환은 조직구성원이 수행하는 여러 가지 과업이 호환성을 가지며, 구성원은 작업흐름에 큰 지장 없이 이동이 가능하다는 사실을 전제로 일정 기간 동안 한 부서에서 근무를 하게 되면 같은 기간 동안 다른 부서로 이동해 근무를 하는 방식을 말한다. 부서 간 순환이 이루어지면 타 부서와의 업무를 쉽게 익힐 수 있으며 부서 간 협조도 잘 이루어지는 편이다. 하지만 새

롭게 업무 파악하는데 시간이 오래 걸리며 그로 인해 생산성 저하와 같은 비효율성을 가질 수 있다는 문제점이 있다.

셋째, 부서 간 긴밀한 협력 하에 업무를 수행해야 하거나 정보공유가 필수적일 경우, 다른 부서 간 조정 역할을 전담하여 수행하는 리에종 역할(liaison role)을 설치할 수 있다.

넷째, 프로젝트 수행에 필요한 인원을 다양한 부서에서 차출하여 임시적으로 운영하는 태스크 포스(task force)를 운영할 수 있다. 태스크 포스를 구성할 경우엔 각 부서에서 비슷한 직급의 인원을 차출하여 자유로운 의사소통과 의견개진을 가능하게 하는 것이 중요하다.

도표 3-8 **수평적 통합**

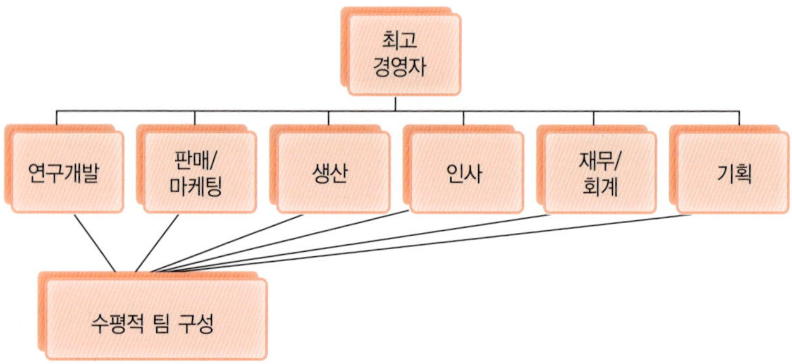

수직적 통합

수직적 통합(vertical integration)은 환경 변화와 연관성이 깊다. 환경 변화 속도가 빨라지게 된다면 조직은 의사결정의 속도를 높이기 위해서 조직의 수직적 단계의 수를 줄이거나 계층 간 연결고리를 형성하여 조직 전체의 목표와 일관성을 유지하도록 하는 것이 중요하다. 특히, 수직적 단계의 수가 많다는 것은 그만큼 많은 직급을 거쳐 의사결정이 이루어진다는 것을 의미하기 때문에 최대한 그 수를 줄여서 단위 경영자들로 하여금 빠른 시간 내에 스스로 결정하고 판단하게 하는 것이 필요하다. 수직적 통합의 방법을 정리하면 다음과 같다.

첫째, 권한체계(hierarchy)를 명확히 정립할 수 있다. 권한체계의 정립은 각 직급의 권한과 의무를 명확하게 밝혀줌으로써 불필요한 고민으로 시간의 낭비를 줄이고 의사결정 속도를 빠르게 할 수 있다.

둘째, 통제의 범위(span of control)를 늘려 수직계층을 줄일 수 있다. 통제범위의 증가는 관리자 한 사람이 관리할 수 있는 조직원의 수가 증가되는 것으로, 분화에서도 언급했듯이 통제의 범위가 늘어나게 되면 조직은 수평적 조직으로 존재하게 된다.

셋째, 정보시스템(information system)을 이용하여 정기적인 보고를 통해 정보를 공유할 수 있다. 정보기술은 많은 수의 사람이 동시에 정보 콘텐츠를 공유할 수 있게 하여 수직적 의사소통의 속도를 줄여준다.

넷째, 멘토링(mentoring)을 이용하여 상급자가 하급자의 조직생활 적응에 도움을 주고, 하급자는 궁금한 것이 있을 때 주저 없이 조언을 얻을 수 있다. 최근에는 젊은 층의 가치관을 이해하기 위해 역 멘토링 제도를 도입하여, 신입사원이 상급자에게 최신의 트렌드를 알리는 경우도 존재한다.

공간적 통합

공간적 분화를 통해 지역적으로 멀리 있는 조직들은 상호협력의 정도가 떨어지기 때문에 조직의 전체적인 목표를 달성하는데 있어 장애 요인이 될 수 있다. 이러한 문제점들을 해결하기 위해 공간적 통합(spatial integration)이 필수적인데, 과거에는 기술적인 한계로 많은 어려움을 겪기도 했다. 하지만 최근 정보기술의 발달로 그룹통화, 화상회의 등 다양한 매체가 활용되며 공간적 통합에 어느 정도 진전이 이루어지고 있다.

인터넷, 그룹통화, 화상회의 등 정보기술을 이용한 공간적 통합은 실시간으로 정보공유를 가능하게 하며, 원활한 업무처리에 큰 도움이 된다. 하지만 가상세계에서 이루어지는 교류는 한계가 있으며, 특히 공간적 통합은 단순 정보의 공유를 넘어서 다양한 지역별로 나타나는 문화적 차이를 극복하는 방향으로 나아가야 한다. 그에 따라, 공간적 분화를 극복하기 위해서는 서로 만나서 의견을 교환하고 친밀감을 형성하는 기회가 필요하며, 이를 통해 상호간의 보다 긴밀한 협조체제를 유지할 수 있다. 예를 들어, 사내 체육대회나 단합대회, 교육연수의 방법 등을 이용하면 여러 지역에 흩어져 있던 조직구성원들이 한 장소에 모여 서로 의견을 교환할 수 있게 된다.

05 집권화

집권화
의사결정의 권한이 상위계층에 집중되어 있는 정도

앞에서 언급했던 수직적 분화를 할 경우 원활한 조직운영을 위해서 권한의 계층화를 형성해야 한다. 왜냐하면 권한의 계층화는 조직 내 개인 권한의 영역을 정의해 주고 조직구성원들이 그들의 활동에 대해서 책임감을 갖도록 하기 때문이다.

이렇듯 조직의 각 계층에 얼마만큼의 의사결정 권한을 위임한 것은 상당히 중요한 문제로 위임 방법으로는 집권화(centralization)와 분권화(de-centralization)가 있다. 집권화란 의사결정의 권한이 상위계층에 집중되어 있는 경우를 의미하고, 분권화란 의사결정 권한이 하위계층의 구성원들에게 위임되어 있는 경우를 의미한다.

집권화와 수직적 분화는 자연스럽게 같은 방향으로 움직인다. 수직적 분화가 클수록 집권화 수준 역시 높아진다. 조직을 여러 개의 계층으로 나누는 수직적 분화는 아래 계층보다 위의 계층에 의사결정 권한을 크게 부여하게 되며, 권한의 흐름이 조직의 상부로 집중되기 때문이다. 또한, 집권화는 공식화와도 관련이 된다. 집권화는 상부에서 지시하는 내용을 조직 하부에서 그대로 따르는 반면, 분권화는 조직구성원들이 자유재량을 갖고 자유로운 의사결정을 하는 것이 가능하다. 다시 말해, 의사결정 권한을 조직 하층에 위임하는 분권화를 추구하면서, 규칙과 규정을 공식화하고 자유재량을 축소하는 것은 모순된 일이다.

명령계통

명령계통(chain of command)은 상위계층의 단계에서부터 하위계층의 단계에까지 보고하는 사람과 명령을 받는 사람이 누구인지를 명확하게 구분 짓는 원칙이다. 권한의 크기에 따라 위계적 보고관계가 형성이 되는데, 명령계통을 제대로 이해하기 위해서는 권한의 개념을 명확히 정의해야 한다. 권한(authority)은 직원들을 강제하고 업무에 대한 규정을 내릴 수 있는 관리자의 고유한 권리로, 조직으로부터 정당하게 부여받은 힘으로 정의된다.

권한의 유형은 라인권한(line authority)과 스탭권한(staff authority)으로 구분된다. 라인권한은 상급자가 하급자에게 지시하는 권한으로 생산, 마케팅 등의 부서에서 주로 발생한다. 스탭권한은 동료 혹은 타 부서에 조언할 수 있는 권한으로 인사, 재무부서 등에서 주로 발생한다. 우리가 일상적으로 권한을 논할 때는 위에서 아래로 수직적으로 흐르는 라인권한을 의미하는 경우가 많다.

라인권한은 직급체계에 따라 다르게 주어지게 되며, 보통 상위계층의 직급인 경우 권한이 많이 주어지게 되고 하위계층의 직급은 권한이 적게 부여된다. 또한 권한은 항시 책임이 수반된다. 책임은 권한을 사용할 때 할당된 직무를 수행할 의무로 책임을 등한시 하면서 권한을 사용할 수는 없다.

이렇듯 조직의 명령계통에서는 각 계층에 따라 권한과 책임이 다르게 부여되기 때문에 집권화의 형태를 가지려면 권한과 책임이 상위계층에 집중이 되고, 분권화의 형태를 가지려면 권한과 책임이 하위계층에 집중이 된다.

자유재량의 위임

집권화가 이루어지면 의사결정 권한이 조직 상층에 집중되어 있어 의사결정을 조정하기가 쉽고, 조직 활동을 조직 전체 목표달성을 위한 방향으로 집중시킬 수 있는 장점이 있지만 하급자에게 권한 없이 책임만 주어진다거나 조직구성원이 수동적이 될 수 있는 문제점이 생긴다.

반대로 분권화가 이루어지면 조직구성원이 자유재량(discretion)을 갖고 자율적인 조직운영이 가능해져 구성원들의 창의성이 향상되며, 직무만족도도 높아진다. 하지만 이러한 분권화는 직무의 중복이 발생할 수 있는 가능성이 있고, 부서 이기주의와 같은 집단사고(groupthink)로 인해 비효율성 측면이 생겨나게 된다.

조직구성원에 자유재량을 위임하는 분권화를 선택할지, 중앙에 의사결정 권력이 집중되는 집권화를 선택할 것인지에 대해서는 상황에 따라 적절히 달라져야 할 것이다.

06 상황적 요인

지금까지 살펴본 바와 같이, 조직구조는 공식화, 복잡성, 집권화의 수준을 결정하는 것으로 설계될 수 있다. 조직설계의 3요소를 어떻게 구성하느냐에 따라 조직구조는 기계적이 되기도 하고 유기적이 되기도 한다. 조직구조의 방향을 결정할 때에는 여러 가지 상황적 요인들을 고려해야 한다. 조직구조에 영향을 미치는 대표적 상황 요인으로는 규모, 환경, 문화, 전략, 기술 등이 있다.

조직구조 설계에 영향을 미치는 다양한 요인들

❶ 조직의 규모

조직규모(size)가 커지면 사람들을 통제하기 위한 관리자의 수가 늘어나면서 중간관리층이 증가하게 되고, 결과적으로 수직적 분화와 의사결정의 권한이 조직의 상층으로 갈수록 더욱 커지는 집권화가 나타난다. 또한, 비공식적인 업무처리 과정에 체계가 생기고, 규칙과 규정 등으로 인한 공식화 수준 역시 높아진다.

❷ 외부환경

외부환경(external environment)이 복잡하고 동태적인 성격을 지니고 있으면 환경별 영역에 대응하기 위한 수평적 분화가 발생한다. 또한 유기적인 대응을 위해서는 통합 역시 이루어져야 한다. 의사결정과 관련해서는 분권화 방식으로 조직의 유연성 측면을 갖추는 것이 좋다. 그에 비해, 외부환경이 안정적이면서 정태적인 성격을 지니고 있으면 집권화 방식으로 의사결정의 속도를 빠르게 하는 것이 좋다.

❸ 조직문화

조직문화(organizational culture)는 조직구조와 밀접한 관련을 갖는다. 유기적인 조직구조를 추구하면서 위계적 문화를 갖고 있으면, 조직도상 조직구조를 아무리 변화시켜도 구성원의 행동은 달라지지 않는다. 경직된 구조를 변화시키고자 한다면, 경직된 문화를 바꾸는 것이 우선되어야 한다.

❹ 전략

조직의 전략(strategy)은 조직이 나아가야 할 방향을 결정한다. 혁신과 도전을 강조하는 전략을 실행하는데 있어 유기적인 조직구조는 필수적이다. 또한 조직구조는 전략적 방향을 향해 모든 분화된 하위단위가 수렴할 수 있도록 통합을 이루어야 한다.

❺ 기술

직무가 요구하는 기술의 성격에 따라 조직구조가 달라질 수 있다. 일상적이고 반복적인 기술이라면 공식화와 집권화를 통한 기계적 조직이 효율적일 수 있으나, 특별한 전문기술을 사용하는 경우엔 다양한 전문가들에게 의존해야 하므로 분권화되어야 한다.

07 기술에 따른 조직

기술의 유형과 특성에 따라 조직구조의 설계 또한 달라진다. 기술이란 조직 내에서 투입물을 산출물로 변환시키는 과정 또는 방법으로 조직의 여러 투입물을 조직이 원하는 산출물로 변화시키는 데 이용되는 지식, 도구, 기법, 그리고 활동들을 의미한다. 기술은 학자들의 연구에 따라 다양한 개념으로 구분되었으며, 학자들의 기술 유형에 따라 조직구조에 미치는 영향은 어떤 것이 있는지 살펴보겠다.

우드워드의 기술 유형[3)]

우드워드(Woodward)는 영국의 100여 개 제조업체를 대상으로 연구한 결과를 토대로 기술을 구분하고 기술 특성이 조직구조에 미치는 영향에 대해 연구를 하였다. 우드워드는 기술적 복잡성(technical complexity)에 따라 기술을 단위소량 생산기술, 대량생산기술, 연속공정생산기술의 3가지로 구분하였다. 기술적 복잡성이란 제품의 변환 과정이 기계화된 정도를 의미한다.

우드워드의 기술 유형

❶ 단위 소량생산기술(Small-batch and unit production)

양복맞춤이나 자동차 수리에서와 같이 주문이 들어왔을 때 생산에 들어가는 소량생산의 주문제품과 관련된 기술을 의미한다. 단위 소량생산기술은 비교적 소규모조직에서 사용되며 소수의 기술자에 의해 수작업으로 공정이 이루어지는 복잡성이 가장 낮은 단계에 해당한다.

---

3) Joan Woodward (1965), *Industrial Organization: Theory and Practice*, London, Oxford University Press.

❷ 대량생산기술(Large-batch production)

표준화된 제품들을 정해진 공정에 따라 대량으로 생산해 내는 데 소요되는 기술이다. 따라서 대량생산기술은 과업을 미리 구조화하고 특징지어 놓음으로써 작업들은 표준화되고 생산 과정은 보다 수월하게 통제할 수 있다.

❸ 연속공정 생산기술(Continuous-process production)

석유제품에서와 같이 공정을 더해 갈수록 또는 다양화 할수록 같은 원료에서 다른 제품들이 생산되는 형태의 기술이다. 몇 개의 대량생산 과정이 연결되고 전 과정이 기계화 된 양상을 보이는 형태로 다른 기술에 비해 생산기술의 복잡성이 가장 높은 기술이다.

우드워드는 조직의 구조가 기술적 특성과 부합할 때, 보다 큰 성과를 얻을 수 있다는 사실을 밝혀냈다. 결과적으로 대량생산기술을 주로 사용하는 조직은 보다 기계적 구조를 가지며, 단위 소량생산기술이나 연속공정 생산기술에 의존하는 조직은 보다 유기적인 조직구조를 가진다.

도표 3-9 우드워드의 기술 유형

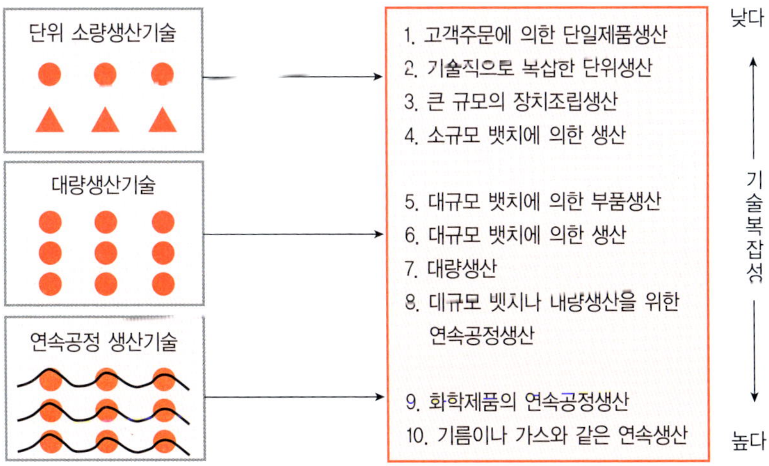

도표 3-10 우드워드의 기술 유형과 조직구조

조직특성	단위 소량생산기술	대량생산기술	연속공정 생산기술
조직 형태		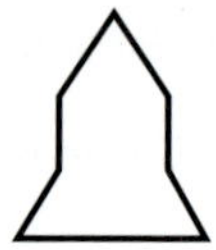	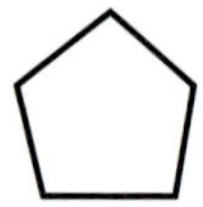
위계 수준	낮음	중간	높음
운영 비용	높음	중간	낮음
적합한 조직 유형	유기적 구조	기계적 구조	유기적 구조

톰슨의 기술 유형 [4]

톰슨(Thompson)은 조직구조에 영향을 주는 기술의 상호의존성을 정의하고 기술을 단위작업 간의 상호의존성의 형태에 따라 중개형 기술, 연속형 기술, 집약형 기술의 세 가지로 구분한다. 상호의존성이란 직무수행에 필요한 정보나 자원을 부서 간 서로 의존하는 정도를 의미한다.

톰슨의 기술 유형

❶ 중개형 기술(Mediating technology)

작업 단위들 간에 상호의존성이 거의 없는 형태로 독립적으로 동시에 작업이 이루어지는 형태를 의미한다. 은행과 같이 독립적으로 고객을 상담하거나 처리하는 유형이다.

❷ 연속형 기술(Reciprocal technology)

일 단위들 간에 선후가 정해져 있어 앞 차례 일이 끝나지 않으면 뒤의 일이 시작될 수 없는 형태의 의존관계를 가지는 기술로서 조립 생산라인이 대표적인 예이다.

4) James Thompson (1967), *Organizations in Action*, New York, McGraw-Hill.

❸ 집약형 기술(Intensive technology)

하나의 과업을 수행하기 위해 여러 부서의 활동이 동시에 상호 관련 되어 있는 것을 의미한다. 병원에서 환자를 수술하는 경우 정확한 질병을 진단하기 위해 방사선과에서 엑스레이 촬영을 받아 정확한 수술부위를 찾은 후, 수술이 필요한 외과, 마취과, 간호과 등의 여러 구성원의 협력 하에 수술이 실시된다.

도표 3-11 톰슨의 기술 유형과 조직구조

기술 유형	상호의존성		조직구조 특성: 의사결정과 커뮤니케이션의 중요성	조직구조 특성: 조직 복잡성의 정도	조직구조 특성: 조정의 수단	예
중개형 기술	집약적 상호의존성	↓ ↓ ↓ ⓐ ⓑ ⓒ	낮음	낮음	표준화 및 규칙절차	은행
연속형 기술	순차적 상호의존성	ⓐ→ⓑ→ⓒ	중간	중간	계획	조립생산 공정
집약형 기술	교호적 상호의존성	ⓐ⇄ⓑ⇄ⓒ	높음	높음	상호조정 및 회의	종합병원

톰슨의 기술 유형에서는 중개형 기술이나 연속형 기술보다는 집약형 기술이 상호의존성이 크기 때문에 조정 활동에 대한 비용과 노력이 많이 소모된다. 그렇기 때문에 중개형 기술과 연속형 기술은 기계적 조직구조가 적합하나 집약형 기술은 매트릭스 조직구조와 같은 유기적 조직구조가 적합하다.

페로우의 기술 유형[5]

페로우(Perrow)는 기술을 과업다양성과 분석가능성의 차원에서 일상적 기술, 장인기술, 비일상적 기술, 그리고 공학적 기술로 구분했다. 과업다양성이

5) Charles Perrow, "A framework for the comparative analysis of organizations," *American Sociological Review*, vol. 32, pp. 194~208.

란 업무를 수행하는데 있어 예상하지 못한 새로운 사건이나 예외적인 상황이 발생하는 정도를 의미하며, 분석가능성이란 과업 활동들을 사전에 계획하고 구체적으로 적시할 수 있는 정도를 의미한다.

페로우의 연구결과에 따르면, 일상적 기술을 사용하는 경우는 중앙집권적 의사결정과 높은 공식성으로 인해 기계적 조직구조를 가지며, 비일상적 기술에 의존하는 조직은 의사결정이 분권화되어 있고 공식화의 정도도 낮은 유기적 조직구조를 가지는 것으로 나타났다. 또한 장인기술이나 공학적 기술을 사용하는 경우는 중간 정도의 공식화 및 집권화와 분권화가 함께 나타나게 된다.

도표 3-12 페로우의 기술 유형

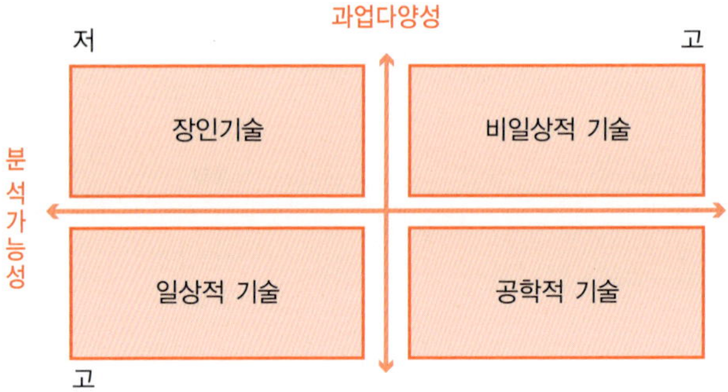

토의

01 기계적 조직이 적합한 기업의 예를 찾아보시오.

02 집권화의 장 · 단점에 대해 토의해 보시오.

03 환경의 변화에 따라 조직에게 새롭게 요구되는 과제에 대해 생각해보자.

CHAPTER

04

조직구조의 설계: 디자인의 선택

학 | 습 | 목 | 표

- 기능제조직의 개념과 장 · 단점을 이해한다.
- 사업부제조직의 개념과 장 · 단점을 이해한다.
- 매트릭스조직의 특징과 적용 기업을 파악한다.
- 프로젝트조직과 네트워크조직의 차이점을 이해한다.
- 하이브리드조직의 종류에 대해 파악한다.
- 민쯔버그의 조직 유형 종류를 파악한다.

CHAPTER 04

조직구조의 설계: 디자인의 선택

01 조직구조 디자인

조직설계의 3요소인 공식화, 복잡성, 집권화의 수준을 결정하고 나면 다양한 형태의 조직구조 디자인이 나타나게 된다. 기능제조직, 사업부제조직, 매트릭스조직, 프로젝트조직, 네트워크조직이 그 대표적 예시인데, 각 유형별로 고유한 장점과 단점이 존재하며 상황에 따라 효율과 비효율이 달라진다. 기능제조직은 가장 기계적인 특징을 갖는 조직구조 디자인으로 상대적으로 안정적인 환경에 보다 적합하며, 네트워크조직은 가장 유기적인 형태로 환경의 불확실성이 매우 높을 때 선택할 수 있다. 이 외에 다양한 조직구조 디자인을 혼합하여 운영하는 하이브리드조직이 있다.

02 기능제조직

기본개념

기능제조직
조직목표를 달성하기 위한 기본적 기능을 근거로 조직을 단위화 하는 것

기능제조직(functional structure)이란 [도표 4-1]과 같이 조직구조의 형태 중 가장 기초적인 방법으로 조직목표를 달성하기 위한 기본적 기능을 근거로 하여 조직을 단위화(unit)하는 것을 말한다. 기본적 기능이란 경영을 수행하는데 있어 반드시 필요한 제반 사항들로 구매, 생산, 판매, 회계, 인사 등이 여기에 해당된다. 즉, 기능제조직은 유사한 업무, 기술, 활동 단위로 분화하는 것을 의미한다.

기능제조직에서는 각 기능의 책임자가 업무 활동에 대한 제반 사항들을 최고 경영자에게 보고하는 체계를 가지게 된다. 의사결정의 권한은 조직구조의 상부에 있으며 그 위치에 해당되는 최고경영자는 각 기능 부문들의 활동을 조직 전체적인 관점에서 조정(coordination)하는 역할을 수행하게 된다. 또한 각 분야의 활동과 관련된 선분지식과 기술을 통합시켜 운영을 하게 되며, 이로 인해 구성원들은 자신들의 업무 분야에서 기능적 지식을 쉽게 습득하게 된다.

기능제조직이 유리한 상황은 첫째, 환경이 안정되어 있어야 한다. 조직이 처한 환경이 급변하는 경우에는 예측이 불가능하므로 최대한 환경 변화에 신속히 대처하는 것이 어렵고, 최고경영자에 대한 권한의 집중을 지양해야 한다. 둘째, 업무의 내용이 단순한 경우에 적합하고 한정된 분야에서 사업을 추진하는 경우 효과적일 수 있다. 기능제조직은 기본적으로 전문 분야에 대한 깊이 있는 지식과 기술개발의 목표를 지니고 있으며, 각 부서 간 상호의존성 정도가 낮기 때문에 높은 상호의존성을 요구하는 복잡한 업무의 경우 효율성이 낮아지는 문제점이 있다. 셋째, 조직의 규모가 작아야 한다. 조직의 규모가 너무 커지게 되면 권한이 하급자에게 이양이 되지 않았을 경우 상급자가 상당히 많은 업무를 처리하는 문제가 발생하기 때문이다. 넷째, 조직이 목표가 선분화를 통한 내적 효율화를 추구할 때 적합하다. 기능제조직은 분업이 이루어진 형태로, 각 부문별 숙련도를 높이며 효율성을 추구할 수 있다.

도표 4-1 기능제조직

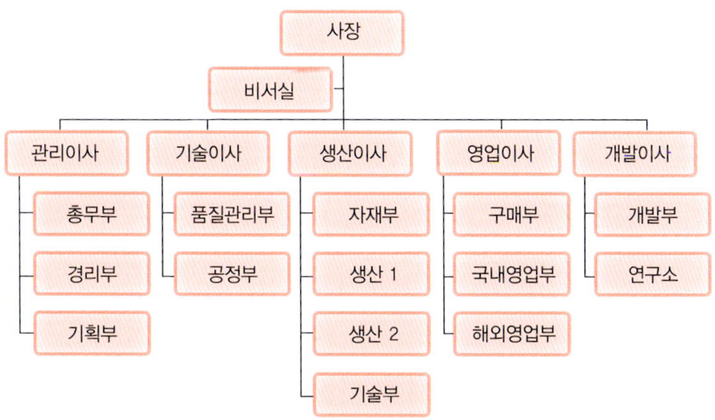

장점

기능제조직의 장점으로는 첫째, 조직구조 자체가 기능위주로 설계가 되었기 때문에 직무 담당자들이 자신의 업무만 충실히 수행하면 조직의 안정성을 유지하는데 있어서는 큰 문제가 없다는 점이다. 둘째, 유사한 기능적 업무를 결합했고 지속적인 업무수행이 가능하기 때문에 전문화된 부서별 효율성을 높이고, 부서 내 바람직한 업무수행의 기준을 세워 표준화의 장점을 실현할 수 있다. 셋째, 각 부서의 기능적 목표달성이 쉬워지므로 권한과 책임의 위치를 쉽게 규정할 수 있게 된다. 넷째, 유사한 기능을 반복적으로 수행하다보면 해당 분야에 대한 전문적 기술의 학습효과를 달성할 수 있다.

단점

기능제조직의 단점으로는 첫째, 조직구성원들의 기능별 전문성으로 인해 사업에 대한 전반적인 이해도가 낮아질 수가 있고 자기 부서의 목표에만 집중하는 이기주의가 나타날 수 있다. 둘째, 부서별 업무가 연계되어 있을 때 상호 목표의 차이로 인해 협조가 잘 이루어지지 않는 경우가 발생하기도 한다. 셋째, 부서 내 전문성은 높아지지만 부서 간 통합의 부재로 환경 변화에 유연하게 대응하지 못하는 단점이 있다. 넷째, 최고경영자에게 의사결정 자체가 조정의 측면에 맞추어져 있으며 효율성 강조의 통제시스템이 구성되기 때문에 최고경영자에게 부담이 가중된다.

도표 4-2 기능제조직의 장 · 단점

장점	단점
• 조직의 안정성 유지에 적합 • 전문화와 표준화의 장점을 실현 • 권한과 책임의 명확화 • 전문적 기술의 학습	• 기능부서별 조직목표의 해석이 다를 수 있음 • 수평적 협력의 어려움 • 환경의 변화에 빠르게 적응하기 어려움 • 최고경영층이 많은 양의 의사결정을 부담

03 사업부제조직

기본개념

사업부제조직(divisional structure)은 경영 활동을 제품별 · 지역별 · 고객별과 같은 공통 단위부서로 분화해 독립성을 인정하고 권한과 책임의 위양을 통해 운영하는 조직형태이다. 조직형태는 [도표 4-3]과 같이 각각의 사업부 내 부서들은 기본적 기능을 포함하는데 조직 전체적인 관점에서 봤을 때는 기능들이 중복 설정되는 것이 일반적이다.

사업부제조직
제품 · 지역 · 고객별루 조직을 분화 하는 것

사업부제조직이 유리한 상황은 첫째 외부환경의 불확실성이 높을 때이다. 사업부제조직에서는 각 사업부별 단위의 전략적 경영이 가능하기 때문에 신속하게 환경에 대응할 수 있는 특징이 있다. 따라서 조직이 생산하는 제품과 서비스 시장별로 환경의 이질성이 크고 불안정 할 때, 각 환경에 대응하기 위해 사업부로 분화하는 것이 필요하다. 둘째, 기술적으로 상호의존성이 높아 통합을 필요로 할 때 역시 사업부제조직이 바람직하다. 셋째, 조직의 규모는 소규모, 소품종 형태가 아닌 대규모, 다품종일 때 적합하다. 사업부제조직은 각 사업부 내의 별도의 기능들이 포함되어 마치 독립적인 하나의 기능제조직처럼 움직이기 때문에 또한 사업부제조직이 저합한 경우는 조직의 환경이 불확실한 경우 기능제조직은 의사결정으로 인해 문제가 있었지만 또한 사업부별 개별적인 대처 방안을 개발하고 사업부 내 기능부서 간의 긴밀한 협조를 통해 운영을 할 수 있다.

장점

사업부제조직의 장점으로는 첫째, 제품, 고객, 지역별로 분화된 사업부가 시장에 대응을 빠르게 할 수 있어 고객만족을 높이고 시장 내 경쟁력을 향상시킬 수 있는 것이다. 둘째, 사업부에 의사결정 권한이 위임되면서 분권화가 된 점이다. 분권화를 통한 사업부의 자율성은 환경 변화에 부합하는 전략의 개발과 수행 및 유연한 대처를 가능하게 한다. 셋째, 이러한 분권화는 최고경영층의 부담을 덜어주는 장점이 있다. 조직 상부가 전략 결정에 좀 더 많은 시간을 가질 수 있게 만들어 주고 권한에 따른 책임이 명확하게 이루어지기 때문에 책임경영체계를 명확히 확립할 수 있다. 더 나아가서 각 사업부의 책임자는 하위 기능들을 총괄하는 역할을 수행하기 때문에 조직의 최고경영자 양성에 도움이 된다. 그리고 각 사업부는 전략의 개발과 수행이 용이하고 하위에 기능부서들이 소속되어 있기 때문에 기능부서 간 조정이 가능한 장점을 지니고 있다.

도표 4-3 **사업부제조직**

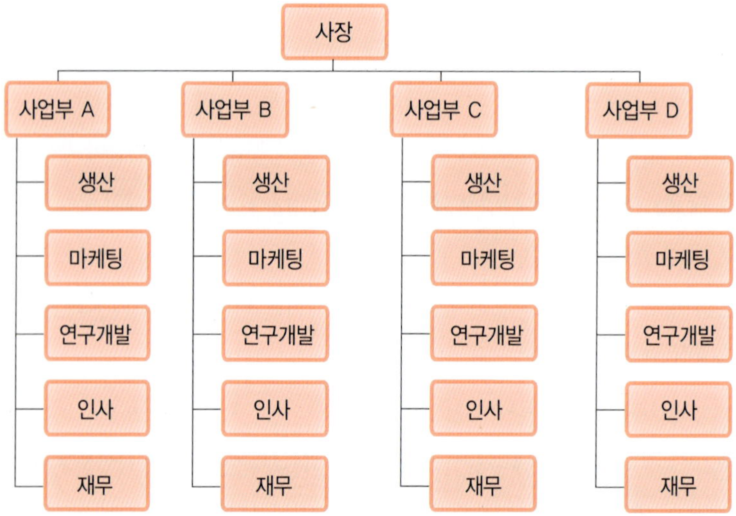

단점

사업부제조직의 단점은 첫째, 각 기능들이 여러 사업부로 분산되므로 비용과 자원의 중복투자로 인한 효율성이 낮아지는 문제가 있다. 둘째, 제품라인 간 조정의 문제가 어렵거나 이전비용이 발생한다. 사업부 간 조정이 제대로 이루어지지 않게 된다면 조직 전체 차원의 제품라인 통합 및 표준화가 어렵다.

이럴 경우 회사 제품이라도 특정 사업부에서의 제품이 다른 사업부의 제품과 호환성이 없는 상황도 발생하게 된다. 셋째, 각 사업부는 자기 부문 목표달성에만 관심을 집중하기 때문에 조직 전체적인 통합이 어려워지며 사업부 간의 갈등, 사업부와 본부의 갈등이 생기는 등 문제점이 발생한다.

도표 4-4 사업부제조직의 장 · 단점

장점	단점
• 고객만족을 높이고 경쟁력을 향상시킴 • 사업부 관리자는 빠른 의사결정을 내릴 수 있음 • 분권화로 인해 최고경영층은 전략적 의사결정을 위한 시간적 여유를 확보	• 기능이 중복되기 때문에 효율성이 떨어짐 • 이전비용의 문제가 발생 • 사업부 간 갈등의 심화 우려

04 매트릭스조직

기본개념

매트릭스조직(matrix structure)은 기능제조직의 전문성이라는 장점과 사업부제의 기능 부문 간의 조정이라는 장점을 유지하려는 노력의 일환으로 나타났다. 역사적인 관점에서 매트릭스조직의 시초는 1950~60년대 냉전시대에 미국의 군사, 항공, 우주 분야에서 여러 단계로 나누어진 프로젝트를 수행하던 인력과 자원을 적절하게 활용하고 유연성을 갖추기 위해 고안되었던 조직형태에서 비롯됐다.[1)]

매트릭스조직
기능제조직과 사업부제조직의 혼합

이러한 매트릭스조직의 일반적인 형태는 [도표 4-5]와 같이 수직축은 기능부문으로 구성되고 수평축은 제품이나 프로젝트의 유사성에 따라 형성되어서 이중직 권한 및 통제구조를 가지게 된다.

1) R. E. Hill and B. J. White (1979), *Matrix Organization and Project Management*, Ann Arbor, University of Michigan Press, p. 3.

도표 4-5 매트릭스조직

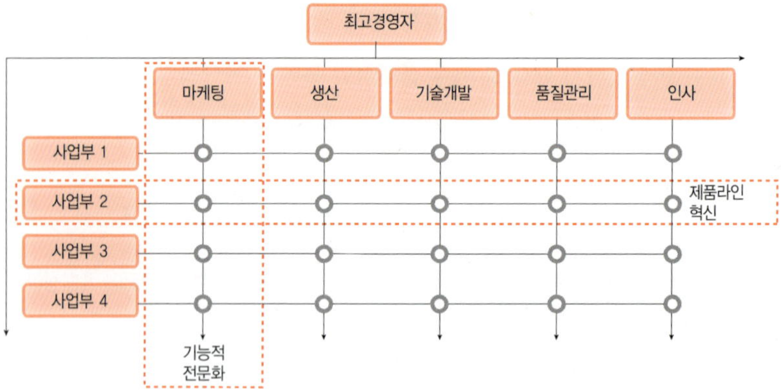

매트릭스조직은 운영기간에 따라 영속형(permanent form)매트릭스와 이동형(shifting form)매트릭스 두 가지 형태로 구분할 수 있다.[2] 영속형 매트릭스는 참여하는 부서들의 상호 의존성이 안정적인 형태이기 때문에 매트릭스 조합의 변경이 거의 없으며, 이동형은 프로젝트를 수행하기 위한 형태로 프로젝트의 목적은 매번 다르므로 수시로 기능형태와 담당자를 교체해 매트릭스 조합이 달라지게 된다.

W. Baber는 5가지 형태의 매트릭스조직이 가지는 특성을 다음과 같이 설명했다.[3]

첫째, 매트릭스조직은 권한이 중복되는 이중권한구조(two-boss)를 가지고 있다. 기본적으로 두 개의 조직형태가 결합된 조직이기 때문에 두 명의 상사에게 보고하고 그들의 통제를 받는 체계를 가지게 된다.

둘째, 목표달성을 위해 과업지향적 작업집단들을 운영한다.

---

2) H. Mintzberg (1979), *The Structuring of Organizations*, Englewood Cliffs, Prentice-Hall, pp. 170~171.

3) W. Baber (1983), *Organizing the Future: Matrix Models for the Postindustrial Policy*, Alabama, University of Alabama Press, p. 31.

셋째, 조직 내 사업부형태의 집단은 다기능(cross-functional) 작업자들로 구성되고, 작업자들은 조직의 기능유닛에서 뽑힌 인력들이다.

넷째, 사업부형태의 집단은 한시적인 조직형태를 보인다.

다섯째, 조직 내 기능 부문은 사업부형태와 달리 그대로 남아있으면서 본연의 업무를 계속 수행하게 된다.

매트릭스조직이 유리한 상황을 살펴보면, 첫째 환경적인 측면에서 불확실성이 매우 높을 때 적합하다. 매트릭스조직은 수시로 조직이 유연하게 변경되며 조정과 통합의 과정을 이루게 된다. 환경이 안정적이고 변화가 없을 때는 오히려 이러한 조직구조의 변화가 비효율을 가져올 수 있다. 둘째, 기술적 측면에서 부문 간 높은 상호의존성을 가질 때 적합하다. 셋째, 조직의 규모는 약간 작거나 중간 정도일 때 적합하다. 지나치게 큰 규모의 조직이나 다양한 제품을 생산하는 조직에서는 기능과 사업부 간의 조정이 어렵기 때문에 매트릭스는 적합하지 않다. 마지막으로 조직이 제품혁신과 기술적 전문성을 동시에 추구할 때 선택할 수 있는 조직구조의 형태이다. 조직구성원은 기능부서에 소속되어 전문적 지식을 습득함과 동시에 다양한 프로젝트를 이동하며 쌓은 경험을 바탕으로 유연성을 기를 수 있고, 이러한 전문성과 유연성을 겸비한 구성원들이 조정과 통합의 과정을 거치며 혁신을 실현한다.

장점

매트릭스조직의 장점으로는 첫째, 기능별 효율성과 팀제의 신속한 반응을 동시에 추구할 수 있다. 매트릭스조직은 업무가 복잡하게 상호 관련되어 있는 경우 업무 간의 조정을 용이하게 해줄 수 있고 전문기술을 가진 사람들이 특정 기능부서나 사업부에 전속되지 않고 모든 분야에 대한 업무를 수행하게 됨으로써 다양한 부문에서 새로운 지식의 습득이 빠르다. 둘째, 이는 외부환경 변화에 유연하게 대응할 수 있는 능력으로 연결된다. 매트릭스조직은 환경의 요구에 따라 얼마든지 빠르게 조직구조를 변경할 수 있고, 복잡한 환경에 복합적인 대처를 가능하게 한다. 셋째, 매트릭스조직은 팀제로 운영되는 조직으로 전문성과 유연성을 동시에 달성할 수 있기 때문에, 본연의 취지대로 잘 운영할 수 있다면 다른 기업이 모방하기 어려운 핵심역량으로 지속적인 경쟁우위의 원천일 될 수 있다.

단점

매트릭스조직의 가장 큰 단점은 두 명의 상사로 인한 이중 권한구조(dual boss)를 들 수 있다. 두 명의 상사가 존재한다는 것은 명령일원화의 원칙에서 벗어나 조직구성원들이 역할갈등을 겪을 수 있다는 것을 의미한다. 조직에서 명령통일의 원칙이 지켜지지 않는다면 조직 내의 역할 모호성이 생기고 이로 인해 업무보고 라인에 대한 혼란이 나타나 결과적으로는 서로 통제권한을 장악하려는 모습을 보이게 된다. 둘째, 관리자들이 매트릭스 구성원들과 커뮤니케이션을 하기 위해서는 많은 시간이 필요하다. 만약 구성원들이 정보와 권한의 공유를 제대로 하지 못하는 경우 조직은 제 기능을 발휘하지 못하기 때문이다. 그리고 매트릭스조직에서는 구성원들의 충분한 인력정보를 보유하고 있어야 하는데 이에 따르는 행정비용이 들며, 조직 유지의 핵심이라고 할 수 있는 원활한 커뮤니케이션을 위한 비용 역시 많이 발생하는 문제가 있다. 셋째, 기능부서와 사업부 혹은 프로젝트 팀 간에 갈등이 존재할 수 있다. 지나친 갈등을 방지하기 위해서는 기능과 사업부 중 한 쪽에 약간의 더 큰 권한을 부여하여 조정하기도 한다.

도표 4-6 매트릭스조직의 장 · 단점

장점	단점
• 효율성과 신속한 반응을 동시에 추구 • 외부환경의 변화에 유연하게 대응할 수 있음 • 모방 불가능하고 지속적으로 유지할 수 있는 경쟁우위의 원천이 될 수 있음	• 기능과 사업부 간의 갈등 • 조정과 의사소통을 위해 많은 시간을 필요로 함 • 이중 권한구조로 인한 혼란 야기

매트릭스조직을 운영할 때는 다음과 같은 부분을 유의해야 한다. 첫째, 조직에서 어느 한 부분의 권한이 지나치게 커지는 경우 조직형태가 변할 수 있으므로 최고경영층과 같은 관리자가 필요한 정보를 공유할 수 있도록 노력해야 한다. 둘째, 조직 내의 각 사업 담당자들은 자신의 영역만을 통제할 뿐 하급자들을 안전히게 통제할 수 없어 상대방 관리자의 업무 분야에 대해 의견불일치나 갈등이 생기는 수가 있다. 그렇기 때문에 양보, 타협, 협동이 중요하며 자주 접촉해서 원활한 의사소통과 조정을 해야 한다. 셋째, 조직구조는 인력의 유연성을 확보, 유지해야 할 필요가 있다. 조직 내 인적자원은 한정되어 있어 재능이 있는 인재들을 한 부서에만 머무르게 한다면 조직 전체적으로 봤을 때 비효율적이다. 전체 조직의 효율성 측면에서 인력을 공유해야 하며 이는 환경 변화에 적극적으로 대응 가능할 수 있는 원동력이 된다.

05 프로젝트조직

프로젝트조직
공식 기능부서 없이 프로젝트단위로 운영되는 조직

프로젝트조직이란 전통적인 수직적 조직의 보완조직으로, 구체적인 특정한 계획 또는 과업을 달성하기 위해 유기적으로 재편성되는 조직이다. 조직에서는 급속한 환경 변화나 문제가 발생하면 이를 해결하기 위한 프로젝트가 주어지는데, 기존 조직 체계 내에서는 이미 공식화된 업무가 있기 때문에 따로 프로젝트를 해결하기가 어렵다. 프로젝트조직은 해결하기 어려운 프로젝트가 있는 경우 전문적으로 해당 프로젝트를 완수하기 위해 일시적으로 구성되는 조직형태이다.

프로젝트 관리자 또는 팀장을 중심으로 각 전문가들과 함께 하나의 팀을 만들게 되며, 구성원은 각자의 전문 역량을 바탕으로 주어진 프로젝트를 해결하게 된다. 매트릭스조직과 프로젝트조직의 차이는, 프로젝트조직의 경우 프로젝트가 완료된 후 돌아갈 공식 기능부서가 존재하지 않는다는 것이다. 대신 프로젝트 종료 후 다른 프로젝트로 바로 투입되어 기존의 경험과 기술을 바탕으로 새로운 프로젝트에 기여하게 된다. 즉, 하나의 프로젝트가 완료되면 다음 프로젝트로 이동하는 것이다.

프로젝트조직은 환경 변화에 능동적으로 대처한다는 점과 인원구성에 있어 탄력성을 유지한다는 측면에서 상당히 효율적인 조직형태이나, 조직의 단결을 해치고 구성원들의 사기가 낮아질 수 있는 문제점을 가지고 있다. 그 이유는 프로젝트 조직구성원이 된 사람들은 직무능력을 인정받거나 업무역량이 뛰어나다고 생각하기 때문에 구성원이 안 된 사람들과 마찰이 생기기 때문이다. 또한 조직 내에서 한정된 자원을 이용해 각자의 과업을 수행하는 구성원들의 입장에서는 서로 간의 업무협조보다는 경쟁의식이 발생하게 된다. 그리고 프로젝트조직은 조직의 성공 여부가 프로젝트 관리자의 개인적인 능력에 의존하는 경우가 많다. 일시적인 조직형태이다 보니 구성원들은 정해진 시간 내에 성과를 달성해야 하며, 성과의 성공 유무는 조직을 책임지고 있는 관리자에게 있기 때문이다.

도표 4-7 프로젝트조직의 장 · 단점

장점	단점
• 환경 변화에 능동적인 대응 • 인원 구성의 탄력성	• 조직의 단결력 저하 • 경쟁의식 • 단기적 성과부담

06 네트워크조직

네트워크조직
네트워크에 가입된 모든 기업들이 핵심역량을 보유하고 있는 부분에만 전념하고, 다른 핵심역량을 가진 기업과는 제휴를 통하여 연결

네트워크조직은 조직의 비대화에 따른 비효율성을 제거하고 조직의 환경적 응력과 유연성을 제고하기 위해 만들어진 조직구조이다. 네트워크조직에서는 네트워크에 연결된 모든 기업들이 핵심역량을 보유하고 있는 부분에만 전념하고 각각 다른 핵심역량을 가진 기업과는 제휴를 통하여 연결되어 있기 때문에 각각의 독립성을 유지하는 조직들이 상대방의 자원을 자신의 자원인

것처럼 활용할 수 있다. 또한 각 조직의 기업, 부서, 개인, 협력업체 등과의 정보 공유를 통해 가치창출을 하는데 적합한 조직형태이다.

네트워크조직을 운영하기 위해서는 우선 각 분야별 전문가를 확보해야 한다. 전문가로 형성된 자원은 다른 네트워크조직의 신뢰와 참여도를 높일 수 있고 지식에 의한 권한체계가 자연스럽게 형성되기 때문에 계층화의 필요성이 최소화 되며, 이는 단순반복적인 업무가 자연스럽게 이루어져 효율성을 높이는 기회가 된다. 그리고 네트워크를 운영 가능케 하는 인프라가 구축되어야 한다. 정보통신 측면의 최신 기술의 도입으로 각각의 네트워크가 언제든지 실시간 의사소통이 가능하도록 유지되어야 자원이 활용에 있어 문제가 생기지 않는다.

네트워크조직의 장점으로는 첫째, 환경 변화의 대응에 유리한 구조상의 장점이 있다. 조직의 형태가 존재하지 않고 개방화되어 있기 때문에 연계 고리의 관리에 따라 공급자와 고객을 선정해 언제든지 유기적 조직구조형태를 유지할 수 있다. 둘째, 독립조직의 분권화로 인해 조직구성원들에게 권한부여와 그에 따른 책임이 주어지게 되고 참여정신과 창의성을 극대화 시킬 수 있는 측면도 있다. 셋째, 광범위한 전략적 제휴로 사업 관련 분야의 최신 기술을 실시간으로 습득함으로써 창의적 아이디어나 획기적인 제품개발이 가능하다.

네트워크조직의 단점으로는 첫째, 네트워크가 한 번 형성되면 상대방에 대한 의존도가 높아지게 된다. 둘째, 기간이 길어질수록 기존의 네트워크에 속했던 기업이 새롭게 다른 시장으로 진출하거나 새로운 네트워크를 구성하려고 하면 기존의 네트워크조직으로부터 압력을 받는 폐쇄화 현상이 나타나 유연성이 떨어지는 경우가 생긴다. 셋째, 네트워크 관리를 철저하게 하지 않으면 핵심역량과 같은 기업의 정보를 외부 기업과 공유하는 과정에서 네트워크 구성원이 경쟁자가 될 수도 있다.

결론적으로 네트워크조직은 신뢰를 바탕으로 이루어진 조직형태이기 때문에 일관성 있고 개방적인 커뮤니케이션이 이루어져야지 조직을 유지할 수 있다.

도표 4-8 네트워크조직의 장 · 단점

장점	단점
• 환경 변화 대응에 유리함 • 독립조직의 분권화로 인한 창의성 극대화 • 최신기술 실시간 습득	• 상대방에 대한 의존도 증가 • 폐쇄화 현상으로 유연성이 떨어짐 • 네트워크 구성원이 경쟁자가 될 수 있음

07 하이브리드조직

오늘날 매우 복잡하고 급변하는 환경 속에서는 한 유형의 조직구조만으로는 살아남기가 어렵다. 따라서 조직들은 다양한 형태의 조직구조를 동시에 유지하게 되는데 이를 하이브리드구조(hybrid structure)라 한다. 특히 오늘날 시장지향적 경제성장이 급속히 일어나면서 1980년대 이후 많은 조직들이 하이브리드조직구조의 형태로 진화하게 되었다.[4] 하이브리드조직구조는 하나 이상의 조직구조를 관리하며 자원을 획득하는 것으로, 다양한 조직구조로 환경에 대응할 수 있게 하여 불확실성을 줄여준다.

하이브리드조직구조의 대표적 형태로 기능제와 사업부제를 혼합하여 운영하는 방식이 있다. 사업부 혹은 시장별로 매우 중요한 부문은 분권화하여 신속한 반응을 보이도록 하는 반면, 크게 중요하지 않은 부분은 집권화하여 시간과 자원의 절약을 구한다. 예를 들어, 1957년 국내 기업 최초로 신입사원 공채를 시작한 삼성그룹은 일반 사무직의 신입사원 채용에 있어 전자, 생명 등의 사업부별로 실시한 것이 아니라 그룹 차원에서 인력을 선발한 후 교육, 배치시키는 과정을 거쳤다. 그에 비해 핵심기능은 사업부 자체별로 전략을 세

4) V. Nee (1992), "Organizational Dynamics of Market Transition: Hybrid Forms, Property Rights, and Mixed Economy in China," *Administrative Science Quarterly*, vol. 37, pp. 1~27.

워 운영하고 있다. 기능제와 사업부제조직구조를 동시에 적용한 것이다.

이와 같은 하이브리드조직구조의 특성은 [도표 4-9]에 잘 제시되어 있다. 사업부에 있어 반드시 필요한 기능들만 사업부에 종속시키고 그 밖의 인사, 총무, 회계 등과 같은 공동기능의 부서들은 집권화시키는 형태이다. 이 방식을 구성할 경우 기능 부문의 효율성을 높일 수 있고 스탭 기능부서들은 공동으로 배치되기 때문에 사업부 간 조정의 효율성 역시 높일 수 있다. 하지만 각 사업부를 감독하기 위한 스탭의 증가와 공동 기능부서와 사업부 간의 권한문제로 인한 마찰이 생길수도 있다.

기능제와 사업부제의 혼합이라는 점에서 흡사 매트릭스와 유사해보이지만, 매트릭스는 두 개의 조직구조를 혼합하여 완전히 새로운 매트릭스를 형성, 조직구성원들은 여러 개의 프로젝트 혹은 사업부를 이동하며 업무를 수행한다. 그에 비해 하이브리드조직에서는 공동기능부서는 기능제조직형태로 남아 있고, 사업부에 위임된 핵심기능들은 사업부제의 조직형태로 존재한다.

도표 4-9 혼합형 사업부제조직

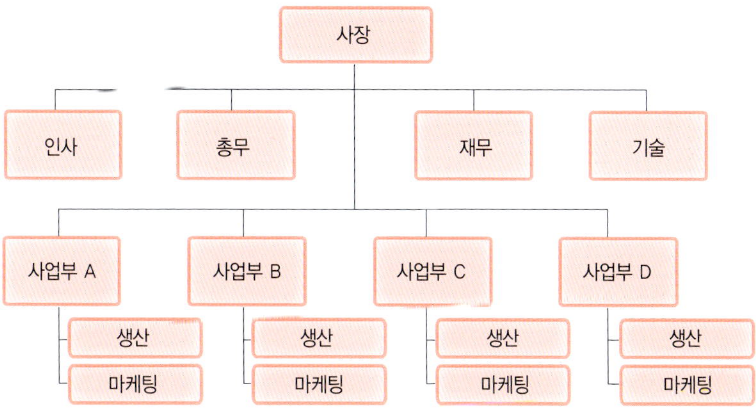

08 Mintzberg의 조직 유형

Mintzberg는 조직 구성 요소와 조정메커니즘을 통해 조직구조를 구성하는 다섯 가지 기본 요소를 분류하고, 이 다섯 가지 구성 요소의 변화와 결합에 따라 다르게 나타나는 조직구조의 5가지 유형을 제시했다.[5] 각각의 조직구조 유형 내에서 조직 구성 요소의 상대적 중요성과 규모는 각각 달라지며, 각 요소의 특징은 다음과 같다.

도표 4-10 민쯔버그의 조직구조 유형

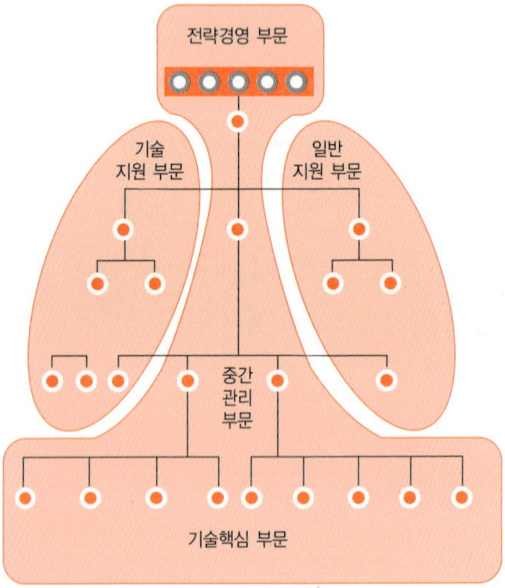

조직구조 요소

❶ 전략경영 부문(Top Management)

전략경영 부문은 최고경영층과 핵심관리자로 구성되어 있다. 이 부문은 조직 전체의 방향을 설정하고, 그를 달성하기 위한 전략, 정책의 개발을 주로 담당한다.

---

4) H. Mintzberg (1989), "The Structuring of Organizations," In: D. Asch, C. Bowman (eds) *Readings in Strategic Management*, Palgrave, London.

❷ 중간관리 부문(Middle Management)

중간관리 부문은 일선 관리자 및 감독자 등 중간관리자로 구성된다. 이 부문은 전략경영 부문에서 제시한 목표를 달성할 수 있도록 부서 단위별 하위목표를 설정하고, 과업수행을 지시하고 감독, 통제하는 역할을 수행한다.

❸ 기술핵심 부문(Technical Core)

조직을 운영하는데 있어 가장 핵심적인 변환 과정을 담당하는 부문이다. 제조기업의 생산부서, 연구조직의 연구부서, 병원의 의료진 등이 이에 해당한다. 조직의 주요 제품 혹은 서비스를 생산하기 위해 핵심적인 역할을 수행하는 부문이다.

❹ 기술지원 부문(Technical Support)

환경의 변화를 감지하고 이에 대해 적응해 나가기 위해 새로운 지식과 기술을 연구하고 학습하는 부문이다. 기술핵심 부문이 효과적인 기능을 수행할 수 있도록 최신 동향과 새로운 기술의 혁신 등을 담당한다.

❺ 일반지원 부문(Administrative Support)

조직 운영이 원활히 돌아갈 수 있도록 관리, 행정적인 부문에 대한 지원 역할을 수행한다. 회계, 인사 등이 여기에 해당되며, 기술핵심 부문을 보조하는 부문이다.

Mintzberg는 조직의 상황, 처한 환경 등에 따라 위의 다섯 가지 구성 요소들이 상대적으로 커지기도, 작아지기도 하는 등 그 중요성이 달라지며, 서로 다른 다섯 가지 조직구조의 형태가 나타날 수 있음을 보여주었다. Mintzberg가 제시한 다섯 가지 조직구조의 형태는 다음과 같다.

조직 유형

❶ 창업조직(Entrepreneurial Organization)

새로 생긴 신설조직이나 기업가적인 경영자가 직접 운영하는 회사에서 쉽게 나타나는 형태이다. 단순하고 비공식적인 조직구조로 최고경영자에게 막대한 권한이 집중되는 편이다. 조직 내 계층의 수가 적고 부문 간 구분이 적어 유기적인 형태를 많이 보이나 최고경영자 한 사람에게 의지한다는 점에서 문제점이 있다. 조직의 목표는 생존 그 자체에 있다.

❷ 기계관료제(Machine Bureaucracy)

조직이 생성되고 규모가 커지면서 어느 정도 안정적인 단계로 접어든 이후, 조직의 구조가 공식화, 집권화되고, 여러 기능별 분화가 발생한 경우에 해당된다. 일반적으로 기계적이고 관료제적인 조직구조를 갖게 되고, 각 부문이 개별적인 기능을 수행하며 표준화 된 산출물을 만들어낼 수 있다. 규모가 커졌기 때문에 조직을 관리하기 위해 규칙과 규정이 늘어나고, 사람들을 통제하기 위한 중간관리층이 증가한다. 이에 따라 조직구조는 수직적으로 길게 나타난다. 조직의 목표는 효율성 추구이다.

❸ 전문조직(Professional Organization)

전문적 지식과 기술을 강조하는 조직으로, 기술핵심의 중요성이 가장 커지게 된다. 조직의 전반적 운영은 전문가에게 위임되고 의사결정 권한은 조직의 경영자보다는 기술핵심의 전문가에게 분권화된 형태로 나타나며, 전문가가 기술핵심의 변환 과정 뿐 아니라 혁신과 연구 역시 함께 담당하기 때문에 기술지원은 상대적으로 작아진다. 대신 전문가를 보조하기 위한 일반지원 부문은 커진다. 조직의 목표는 높은 전문성과 양질의 품질을 추구하는 것이다.

❹ 사업부조직(Diversified Organization)

사업부별 분권화된 형태로, 다품종을 생산하며 다각화된 조직구조에 해당된다. 각 사업부는 고유한 기능을 수행하기 위해 조직구조의 다섯 가지 구성 요소들을 자체적으로 보유하게 되고, 조직의 본부에는 각 사업부를 통합하고 지원하기 위해 상대적으로 커진 일반지원 부문이 존재한다. 조직의 목표는 시장환경 변화에 따라 각 사업부별로 유연하게 대처해나갈 수 있는 유연성을 추구하는 것이다.

❺ 혁신조직(Adhocracy Organization)

다섯 가지 조직구조의 형태 중 가장 유기적인 조직구조를 보인다. 조직의 기능 등 각 구성 요소의 경계가 모호하고, 불확실성이 높은 환경에 적응해 나가기 위해 프로젝트에 따라 기술핵심이 새롭게 생겨나기도 사라지기도 한다. 조직의 목표는 혁신을 추구하는 것이다.

토의

01 현재 자신이 속한 조직의 구소형태에 대해 살펴보고 장 · 단점에 대해 토의해 보시오.

02 네트워크구조를 적용할 수 있는 업종에 대해 토의해 보시오.

03 Mintzberg조직 유형 5개 중 한 개를 골라 적절한 기업의 예를 찾아보시오.

PART 03

조직의 환경

CHAPTER

05

외부환경

학 | 습 | 목 | 표

- 외부환경의 다양한 수준에 대해 이해한다.
- 조직에 영향을 미치는 다양한 환경 영역을 파악한다.
- 외부환경에 존재하는 불확실성의 특성을 이해한다.
- 외부환경에 의존성을 낮추기 위한 다양한 전략을 이해한다.
- 조직군 생태론의 주요 관점과 핵심개념을 이해한다.
- 제도화가 이루어지는 과정과 그로 인해 발생하는 결과를 파악한다.

CHAPTER 05 외부환경

01 조직의 외부환경

외부환경
조직의 운영, 구조, 전략, 자원, 성과 등에 영향을 미치는 요인들

조직을 열린 시스템(open system)으로 간주하면서, 조직과 상호작용하는 외부환경에 대한 중요성이 강조되었다. 환경(environment)은 조직 외부에 존재하는 모든 것들이 해당될 수 있지만, 환경을 너무 광범위하게 정의하는 것은 조직과 환경의 역학을 이해하는 데 크게 도움이 되지 못한다.[1] 따라서 조직에게 직 · 간접적으로 영향을 미치는 요인(factor)들을 집중하여 살펴볼 필요가 있다. 즉, 조직의 운영, 구조, 전략, 자원, 성과 등에 영향을 미치는 요인들을 조직의 외부환경으로 제한한다.

이러한 외부환경은 조직을 분석하는 수준에 따라 크게 세 가지로 나누어 설명할 수 있다.

첫째, 개별조직 수준에서의 접근은 하나의 조직에 초점을 두어, 특정 조직이 직면하고 교류하는 외부환경의 특성에 대해 설명한다. 이때, 외부환경의 어떤 특성에 초점을 두고 환경을 바라보는가에 따라 다시 도메인과 섹터, 정보로서의 외부환경, 자원으로서의 외부환경 등으로 세분화된다.

둘째, 조직군 수준에서의 접근은 서로 유사한 형태를 지니는 조직들은 서로 유사한 환경의 영향 아래 놓인다는 것을 가정하고, 유사 조직의 집합인 조직

1) G. Jones (2010), *Organizational Theory, Design and Change*, 6th Edition, PEARSON.

군에 영향을 미치는 외부환경에 대해 설명한다.

셋째, 필드 수준에서의 접근은 개별조직 혹은 유사조직의 수준을 넘어서, 조직에 영향을 미치는 제도적 환경에 대해 설명한다.

도표 5-1 **외부환경의 수준**

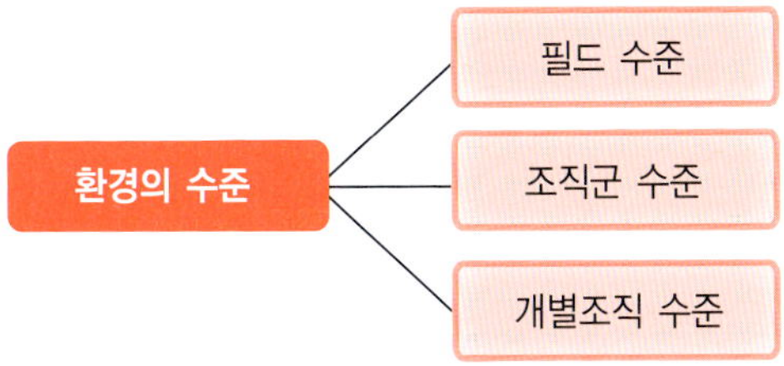

02 개별조직 수준–도메인과 섹터

개별조직(focal organization)의 수준에서 외부환경을 바라보는 시각은 특정한 하나의 조직에 초점을 둔다. 예를 들어, 삼성전자가 직면하는 외부환경, GM사가 교류하는 외부환경 등 단위조직을 둘러싸고 있는 외부환경을 분석하는 것이다. 이때, 하나의 조직은 다양한 환경 영역으로부터 영향을 받게 된다. 이는 도메인과 섹터의 개념으로 설명된다.[2)]

도메인

도메인(domain)은 조직이 제품과 서비스를 생산하고 제공하는 데 필요한 활동의 범위를 의미한다. 조직이 활동하는 분야가 다양해질수록 조직의 도메인이 커진다고 할 수 있는데, 소품종의 제품만을 생산하는 기업에 비해 다품종을 보유하고 있는 기업은 도메인, 즉 활동범위가 커지게 된다. 예를 들어, 휴대폰만 생산하는 기업이 상대해야 하는 소비자의 범위와 TV, 냉장고, 컴퓨

도메인
조직이 제품과 서비스를 생산하고 제공하는 데 필요한 활동 영역

2) R. Daft (2013), *Understanding the Theory & Design of Organizations*, 11th edition, South-Western Cengage Learning.

터 등 다양한 제품을 생산하는 기업의 소비자를 비교하면 당연히 후자가 보다 다양하고 광대한 범위를 이룰 것이다. 따라서 개별기업은 서로 다른 크기의 도메인을 갖게 된다.

섹터

섹터
공급자, 경쟁자, 고객 등 도메인의 하위 부문

조직에 영향을 미치는 환경의 유형을 그 특성에 따라 분류해 놓은 것을 섹터(sector)라 한다. 섹터는 환경의 다양한 영역을 구분해놓은 것으로, 조직이 활동하는 도메인에는 여러 개의 하위 섹터가 존재한다. 예를 들어, 반도체를 생산할 때 영향을 주는 환경의 유형은 반도체 관련 기술, 전자제품 시장, 경제적 상황 등의 다양한 섹터로 분류된다. 개별조직이 상호작용하는 환경의 다양한 섹터를 어떻게 구분할 수 있는지 보다 구체적으로 살펴보도록 하자.

경쟁자

조직의 활동과 전략에 영향을 미치는 가장 대표적인 섹터로 경쟁자(competitor)가 존재한다. 급변하는 환경 속에 기업이 생존하기 위해서는 경쟁에서 이기는 것이 중요하며, 그러기 위해선 경쟁자에 대한 이해가 필요하다. 경쟁자의 전략, 가격, 기술 등에 의해 산업환경이 달라지고, 그에 따라 기업의 전략을 수정하거나 성과가 달라지는 상황이 발생한다. 즉, 경쟁자는 기업의 전략, 성과에 직접적으로 영향을 미치는 외부환경의 주요 영역이라 할 수 있다.

예를 들어, 통신산업의 경쟁이 치열해지면서, KT, LG유플러스, SK텔레콤 등 국내 통신기업은 상대기업의 상품, 가격에 따라 자사의 전략을 수정할 수 있다. 치열한 경쟁 속에서 경쟁기업의 동향을 살피지 못한 기업은 소비자의 선택을 받지 못하고 퇴출되어 사라지게 될 것이다.

한편, 경쟁자의 범위는 기술의 발전에 따라 그 경계가 점점 모호해지는 경향이 있다. 과거에는 동일한 산업 내에 속해 있는 기업만을 경쟁자로 간주하였으나, 기술의 발달은 산업의 경계를 무너뜨린다. 예를 들어, 신용판매를 제공하는 신한카드의 경쟁자는 같은 금융권 내의 삼성카드만 존재하는 것이 아니라, 소액결제를 담당하는 통신업체도 포함될 수 있다. 수많은 자동차 기업들을 위협하고 있는 것은 기존의 경쟁자뿐 아니라 애플과 구글 같은 IT 기업들도 포함된다.

고객

고객(customers)은 기업의 성과에 결정적인 영향을 미칠 뿐 아니라, 생산 및 서비스에서도 반드시 고려해야 할 중요한 환경 섹터이다. 기업은 고객의 기호를 충족시킬 수 있는 제품과 서비스를 제공해야만 살아남을 수 있는데, 고객의 기호는 지속적으로 변화하기 때문에 시장의 트렌드를 꾸준히 살피는 것이 중요하다.

예를 들어, 한국에서 발명된 MP3 Player는 처음 한국기업들에 의해 독보적인 판매가 이루어졌다. 특히 아이리버는 미국진출 1년 만에 시장점유율 1위를 차지하고, 2004년에만 4천억 원이 넘는 매출을 기록하면서 신화로 불리기도 했다. 당시 아이리버는 미국 시장에 'Sorry Sony'라는 카피의 광고를 내보내며, SONY가 열었던 워크맨 시대의 종말을 조롱하기도 했다. 하지만 이는 곧 혁신적인 디자인과 휠(wheel)을 이용해 재미있는 사용법을 제공한 Apple의 iPod으로 대체되었고, 제품의 성능보다 소비자의 기호가 기업성과에 영향을 미친 대표적 예로 남아 있다.

최근 기술의 발달로 고객의 취향을 더욱 적극적으로 제품에 반영할 수 있는 환경이 마련되고 있다. Netflix는 빅데이터 분석으로 시청자의 취향을 파악해 그에 맞는 콘텐츠를 추천하거나 오리지널 콘텐츠를 제작하기도 하고, 패션업계는 실시간 디자인 프로그램을 도입하여 고객이 디자인에 직접 참여하는 대량맞춤생산(mass customization) 사례들이 늘어나고 있다.

물적자원

기업이 경쟁에서 이기고 고객의 기호를 충족시키기 위해서는 무엇보다 양질의 원자재(raw material)를 환경으로부터 획득해야 한다. 물적자원, 인적자원, 재무자원, 정보자원 등 다양한 유형의 자원이 존재하지만, 특히 물적자원이 기업의 활동과 성과에 미치는 영향은 매우 직접적이고도 크다. 원자재의 특성에 따라 기업의 생산공정이 변화하고, 제품의 품질 역시 크게 달라질 수 있기 때문이다.

예를 들어, 영상과 사진의 저장을 위해 더 이상 필름이 필요하지 않게 된 오늘날 카메라, 스트리밍, 콘텐츠 제작 등 많은 부문에서 제품과 서비스 제공 방식에 큰 변화가 나타났다. 이와 같이 기술의 발달은 뛰어난 성능의 신소재를 지속적으로 공급할 것이고 그에 따라 기업운영 방식은 달라질 수밖에 없다.

한편, 기술로 인한 성능 변화 뿐 아니라 물적자원에 대한 사람들의 인식 변화 역시 기업 운영에 영향을 미칠 수 있다. 예를 들어, Starbucks는 환경보호를 위해 플라스틱 빨대를 종이빨대로 대체하였고, LG화학은 친환경 플라스틱, 옥수수 성분의 포도당과 폐글리세롤을 활용한 생분해성 신소재 등의 개발에 주력하고 있다.

인적자원

조직의 활동에 영향을 미치는 주요 섹터로 인적자원(human resource)이 존재한다. 소비자의 기호에 맞춰 자원을 가공하여 제품을 생산하고 조직의 전략을 세우는 등 조직의 활동을 수행하는 주체는 결국 사람이다.

인적자원에는 기업 내 이미 존재하는 구성원 뿐 아니라, 경쟁기업에 속해 있는 인재나 대학에서 아직 교육을 받고 있는 학생 그리고 경영 의사결정에 주요한 영향력을 발휘하는 산업노조 등이 모두 포함된다. 기업이 원하는 인력을 쉽게 채용할 수 있는지 여부에 따라서도 기업성과는 달라진다. 특히, 노동시장이 유연하게 변화하며 인적자원의 이직과 유입이 보다 활발해지고 있기 때문에, 기업 차원에서 인적자원환경을 정확히 예측하고 대응해 나가는 것이 무엇보다 중요하다.

세계화

오늘날 세계화(globalization) 역시 조직의 활동 방식과 전략에 영향을 미치는 중요한 섹터로 자리 잡았다. 최근 기업의 활동 영역은 한 국가에 머물러 있지 않다. 세계화에 따라 시장의 규모가 확대되고 기업은 대량생산을 통해 그 활동 규모를 늘릴 수 있다. 동시에 국내 시장이라고 하여 보호받지 못하고 세계의 다양한 기업들과 치열한 경쟁을 펼쳐야 한다.

또한, 기업이 생산, R&D 등의 다양한 기능을 수행하는데 있어 각 기능별로 적합한 국가에 진출하여 보다 낮은 비용 혹은 높은 기술을 활용함으로써 궁극적 조직성과를 높일 수도 있다. 예를 들어, 베네통은 크로아티아, 헝가리, 루마니아 등 비교적 노동비용이 싼 동유럽에 생산을 아웃소싱 한 반면, 디자인 기능은 반드시 최신 트렌드를 빠르게 접할 수 있는 이태리 본사에서만 수행하고 있다.

재무자원

주식시장, 대출, 금융권과 같은 재무자원(financial resource)은 기업이 물리적 · 인적자원을 획득하거나 새로운 시장으로 진출하는데 영향을 미치는 주요 환경 섹터이다. 금융권으로부터 투자를 받을 수 있는 정도에 따라 경쟁지에 대한 우위를 선점할 수 있다. 소자본 1인 기업이 많아지면서 경쟁의 방법이 달라지기도 한다.

예를 들어, 창업자본이 크게 들지 않는 Take-out 커피전문점이 많아지면서, 자리에 앉아 커피를 마시는 전통적인 형태의 찻집은 많이 사라졌다. Take-out 커피전문점은 넓은 매장과 화려한 내부 인테리어를 필요로 하지 않고, 적은 인력으로도 운영이 가능하다. 즉, 재무자원의 특성이 조직의 물적 자원과 인적자원에 영향을 미치며 조직의 운영 방식, 경쟁전략 등을 변화시킨다.

기술

기술(technology)은 오늘날 급격히 변화하고 있는 환경 섹터로, 기술이 발달함에 따라 새로운 자원이 만들어지기도 하고, 자동화된 설비가 인력을 대체하기도 한다. 특히 IT기술의 발전은 새로운 산업 분야를 형성하거나 사람이 처리할 수 있는 정보의 양과 질을 높여준다. 글로벌 네트워크를 구축하여 전 세계에 기능별 활동을 배치할 수 있고, 경쟁의 속도가 빨라지기도 한다.

예를 들어, Nike의 경우 IT기술을 이용한 글로벌 제품정보 네트워크(GPIN: Global Product Information Network)를 구축하여, 국제적으로 널리 분포되어 있는 각 본부와 신속한 의사소통을 통해 신제품개발에 필요한 시간과 비용을 단축할 수 있게 되었다. 쇼핑몰들은 빅데이터 분석 기술을 이용하여 소비자에게 맞춤형 홍보 활동을 펼치고, Google은 최적화된 타겟 고객과 광고를 연결시킨다.

경제적 요인

경제성장률, 물가상승률 등의 경제적 요인(economic factor)은 고객의 수요, 투입 원자재의 가격, 인적자원의 비용 등에 영향을 미치며 조직과 상호작용한다. 오랜 경제 불황을 겪을 때에는 시장이 위축되기 쉽고, 급격한 경제위기는 기업의 파산을 일으키기도 한다. 그러나 경제적 요인이 기회로 작용하는 경우도 있다. IMF 경제위기 당시 우리나라의 많은 기업들이 부도 위기를 겪었지만, 그 후 체질개선을 통해 글로벌 기업으로 성장한 경우들도 존재한다. 이와 같이 경제적 요인들은 기업에게 위기 혹은 기회를 가져다주며 조직에 영향을 미친다.

정부

정부(government)의 정책, 법률 역시 과업환경에 영향을 미치는 주요 섹터이다. 예를 들어, 특정 산업을 보호해주는 관세법은, 해당 산업의 공급자, 경쟁자와 고객에게 영향을 준다. 글로벌 경쟁을 막아주는 반면, 소비자는 선택의 폭이 줄어들 수 있기 때문이다. FTA를 통해 외국과의 무역에 있어 상당부분 관세를 없애는 것은 제품 생산에 필요한 원자재 수입가격을 낮추고, 해외시장에 진출할 수 있는 기회를 높여준다. 즉, 세계시장으로 진출할 수 있는 기회와 경쟁력이 커지게 된다. 하지만 국내시장의 개방으로 국내에서는 경쟁이 더욱 심화되는 경우도 발생할 수 있다. 즉, 정부의 정책에 따라 기업의 경쟁, 운영 방식, 성과 등이 영향을 받게 된다.

사회적 요인

사회문화적 특성(sociocultural forces) 역시 조직에 영향을 준다. 교육에 대한 관심이나 사회구성원의 연령 비율은 인적자원의 수준을 변화시킨다. 문화별로 추구되는 가치에 따라 소비자의 기호가 달라질 수 있다. 예를 들어, 애국심이 강조되는 국가에서는 제품의 품질이나 기능에 관계없이 자국 브랜드가 인기를 끌 수 있다.

최근 야기되는 윤리적 가치 역시 기업이 자원을 획득하고 이를 제품으로 변환시키는 과정에 중요한 기준을 제시한다. 도요타는 환경오염을 방지하기 위해 하이브리드 자동차의 개발에 앞장섰고, 나무를 주 원자재로 사용하는 유한킴벌리는 수익금의 일부를 나무심기에 재투자한다. 코카콜라는 아프리카 지역 주민이 자전거를 이용하거나 직접 걸어서 제품을 전달하도록 유통센터(manual distribution center)를 설립하여, 환경오염을 막고 지역사회에 기여하는 등 사회적 요구를 수행하고 있다.[3]

3) B. Cliton (2009.9), "Creating Value in an Economic Crisis," *Harvard Business Review*, pp. 70~71.

도표 5-2 개별조직에 영향을 미치는 다양한 환경 영역

섹터	내용
경쟁자	경쟁기업의 전략, 경쟁기업의 제품
고객	소비자의 욕구, 유행
물적자원	자원의 품질, 속성
인적자원	교육 수준, 지식, 노하우
세계화	시장의 확대, 기능의 분화
재무자원	주식시장, 대출, 금융권
기술	IT기술, 기술혁신
경제적 요인	경제성장률, 물가상승률
정부	정부정책, 법, 규정
사회적 요인	연령구성, 윤리의식

03 개별조직 수준–정보와 불확실성

정보로서의 환경

조직은 외부환경으로부터 끊임없이 정보를 습득해야 하고, 외부환경을 제대로 인지하지 못하면 환경에 적응하지 못하여 퇴출되고 만다. 즉, 조직이 성과를 높이고 생존하기 위해서는 고객, 정부, 경쟁자 등 앞서 설명한 다양한 섹터에 대한 정보를 탐색하고 획득할 수 있어야 한다. 외부환경을 커다란 정보의 집단(informations set)으로 바라보는 정보처리 관점(information process perspective)이 존재한다.

만약 조직이 필요한 정보를 모두 획득한다면 외부환경에 대해 정확히 예측하고 그에 대처할 수 있다. 하지만 개별조직이 외부환경으로부터 필요한 모든 정보를 획득하는 것은 현실적으로 불가능하다. 즉, 조직이 외부환경을 정확히 예측하기는 매우 어려운데, 그로 인해 조직은 불확실성을 당면하게 된다.

불확실성

불확실성(uncertainty)이란 조직이 외부환경에 대한 정보가 부족하거나 정확한 정보를 얻을 수 없을 때 발생하는 것으로, 불확실성이 높을 때에는 환경에 대한 제대로 된 예측이 어려워 조직을 운영해나가는데 있어 큰 어려움이 따른다. 즉, 불확실성은 조직의 전략과 성과에 영향을 미치는 중요한 환경적 특성이라 할 수 있다.

불확실성
정보의 부족으로 환경을 예측하기 어려움

Lawrence와 Lorsh의 불확실성 정의

Lawrence와 Lorsch는 불확실성의 개념을 다음 세 가지 특징으로 설명한다.[4]

첫째, 불확실성은 환경에 대한 명확한 정보를 얻을 수 없을 때 발생한다. 정보가 부족할수록 불확실성이 높아진다고 본 것이다. 조직의 활동에 영향을 미치는 환경 요인을 명확히 헤아리지 못할 때에 조직은 높은 불확실성에 직면하게 된다.

둘째, 조직이 수행한 활동에 대하여 피드백이 돌아오는데 걸리는 시간이 오래 걸릴수록 불확실성이 높아진다. 조직의 활동에 대한 즉각적인 반응을 구할 수 있다면, 잘못된 행동 역시 빠르게 수정해나갈 수 있다. 하지만 피드백 시간이 지연된다면 조직의 행동이 적절한 방향으로 나아가고 있는지 확인하기 어려우며 조직은 그에 따라 높은 불확실성을 맞이하게 된다.

셋째, 인과관계가 불명확할 때 불확실성이 높아진다. 특정한 행동이 야기할 결과를 알 수 없다면 그 행동이 올바른 일인지 아닌지 확신을 가질 수 없다. 행동의 결과가 기대한 것과 다르게 나타나면 그동안의 노력과 두사가 물거품이 되고 만다.

---

4) P. Lawrence & J. Lorsch (1967), *Organization and Environment: Managing Differentiation and Integration*, Boston, Harvard University, Graduate School of Business Administration, Division of Research.

원인과 결과의 명확한 관계가 존재하지 않을 때 조직이 직면하는 불확실성 수준 역시 높아지게 된다.

Duncan의 불확실성 정의

Duncan은 불확실성을 의사결정자에 의해 인지되는 것(perceived uncertainty)으로 정의하고, 인지된 불확실성의 세 가지 특징을 설명하였다.[5)]

첫째, 의사결정 상황과 관련한 정보가 부족할 때 높은 불확실성을 인지하게 된다. 예를 들어, 조직이 해외진출을 통해 새로운 시장으로 진출하고자 할 때 현지의 문화, 경쟁기업의 현황, 소비자의 기호 등에 대한 정보를 제대로 갖추지 못한다면 의사결정과 관련한 불확실성을 높게 인지하게 된다.

둘째, 잘못된 의사결정이 조직에게 미칠 영향을 예상할 수 없을 때 불확실성을 높게 인지한다. 특히 다양한 이해관계자와 얽혀있는 조직에 있어, 하나의 잘못된 의사결정이 투자한 비용만큼 만의 희생을 가져온다는 보장은 없다. 모든 의사결정은 어느 정도의 위험감수를 요구하지만, 감수해야 할 위험의 크기를 쉽게 예측할 수 없을 때에 의사결정자는 보다 큰 불확실성을 인지하게 된다.

셋째, 환경 요인이 어떤 영향을 미칠지 예측할 수 없을 때 의사결정자는 높은 불확실성을 인지한다. 오늘날 자국에서는 큰 성공을 거둔 기업이라 할지라도 다른 국가에 진출했을 때, 현지 문화를 제대로 이해하지 못해 실패를 경험하는 기업들이 종종 나타난다. 어떠한 환경에서 활동하는가에 따라 운영 방식과 제품의 특성 등이 달라져야 한다. 환경에 대한 정보를 획득했다 하더라도 그러한 환경이 조직운영에 어떠한 영향을 미치는지 예측할 수 없다면, 의사결정자는 높은 불확실성 상황에 처하게 된다.

---

5) R. Duncan (1972), "Characteristics of Organizational Environments and Perceived Environmental Uncertainty," *Administrative Science Quarterly*, pp. 313~327.

Milliken의 불확실성 정의

Milliken 역시 인지된 불확실성의 유형을 크게 세 종류로 나누어 설명하였다.[6)]

첫째, 상태 불확실성(state uncertainty)은 관리자가 외부환경을 예측할 수 없을 때 발생한다. 조직이 직면하는 외부환경의 상태, 특성, 상황 등을 명확히 알 수 없을 때 인지하는 불확실성이다.

둘째, 효과 불확실성(effect uncertainty)은 환경의 변화 등 환경 요인이 조직에 영향을 가져올지 여부를 알 수 없을 때 발생한다. 환경의 상태가 어떠한지에 대해서는 인지하고 있다 하더라도, 환경의 특성이 조직에 어떠한 영향을 미치는지 알 수 없을 때 인지하는 불확실성이다.

셋째, 반응 불확실성(response uncertainty)은 조직이 환경에 대응할 수 있는 방안에 대해 지식이 부족하거나 선택된 반응이 가져올 결과를 예측할 수 없을 때 발생한다. 환경의 영향력을 인식한다 하더라도, 그에 대해 어떻게 반응해야 할지 알 수 없다면 조직은 불확실성을 느끼게 된다. 환경에 대처할 수 있는 구체적인 방법과 그 결과에 대해 명확히 알지 못할 때 인지하게 되는 불확실성이다.

도표 5-3 **학자에 따른 불확실성 정의**

Lawrence & Lorsch	Duncan	Milliken
• 정보의 부족 • 피드백 순환의 긴 시간 • 인과관계의 모호성	• 정보의 부족 • 잘못된 의사결정의 파장을 예측할 수 없는 경우 • 환경의 영향을 예측할 수 없는 경우	• 상태 불확실성 • 효과 불확실성 • 반응 불확실성

6) F. Milliken (1987), "Three Types of Perceived Uncertainty about the Environment: State, Effect, and Response Uncertainty," *Academy of Management Review*, vol. 12, pp. 133~143.

불확실성 프레임워크

Duncan은 불확실성의 수준이 서로 다른 환경 유형을 구분하여, 조직이 불확실성을 어느 정도 예측할 수 있는데 도움이 되는 프레임워크를 제시하였다. 이 프레임워크는 총 두 개의 척도를 제시하며, 불확실성 수준이 다른 환경 유형을 총 네 개로 구분하였다.

단순성-복잡성

복잡성
환경에 존재하는 요인의 수

첫 번째 척도는 요인의 수 혹은 요인의 유사성을 기준으로 하여 환경의 불확실성 수준을 나눈다. 환경에 존재하는 요인들이 얼마나 단순(simple)한지 혹은 복잡(complex)한지에 따라 불확실성 정도가 달라진다고 보는 것이다.

환경의 복잡성 정도는 환경에 존재하는 요인의 수에 따라 달라지는데, 요인의 수가 적고 요인의 동질성이 높으면 비교적 단순한 환경이라고 할 수 있다. 반대로, 요인의 수가 많고 요인이 서로 다르다면 복잡성이 높다.

복잡성이 높을수록 불확실성은 높아지고 단순성이 커지면 불확실성은 낮아진다. 즉, 조직에서 업무를 수행하는데 있어 많은 지식과 다양한 정보를 필요로 한다면 불확실성이 높아지고, 적은 지식으로도 업무를 수행할 수 있다면 불확실성이 낮아진다고 할 수 있다.

안정성-역동성

역동성
환경의 요인이 변화하는 속도

두 번째 척도는 요인의 변화속도와 관련 있다. 환경에 존재하는 요인이 얼마나 빠르게 변화하는가에 따라 안정성(static)과 역동성(dynamic)이 달라진다. 요인의 변화하는 속도가 느릴수록 안정성이 높고, 환경에 존재하는 요인이 빠르게 변화할수록 역동성이 커진다.

이때 안정성과 역동성은 요인의 수와는 아무런 관계가 없고, 요인이 변화하는 속도만을 기준으로 한다. 당연히 역동성이 클수록 환경의 불확실성도 높아진다. 예를 들어, 컴퓨터 · 통신 · IT 분야는 빠른 속도로 새로운 기술이 소개되고 있다. 그에 비해 농수산업의 경우 어느 정도의 변화는 존재하지만, 과거로부터 급격한 기술의 변화는 상대적으로 적은 편이다. IT 분야의 불확실성이 상대적으로 큰 것은 당연한 일이다.

도표 5-4 불확실성의 두 가지 척도

구분	특징
단순성-복잡성	요인의 수, 유사성
안정성-역동성	요인의 변화, 속도

프레임워크

모든 환경은 그 요인의 수와 요인의 변화속도를 달리한다. 적은 수의 요인이 빠르게 변화할 수도 있고, 안정적이지만 많은 양의 지식을 요구하는 환경도 있다. 두 가지 척도에 따라 다르게 나타나는 불확실성의 수준에 대하여 [도표 5-5]를 참고하여 비교해보자.

도표 5-5 인지된 불확실성 수준 [7)]

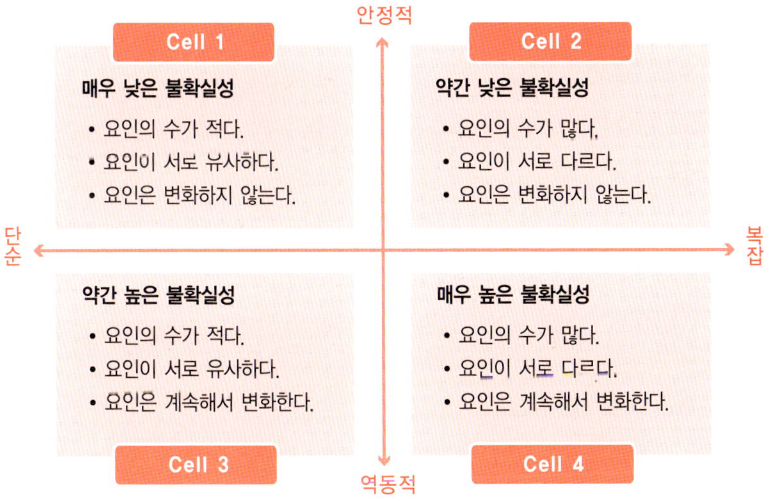

7) R. Duncan (1972), *op. cit*.

❶ 매우 낮은 수준의 불확실성

Cell 1은 안정적이면서 단순한 환경으로 가장 낮은 불확실성의 환경에 해당된다. 여기서는 환경에 존재하는 요인의 수가 많지 않고, 요인은 서로 유사한 특성을 갖는다. 또한, 환경 내 요인은 시간이 지나도 크게 변화하지 않는다. 조직의 입장에서는 상대적으로 적은 수의 정보를 습득한 후 더 이상 변화를 염려하지 않아도 된다. 네 개의 환경 유형 중 가장 낮은 불확실성이 인지되는 유형이다.

❷ 약간 낮은 수준의 불확실성

Cell 2는 안정적이지만 복잡한 환경으로 약간 낮은 불확실성의 환경에 해당된다. 여기서는 환경에 존재하는 요인의 수가 많고, 요인은 서로 다른 특성을 갖는다. 하지만, 환경 내 존재하는 다양한 요인은 시간이 지나도 크게 변화하지 않는다. 여기서는 매우 다양한 지식과 기술을 요구하지만 정보의 습득 이후에는 큰 변화가 없어 조직의 입장에서는 약간 낮은 불확실성을 인지한다. Cell 1보다는 약간 높고, Cell 3보다는 약간 낮은 불확실성이 존재한다.

❸ 약간 높은 수준의 불확실성

Cell 3은 단순하지만 역동적인 환경으로 약간 높은 불확실성 환경에 해당된다. 환경의 요소는 적은 대신 그 요소들이 수시로 변화하거나 새롭게 등장하는 영역으로 낮은 복잡성과 높은 역동성에 해당된다. 이때에는 외부환경으로부터 정보를 습득하기 위해 꾸준히 노력해야 하는데, 대신 그 양이 많지 않아 불확실성은 약간 높게 인지된다.

❹ 매우 높은 수준의 불확실성

Cell 4는 환경이 수시로 변화하면서 다양한 지식과 기술이 존재하는 영역이다. 즉, 높은 역동성과 복잡성을 띄며, 많은 양의 정보를 수시로 업데이트해야 하기 때문에 사람들은 이 영역에서 가장 높은 불확실성을 인지한다.

Cell 1에서 4까지 분류된 불확실성 수준을 비교할 때, 환경에 존재하는 요인의 수보다는 요인의 변화속도가 불확실성에 더 큰 영향을 미침을 알 수 있다. 다시 말해, 많은 수의 지식을 습득하는 것보다 변화하는 지식을 수시로 수정, 보완해야 할 때 불확실성이 더욱 높아진다고 할 수 있다.

이러한 불확실성 수준은 조직구조의 설계에도 영향을 미친다. 환경이 안정적이고 불확실성이 낮을 때에는 높은 집권화와 공식화를 이루는 등 통제가 용이한 조직구조를 설계하는 것이 적합할 수 있다. 하지만 불확실성이 높은 환경에서는 지나치게 경직된 조직구조보다 분권화되고 유연한 구조를 마련하는 것이 필요하다. 외부환경의 불확실성 수준에 따라 조직구조의 공식화, 복잡성, 집권화 수준이 달라져야 할 것이다.

04 개별조직 수준–자원과 의존성

자원으로서의 환경

개별조직 수준에서 외부환경을 바라보는 마지막 시각으로 외부환경을 자원의 집단(resources set)으로 간주하는 시각이 있다. 조직이 필요로 하는 희소하고 가치 있는 자원의 원천으로서 환경을 바라보는 시각으로, 자원의존이론(resource dependency theory)을 기초로 하여 발전해왔다.

조직이 스스로 생성해낼 수 있는 자원에는 한계가 있기 때문에, 조직은 외부환경으로부터 지속적으로 자원을 획득해야 한다. 외부환경으로부터 자원을 제대로 획득하지 못하면 에너지가 고갈되어 소멸되고 만다. 즉, 조직의 생존을 위해선 환경으로부터 조직 생존에 필요한 자원을 지속적으로 유입 받아야 하는데 그로 인해 조직은 환경에 대한 의존성을 갖게 된다.[8] 이와 같이 조직의 환경에 대한 의존성을 주요 연구과제로 삼고 있는 자원의존이론은 몇 가지 가정을 갖고 있다.

자원의존이론
조직은 생존을 위해 환경으로부터 자원을 획득해야 하며, 그로 인해 의존성이 발생한다.

8) J. Pfeffer & G. Salancik (1978), *The External Control of Organizations: A Resource Dependence Perspective*, Harper and Row.

첫째, 조직은 외부환경으로부터 자원을 습득하는 교환관계를 갖는다. 조직은 운영에 필요한 모든 자원을 스스로 생성해내는 것이 아니라 외부환경으로부터 자원을 획득하는 것이 필수적이다.

둘째, 환경에는 조직의 생존에 필수적인 희소하고 가치 있는 자원이 존재한다. 다시 말해 조직이 환경으로부터 필요한 자원을 획득하지 못할 경우 조직의 생존에 위협이 가해질 수 있다.

셋째, 조직은 외부환경에 대한 의존성을 최소화하고, 다른 조직이 자신에게 의존할 수 있도록 자원을 통제한다. 생존에 필수적인 자원을 획득하기 위해서는 중요한 자원을 보유하고 있는 외부환경의 주체에 의존할 수밖에 없게 되는데, 자원의존이론은 이때 조직이 의존성을 낮추기 위해서 적극적으로 대처를 할 수 있다고 설명한다.

그렇다면 어떠한 경우에 조직의 환경에 대한 의존성이 커지는지, 그리고 조직이 이를 어떻게 적극적으로 관리해나갈 수 있는지에 대해 살펴보도록 하자.

의존성

의존성
조직과 환경이 자원을 교환할 때 발생하는 권력관계

자원의존이론에서 볼 때, 조직의 중요한 목표는 외부환경에 대한 의존성을 최소화시키는 것이다. 의존성은 조직과 환경이 자원을 교환할 때 발생하는 권력관계로 자원의 특성, 조직의 역량에 따라 그 정도가 달라진다. Pfeffer는 의존성에 영향을 미치는 요인을 크게 세 가지로 정리하였다.[9)]

자원의 중요성

자원의 중요성(resource importance)이 클수록 조직은 해당 자원을 보유하고 있는 환경 주체에 의존하게 된다. 조직이 제품을 생산해내는데 반드시 사용되어야 하는 중요한 자원을 직접 보유하고 있지 않을 때에는 환경으로부

9) J. Pfeffer (1982), *Organizations and Organization Theory*, Harper Collins.

터 해당 자원을 획득해 오는 수밖에 없고, 그 과정에서 당연히 의존성이 발생하게 된다. 그런데 자원의 중요성은 크게 두 가지 기준으로 측정할 수 있다.

첫 번째는 자원의 상대적 크기(relative magnitude of exchange)이다. 조직이 사용하는 전체 자원 중 가장 큰 비율로 사용되는 자원은 당연히 중요하다. 예를 들어, 맥주를 만들 때 가장 많이 사용되는 자원은 바로 물이라고 할 수 있다. 맥주를 생산하는 기업의 입장에서는 수질이 좋은 물을 공급할 수 있는 환경주체에게 크게 의존하게 된다.

둘째, 자원의 핵심성(criticality) 역시 매우 중요하다. 많은 양이 사용되는 것은 아니지만 해당 자원이 빠졌을 때 조직이 더 이상 기능할 수 없다면 그 자원은 매우 핵심적인 자원이라 할 것이다. 예를 들어, 맥주는 보리의 맥아를 주원료로 만들어진다. 맥주 1 리터를 만들기 위해 들어가는 맥아의 양은 물보다 적을 수 있지만, 맥아를 사용하지 않고는 맥주의 제조 자체가 불가능하다. 이 경우 양질의 맥아를 보유하고 있는 주체에 대한 의존성 역시 높아질 것이다.

자원의 배분과 사용에 대한 통제

자원을 사용하고 배분하는데 영향력을 미칠 수 있는 존재가 있다면, 조직은 그러한 힘을 가지고 있는 자에게 의존하게 된다. 외부환경은 자원의 획득과 관련한 비용, 기회, 시간 등에 영향을 미칠 수 있기 때문이다. 자원의 사용과 분배에 대한 통제권(discretion over resource allocation and use)은 다음과 같은 경우에 발휘된다.

첫째, 자원을 소유(possession)할 수 있다면 자원의 배분과 사용을 통제할 수 있다. 예를 들어, 특정한 기술을 사용할 수 있는 특허권을 갖고 있는 조직이 있다면, 다른 조직들은 해당 기술을 사용하기 위해 로열티를 지급하거나 허락을 구하는 등 특허권 소유자에게 의존하게 된다.

둘째, 자원을 소유하지 않더라도 자원에 접근할 수 있는 통로(access to resources)를 가지고 있다면 어느 정도 자원을 통제할 수 있다. 예를 들어, 자원을 갖고 있는 주체와 직접 협상을 하는 것이 어려울 때에, 해당 조직의 주요 의사결정자와 친밀한 관계를 맺고 있는 제3의 존재가 있다면, 자원교환의 성사를 위해 압력을 넣어달라고 부탁할 수 있다. 이때 해당 자원을 획득하고자 하는 조직은, 자원을 소유하고 있는 주체에게 영향력을 행사할 수 있는 제3자에게 의존하게 된다.

셋째, 자원을 실질적으로 사용(actual use of resource)할 수 있는 기술이나 지식을 보유하고 있다면 자원통제에 유리하다. 예를 들어, 의술이 뛰어난 의사는 비싼 의료장비를 직접 소유하지 않더라도 해당 장비를 사용하는 데에는 누구보다 큰 힘을 발휘할 수 있다. 조직은 이와 같이 실질적인 기술을 보유하고 있는 주체에게 의존하게 된다.

마지막으로, 자원과 관련한 규칙이나 규정(rules and regulations)을 제정할 수 있다면 자원에 대한 통제권이 높아진다. 노조 설립을 허가하는 법률은 노동자로 하여금 인적자원에 대한 영향력을 강화시켜준다. 환경오염에 대한 규정은 특정 자원의 사용을 금지시키거나 혹은 촉진시킬 수도 있다. 따라서 조직은 이러한 규칙이나 규정을 제정할 수 있는 정부나 전문기구에 대한 의존성을 갖게 된다.

자원의 집중

자원이 환경에 어느 정도 집중되어 있느냐 또는 다양하게 분포되어있느냐에 따라서도 조직의 환경에 대한 의존성 수준은 달라진다. 자원의 집중도(concentration of resource control)는 다음 두 가지 경우에 따라 달라진다.

첫째, 자원을 공급하는 공급자의 수(number of suppliers)에 따라 집중도가 달라진다. 중요한 자원을 공급하는 조직이 단 하나만 존재한다면, 자원을 보유하고 있는 그 하나의 조직에 나머지 조직들이 전적으로 의존할 수밖에 없다. 그러나 구하고자 하는 자원을 다양한 공급자로부터 제공받을 수 있다면 공급자에 대한 의존성은 낮아진다.

둘째, 자원을 보유하고 있는 공급자가 많이 존재한다 하더라도, 이 중 쉽게 접근할 수 있는 공급자가 하나밖에 없다면 전체 공급자의 수는 크게 소용이 없어진다. 즉, 공급자에 대한 접근성(accessibility)에 따라 자원의 집중도가 달라진다. 더 낮은 가격에 자원을 공급하는 공급업자를 알지 못하거나, 안다고 하더라도 법에 의해 거래가 금지되어 있다면 조직은 기존의 환경에 계속 의존하며 자원을 획득해나가야만 한다. 예를 들어, 더 낮은 금리에 대출을 제공하는 상품이 존재하더라도, 자회사 등의 이유로 주거래 은행이 따로 지정되어 있다면 재무자원을 획득하기 위해 거래처를 변경할 수 없을 것이다.

도표 5-6 환경 의존성을 높이는 요인들

자원의 중요성	자원의 사용과 통제	자원의 집중도
• 자원의 크기 • 자원의 핵심성	• 자원의 소유 • 자원에 대한 접근통로 • 자원 사용의 기술 • 규칙과 규정의 제정	• 공급자의 수 • 공급자 접근성

자원통제 전략

환경에 대한 의존성이 높아진다는 것은 조직이 의사결정하고 전략을 펼쳐나가는 데에 그만큼 자유가 좁아진다는 것을 의미한다. 따라서 조직은 외부환경에 대한 의존성을 줄이기 위해 노력하게 된다.[10] 앞서 환경 의존성에 영향을 미치는 요인으로 자원의 중요성, 자원의 집중도, 자원의 배분과 사용에 대한 통제권이 존재함을 살펴보았다. 그런데 자원의 중요성이나 자원의 집중도는 조직이 쉽게 변화시키기 어렵다. 하지만 자원의 배분과 사용에 대한 통제

10) J. Pfeffer & G. Salancik (1978), *op. cit*.

권을 높이기 위한 전략을 펼치는 것은 어느 정도 가능하다.[11)]

소유권 설정

자원에 대한 소유권을 획득하기 위해 조직은 자원을 갖고 있는 기업을 인수(acquisition)하거나 합병(merger)할 수 있다. 인수는 하나의 기업이 다른 기업을 완전히 구매하는 것을 뜻하고, 합병은 두 개 이상의 조직이 하나의 조직으로 통합하는 것을 의미한다. 인수와 합병은 서로 다른 두 개의 조직이 보유하고 있던 자원을 하나로 합치는 것으로, 새롭게 자원을 만들어 내거나 시장에서 구입하는 것보다 낮은 거래비용으로 자원을 획득할 수 있게 해준다.

겸임이사제

자원의 접근성을 높여주는 조직 간의 협력관계는 겸임이사제(interlocking directorate)를 통해서도 강화될 수 있다. 한 명의 이사가 두 개 이상의 기업 이사회에 참여할 때 두 회사는 연결고리를 갖게 된다. 조직 의사결정에 주요한 영향을 미칠 수 있는 임원을 공유함으로써 자원의 접근성을 높이는 방법이다. 예를 들어, 금융기관의 이사를 초대하여 재무자원의 접근성을 높일 수 있다.

겸임이사제는 직접겸임과 간접겸임으로 구분된다. 예를 들어, A회사에서 B회사가 보유하고 있는 자원을 필요로 할 때, B회사의 이사로 하여금 A회사의 이사를 겸하게 하는 것을 직접겸임(direct interlock)이라 한다. 그러나 B회사의 이사를 직접 데리고 오기 힘들 때에는 간접겸임(indirect interlock)의 방법을 취할 수도 있다.

간접겸임은 제3의 기업에서 함께 겸임이사를 수행하는 것으로, A회사의 이

11) J. Pfeffer(1992), *Managing with Power: Politics and Influence in Organizations*, Harvard Business School Press.

사와 B회사의 이사가 C회사의 겸임이사로 활동하게 되는 상황이 해당된다.[12] 이 경우, A와 B회사는 직접적인 연결고리를 갖지는 않지만 C회사를 통해 간접적으로 연결이 되는 결과를 얻는다.

전략적 제휴

자원에 대한 접근성을 높이기 위해 전략적 제휴(strategic alliance)를 생각해볼 수 있다. 전략적 제휴는 소유권의 이전 없이 기업 간 파트너십 관계를 구축하여 자원을 공유하고 새로운 사업의 기회를 함께 만드는 것이다. 기업 간 전략적 제휴는 조인트벤처, 라이선스계약 등의 형태로 나타난다.

합법적 로비

합법적인 로비를 통해 자원과 관련한 법과 규정을 제정하는 과정에 영향을 미칠 수 있다. 로비는 법률을 제정할 수 있는 주요 인사를 만나기 위해 의회 로비나 복도에 자주 나타나던 사람들을 일컫던 말로, 불법 정치자금과 같은 비합법적 활동은 금지되어야 하지만 정당하게 영향력을 행사하는 것은 자원 통제에 유용하다.

도표 5-7 환경 의존성을 낮추기 위한 전략

유형	특징
소유권 설정	인수합병
겸임이사제	직접겸임, 간접겸임
전략적 제휴	조인트벤처, 라이선스계약
합법적 로비	정부, 제정기관에 대한 합법적 로비

12) D. Palmer (1983), "Broken Times: Interlocking Directorates and Intercorporate Coordination," *Administrative Science Quarterly*, vol. 28, pp. 40~55.

05 조직군 수준

조직군 생태론

조직군
유사한 특성을 보이는 조직들의 집합체

환경은 각각의 개별조직에 영향을 미칠 뿐 아니라 조직군(organizational population) 수준에서도 큰 영향을 미친다. 조직군은 유사한 특성을 보이는 조직들의 집합체(aggregates of organizations)로, 예를 들면 이마트, 롯데마트, 홈플러스 등은 대형할인마트라는 하나의 조직군을 형성하며, 고객, 자원, 전략 등에서 유사한 환경에 노출되기 쉽다. 이러한 조직군은 자연과학에서 이야기하는 하나의 종(species)과 유사한 개념이다.

Hannan과 Carroll은 조직군을 확인할 수 있는 가장 기본적인 열쇠로 유사한 구조적 형태를 꼽는다.[13] 예를 들어, 같은 교육기관이라 할지라도 고등학교와 대학교의 구조는 확연히 다르다. 전공이 모여 학부를 이루고 여러 개의 학부가 하나의 대학을 형성하며 다시 대학이 모여 종합대학을 이루는 대학교와, 전공이나 학과의 구분 없이 모든 학생들이 똑같은 수업을 듣는 고등학교는 수업 내용 뿐 아니라 조직의 구조에서도 큰 차이를 보인다.

구조적인 측면에서 유사한 특성을 보이는 조직들의 집합체인 조직군은 어떻게 환경과 상호작용하는가? Hannan과 Freeman은 조직군의 수준에서 조직의 변화, 소멸 혹은 생존이 결정된다고 본다.[14]

마치 자연에서 적자생존이 발생하듯이, 조직 생태계에서도 역시 환경으로부터 선택받은 조직군만이 살아남을 수 있으며, 새로운 조직군이 기존의 조직군을 대체(replacement)하며 변화해나간다고 보는 것이다. 개별조직은 환경의 거대한 압력에 적절히 대응할 수 없기 때문에, 조직의 환경 적응은 조직

---

13) M. Hannan & G. Carroll (1995), *An Introduction to Organizational Ecology, in Organizations in Industry: Strategy, Structure and Selection*, pp. 17~31 ed. G. Carroll & M. Hannan, Oxford University Press.

14) M. Hanna & J. Freeman (1993), *Organizational Ecology*, Harvard University Press

군의 수준에서 이루어진다는 주장이다.[15)]

조직군 생태론은 조직과 환경의 상호작용 과정에 대하여 몇 가지 중요한 개념들을 도출한다. 구조적 관성, 재생력, 적자생존, 적소 등이 그것이다.

구조적 관성

모든 조직에는 구조적 관성이 존재한다. 구조적 관성이란, 조직이 기존의 형태로 남아 있고자 하는 특성으로, 조직이 변화하지 않는다는 의미가 아니라 환경 변화의 속도에 비해 조직의 대응 속도가 상대적으로 느리다는 것을 뜻한다. Hannan과 Freeman은 구조적 관성이 발생하는 이유를 조직 내 · 외부 차원으로 구분하여 설명하였다.[16)]

구조적 관성
조직이 기존의 형태로 남아 있고자 하는 특성

내부적 차원

조직 내부적 차원에서 그 이유를 살펴보면 첫째, 조직은 기존에 투자한 설비를 쉽게 바꾸거나 버릴 수 없기 때문에 구조적 관성을 갖게 된다. 환경이 변화했다고 해서 막대한 비용을 투자하여 구축한 설비를 쉽게 해체하기는 어려울 것이다.

둘째, 조직 내 존재하는 권력관계 역시 조직의 변화를 방해한다. 조직은 사회적 · 정치적 힘에 의해 움직이는 존재로, 조직 내 기득권의 유지를 위하여 현재 상태를 유지하고 싶은 세력이 존재할 수 있다.

셋째, 조직의 역사와 전통 역시 변화를 거부하게 만든다. 조직의 전통은 오랜 세월을 거쳐 축적되는 것으로 예부터 전해진 조직의 특성이나 구조를 변화시키는 것은 구성원들의 반감을 쉽게 살 수 있다.

---

15) M. Hanna & J. Freeman (1984), "Structural Inertia and Organizational Change," *American Sociological Review*, vol. 49, pp. 149~164.

16) M. Hanna & J. Freeman (1977), "The Population Ecology of Organizations," *American Journal of Sociology*, vol. 82, pp. 929~964.

외부적 차원

외부적 차원은 조직이 변화를 시도하고자 하여도 외부에 존재하는 제약으로 인해 관성이 나타나는 경우로, 첫째 산업에 존재하는 진입장벽으로 인해 관성이 유지된다. 예를 들어, 조직의 환경 변화에 대응하기 위해 새로운 산업으로 다각화를 꾀하려고 해도, 해당 산업에 존재하는 높은 경쟁과 낮은 가격 등의 진입장벽은 다각화의 시도를 무산시킬 수 있다.

둘째, 정부규제 역시 조직이 구조와 운영의 변화를 추구하는 것을 억제시킬 수 있다. 법과 규제 등은 외부환경이 변화하는 속도를 따라잡지 못한다. 때로는 변화한 현실에 맞지 않는 규정이 남아있을 수 있는데, 그렇다고 해서 조직이 그러한 법규를 무시할 수는 없다.

도표 5-8 구조적 관성의 발생

내부적 차원	외부적 차원
• 설비투자 • 권력관계 • 전통과 역사	• 진입장벽 • 정부규제

재생력

재생력
조직이 동일한 제품을 반복해서 생산해낼 수 있는 능력

재생력(reproducibility)은 조직이 동일한 제품을 반복해서 생산해낼 수 있는 능력을 의미한다. 조직의 재생력은 환경에 대한 조직의 신뢰성과 책임성을 높인다.

신뢰성

신뢰성
일정한 품질의 상품을 반복적으로 생산해낼 수 있는 조직의 역량

신뢰성(reliability)은 일정한 품질의 상품을 반복적으로 생산해낼 수 있는 조직의 역량을 뜻한다. 즉, 생산된 모든 제품의 품질이 서로 비슷하며 큰 차이를 보이지 않을 때 신뢰성이 높아진다. 환경의 불확실성이 높을 때에는 조직이 동일한 품질의 결과물을 내놓을 수 있는 것이 매우 유리하게 작용할 수 있다.

책임성

책임성(accountability)은 조직의 행동을 합리적으로 설명할 수 있는 역량이다. 조직이 책임성을 갖는다는 것은 자원의 합리적인 배분과 효율적인 활동을 지속적으로 재구성할 수 있다는 것을 의미한다. 조직의 책임성은 과업수행에 대한 규칙과 절차가 명확하게 구비되어 있을수록 높아진다.

책임성
조직의 행동을 합리적으로 설명할 수 있는 역량

재생력과 구조적 관성

조직이 동일한 제품을 반복적으로 생산해내게 되면 환경에 대한 조직의 신뢰성과 책임성 역시 높아진다. 반복적인 수행으로 일정한 품질을 유지할 수 있는 방법을 알아낼 수 있고, 이를 체계적으로 문서화하여 정리하는 것이 가능하기 때문이다.

신뢰성과 책임성은 환경으로부터 조직에 대한 긍정적인 반응을 이끌어낼 수 있다. 따라서 조직은 신뢰성과 책임성을 높이기 위해 재생력을 유지하려 할 것이고, 이는 다시 구조적 관성의 결과로 나타난다. 조직구조에 있어 핵심적인 변화가 발생하면 조직이 동일한 제품을 지속적으로 생산해낼 수 있는 가능성이 떨어진다. 이는 조직이 환경에 대해 보유하던 신뢰성과 책임성을 잃게 하는 것으로, 조직의 입장에서는 커다란 위협으로 작용할 수 있다.

다시 말해, 조직은 신뢰성과 책임성을 갖기 위해 재생력을 높이려 할 것이고, 이와 같이 기존의 방식을 반복하는 것은 결국 구조적 관성으로 이어진다. 조직군 생태론은 이러한 구조적 관성과 재생력을 바탕으로 조직이 환경과 상호작용하며 환경으로부터 선택받는 과정을 설명한다.

환경의 선택

환경의 선택과 관성

조직군 생태론은 조직의 운명을 결정하는 주체를 환경으로 본다. 환경에 적합한 조직만이 살아남으며, 환경의 선택을 받지 못하면 조직은 소멸하고 만다. 그리고 환경의 선택 과정에서 구조적 관성과 재생력이 주요한 역할을 수행하게 된다.

구조적 관성은 환경이 선택한 결과로 나타난다. 환경의 선택을 받고 생존한 조직은 재생력을 갖추어 그 상태를 유지하고자 한다. 외부환경이 변화하지 않는다면 현상을 유지하는 조직은 계속 살아남을 것이다. 즉, 높은 신뢰성과 책임성을 가진 조직일수록 환경의 선택을 받을 가능성이 큰데, 신뢰성과 책임성은 재생력을 바탕으로 형성된다. 그리고 조직이 재생력을 유지하고자 할 때 구조적 관성이 발생된다. 이러한 과정을 통해 환경의 선택이 구조적 관성으로 이어지는 것이다.

환경의 변화와 경쟁

하지만 환경의 변화에 따라 조직 역시 달라져야 한다. 과거에는 옳았던 방법이 더 이상 통하지 않게 변화할 수 있다. 그런데 환경에게 선택을 받았던 조직은 구조적 관성을 갖는 경향이 있다. 따라서 환경이 변화하더라도 쉽게 그에 맞춰 적응해 나가기가 힘들다. 선택의 결과로서 나타난 관성이, 오히려 조직의 생존에 위협을 끼칠 수도 있는 것이다.

외부환경의 변화는 새로운 조직군의 탄생을 가져오고, 그로 인한 조직군 간의 경쟁이 발생하며, 보다 높은 신뢰성과 책임성을 갖는 조직군이 성과를 달성하며 변화한 환경에서 생존해 남는다. 즉, 치명적인 환경의 변화가 발생했을 때에는, 기존 조직군 내에 존재하는 개별조직들 간의 경쟁보다 새로운 형태로 나타난 조직군 수준에서의 경쟁이 더욱 위협적일 수 있다.

예를 들어, 과거에는 동네 가까운 전통시장에서 매일 장을 보던 것이 일반적이었으나, 맞벌이 부부가 늘어나고 자동차 보유 등 생활패턴이 변화하면서 주말에 대형마트를 이용하는 가정이 늘어났다. 이러한 환경의 변화 속에서 전통시장이라는 조직군을 형성하던 시장들은 전통시장 서로 간의 경쟁보다 대형마트와의 경쟁이 더욱 위협적으로 다가왔을 것이다.

이를 종합하면 구조적 관성과 재생력은 동전의 양면과 같이 조직에게 생존에 유리한 점과 불리한 점을 모두 제공한다. 재생력은 환경으로부터 선택받을 기회를 높이지만, 구조적 관성은 변화된 환경을 따라잡지 못하게 하여 생존을 위협하는 요소로 작용한다. 새로운 조직이 아직 재생력을 갖추지 못하여 환경으로부터 선택받지 못하는 현상을 신생조직의 굴레(liability of newness)라고 한다면, 오래된 조직이 구조적 관성으로 인해 환경 변화에 적응하지 못하고 도태되는 현상을 노후조직의 굴레(liability of obsolescence)라 한다.

생태적 변화 과정

환경이 변화함에 따라 새로운 조직군이 형성되고, 그 상태를 유지하기 위해 관성이 나타나며, 그로 인해 새로운 환경 변화가 나타났을 때 도태되고 마는 일련의 과정이 반복된다. Aldrich는 환경으로부터의 선택과 도태를 반복하며 조직과 조직군이 진화해 가는 과정을 조직군의 생태적 변화 과정(ecological change process)으로 정의하고, 이 과정을 크게 세 단계로 나누어 설명하였다.[17] 환경과 상호작용하며 변화하는 개별조직이 조직군의 수준으로 진화하며 환경에 적응해 나가는 과정을 보여준다.

생태적 변화 과정
환경으로부터의 선택과 도태를 반복하며 조직과 조직군이 진화해 가는 과정

❶ 변동

생태적 변화 과정의 첫 번째 단계는 변동(variation)에 해당된다. 기존에 존재하던 조직형태가 조금씩 수정되거나, 새로운 조직이 유입됨으로써 변동이 발생하기도 한다. 즉, 조직군 수준의 변화는 개별조직의 변화로부터 비롯된다. 이러한 변동은 계획되는 경우도 있고, 인지적 왜곡이나 우연한 사건, 행운, 착오 등에 의해 계획 없이 발생하기도 한다.

17) H. Aldrich (2007), *Organizations and Environments*, Stanford Business Books, Reprint edition

❷ 선택

두 번째 단계에서는 기존의 조직형태와 새롭게 생겨난 조직형태 중 환경의 특성과 적합한 조직구조의 형태가 선택(selection)된다. 이 과정에서는 외부 환경에 가장 잘 적응한 조직이 살아남게 되는 것이다. 환경의 선택은 자연과학에서 말하는 적자생존과 비슷하게 발생하며, 어떠한 형태의 변동이 선택되는가는 전적으로 환경의 기준에 따라 이루어진다.

환경에 의해 특정한 조직구조형태가 선택되어 생존(selective survival)하는 상황이 발생하면, 나머지 조직들은 자신의 생존가능성을 높이기 위해 선택된 조직구조를 모방하는 선택적 확산(selective diffusion)이 일어나기도 한다. 즉, 선택된 조직과 비슷한 조직이 늘어나며 유사한 조직의 집합체인 조직군이 형성되는 것이다.

❸ 보존

선택받은 조직형태는 새로운 환경에 적응하여 잘 보존(retention)되고 이와 유사한 조직들과 함께 제도화 되어 환경 내 지배적인 형태로 남아있게 된다. 이 단계에서는 선택받은 조직구조의 재생력이 높아지며 구조적 관성이 발생하게 된다. 환경이 안정적으로 유지될 때에는 이러한 과정을 통해 새롭게 형성된 조직군이 유지되고 보존되지만, 시간이 지나 환경의 변화가 생기면 또 다시 변동의 단계로 돌아간다.

도표 5-9 조직군의 생태적 변화 과정

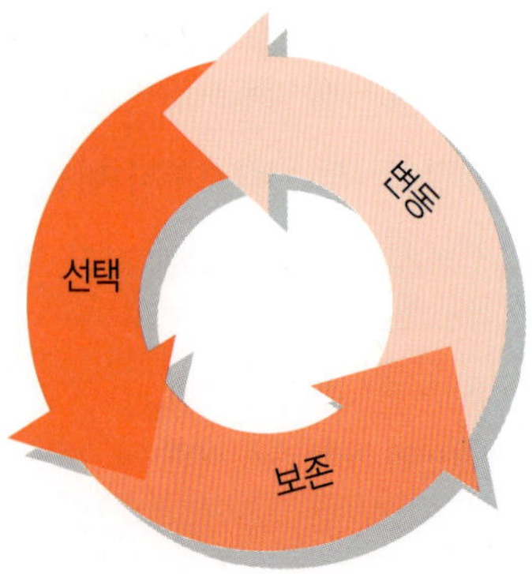

적소

조직이 환경으로부터 선택을 받는 이유는 환경과 조직 혹은 조직군 간의 적합한 관계가 존재하기 때문이다. 따라서 조직이 생존하기 위해서는 변화하는 환경 속에서 자신을 지원해줄 수 있는 적합한 적소를 발견해야 한다.

적소(niche)란 조직의 생존에 영향을 미치는 자원을 제공하거나 제약을 할 수 있는 환경의 일정 영역을 뜻한다.[18] 즉, 적소란 조직을 지원하는 자원의 기반(resource base)이라고 할 수 있다. 환경(environment)은 적소보다 광대한 범위로 조직이 그 전체를 통제할 수 없지만, 적소는 보다 작은 크기를 갖고 조직이 적응해 나갈 수 있는 기회를 제공한다. 하지만 이러한 적소 역시 조직이 완전히 새롭게 창출해낼 수 있는 것은 아니며, 조직은 환경에 존재하는 적소를 발견하여 그에 적합하게 조직의 형태를 적응해나갈 때 환경으로부터 선택을 받을 수 있다.

적소
조직을 지원하는 자원의 기반

다만, 적소를 발견하고 여기에 적응해나간다는 것은 곧 조직이 환경과 상호작용하는 과정에서 스스로 형태를 변화시킬 수 있다는 점을 완전히 부인하는 것은 아니다. 조직군 생태론은 조직 생존에 있어 환경의 영향력을 크게 강조하지만, 조직의 자체적인 변화 역시 어느 정도 수용한다. 대신 조직이 생존을 위해 기울이는 노력은 환경이 요구하는 방향으로 향해야 하며, 그렇지 않을 때에는 환경의 선택을 받지 못하고 도태되어 자연스럽게 소멸된다는 점을 강조한다.

시사점

적소의 개념으로부터 조직이 생존을 위해 어느 정도는 스스로 노력할 수 있음을 확인하였다. 그렇다면 조직이 살아남기 위해 펼칠 수 있는 전략에는 어떠

18) R. Zammuto (1988), "Organizational adaptation: Some implications of organizational ecology for strategic choice," *Journal of Management Studies*, vol. 25(2), pp. 105~120.

한 유형이 있을까? 조직군 생태론은 조직이 생존을 위해 보일 수 있는 두 가지 전략의 유형을 제시한다. 조직은 생존을 위해 스페셜리스트가 되거나 제너럴리스트가 될 것을 선택할 수 있다.[19]

스페셜리스트

스페셜리스트(specialist)는 한정된 범위의 자원을 이용하여 좁은 활동 영역을 갖는 것을 의미한다. 스페셜리스트는 특정한 활동 영역에서 적소를 찾아내어, 해당 적소에 사활을 거는 전략을 택하는 유형이다. 이 경우 핵심자원을 바탕으로 단일시장을 공략하며, 다양한 환경 영역 중 해당 적소의 변화에만 대응을 해 나가는 등 자원의 집중을 꾀함으로써 생존의 확률을 높여가는 전략이다.

제너럴리스트

제너럴리스트(generalist)는 광범위한 환경자원을 이용하여 상대적으로 넓은 활동 영역을 가진다. 제너럴리스트는 조직의 활동 영역을 최대한 넓혀 위험을 분산시키는 유형에 해당한다. 즉, 다양한 산업으로 다각화를 시도하거나 다품종 생산으로 다양한 자원을 활용하며, 특정 영역에서 환경의 변화가 발생하더라도 다른 영역에서 여유자원을 획득할 수 있다면 상대적으로 환경 변화에 안정적으로 대처할 수 있다고 본다.

도표 5-10 생존전략

스페셜리스트	제너럴리스트
• 핵심자원 • 단일시장 • 집중	• 다양한 자원 • 다각화 • 위험의 분산

그러나 조직군의 수준에서 외부환경을 바라보는 조직군 생태론은 조직의 생

---

19) H. Aldrich (1979), *Organizations and Environments*, Prentice-Hall.

존을 결정짓는데 있어 가장 큰 영향을 미치는 요인으로 여전히 외부환경을 간주한다. 조직이 펼칠 수 있는 전략이라는 것도 조직이 자발적으로 환경을 개척해나가는 것이 아니라 변화하는 환경에 맞게 적응해 나가는 것을 중요시한다. 따라서 변화하는 환경 속에서 조직의 생존을 위해서는 환경의 구성과 구조를 이해하고, 외부환경이 변화를 빨리 감지할 수 있는 능력을 기우는 것이 무엇보다 필요하다.

06 필드 수준

필드

필드의 형성

개별 조직단위나 유사한 조직의 집합인 조직군을 넘어서, 필드 수준에서 영향을 미치는 외부환경이 존재한다. 필드(field)란 조직이 활동하는데 직 · 간접적 영향을 미치는 모든 존재의 집합체로, 권한을 위임받아 행사하는 공인기관, 연관성 있는 조직 간의 네트워크, 시장 등을 모두 포함한다.

필드
조직이 활동하는데 직 · 간접적 영향을 미치는 모든 존재의 집합체

Powell과 DiMaggio는 이러한 필드가 형성되는 조건으로 조직의 상호작용이 증가하거나, 조직 간 지배구조와 연합(coalition)이 형성될 때, 소식들이 고려해야 할 정보의 양이 증가할 때 등을 제시하였다.[20] 필드 수준에서 환경을 바라보는 시각은 조직에 영향을 미치는 환경의 특성으로 기술적 환경 이외에 필드 내 존재하는 제도적 환경의 중요성을 강조하기 시작하였다.

제도적 환경

전통적인 시각에서 조직의 환경을 바라볼 때에는 주로 기술적 환경에 집중하여 환경의 특성을 설명해왔다. 기술적 환경(technical environment)은

20) P. DiMaggio & W. Powell (1983), "The Iron Cage Revisited: Institutional Isomorphism and Collective Rationality in Organizational Fields," *American Sociological Review*, vol. 48, pp. 147~160.

자원과 지식 등 경제적 효율성에 영향을 미치는 환경적 요소에 초점을 둔다. 그러나 필드 수준의 환경은 제도적 환경의 중요성을 강조한다. 제도적 환경(institutional environment)은 조직이 환경으로부터 정당성을 획득하기 위해서 반드시 지켜야 할 규범, 문화적 규칙, 가치관 등에 초점을 맞춘다.

즉, 필드 수준에서 환경을 바라보는 시각은 조직이 필드 내에서 생성되는 제도를 받아들여야 함을 강조하고, 이러한 제도적 환경의 요구에 조직이 어떻게 반응하는가에 따라 생존이 달라진다고 설명한다.[21] 제도적 환경과 기술적 환경의 구분은 환경의 다양한 특성 중 조직에게 영향을 미치는 경제적 요인뿐 아니라 규범적 요인의 중요성을 일깨운 의의가 있다.

제도

제도
사회구성원 사이에 존재하는 규범이나 가치체계

필드가 형성되면 필드 내 존재하는 모든 조직들은 서로 상호작용을 통해 제도적 규범, 규칙 등을 형성하게 되고, 이러한 규범은 필드 내에서 당연시 여겨지며 하나의 제도로 자리 잡는다. 제도(institutions)란 사회구성원 사이에 존재하는 규범이나 가치체계에 바탕을 두고 형성되는 복합적인 사회규범의 체계를 의미한다. 제도는 필드 내에서 준수되고 있는 어떤 상태 혹은 특성을 의미하고, 사회적 질서(social order) 혹은 양식(pattern)으로 존재한다.[22]

제도는 공식화된 수준에 따라 필드 내에서 존재하는 형태가 달라지기도 한다. 공식화의 수준이 낮을 때에는 사회구성원 사이에 막연히 인지되는 관습, 사회적 코드, 가치기준의 형태로 나타나지만, 공식화 수준이 높아질수록 반드시 준수해야 할 규칙과 법의 형태로 전환된다.

---

21) A. Bluedorn, R. Johnson, D. Cartwright & B. Barringer (1994), "The interface and convergence of the strategic management and organizational environment domains," *Journal of Management*, vol. 20(2), pp. 201~262.

22) R. Jepperson (1991), "Institutions, Institutional Effects, and Institutionalism," in *The New Institutionalism in Organizational Analysis*, edited by W. Powell & P. DiMaggio, University of Chicago Press, pp. 143~163.

이러한 제도는 크게 두 가지 특성을 통해 필드 내에서 영향력을 갖게 된다. 첫째, 제도는 합리화된 신화(rationalized myth)로 여겨진다. 제도는 사회 전반적으로 널리 받아들여지고 믿어지기 때문에 신화라고 할 수 있으며, 특정 결과를 달성하기 위해 필요한 과정이 구체적인 규칙처럼 나타나기 때문에 합리화되었다고 할 수 있다.[23] 즉, 제도는 기술적 효율성과는 아무런 관계없이 존재하는 일종의 신념으로, 사람들은 '다른 사람들이 그 신념을 합리적이라고 믿는다.'고 믿기 때문에 수용하게 된다.

둘째, 제도는 필드 내 당연시 받아들여지는 경향(take-for-granted)이 있다. 제도는 사회에서 당연하게 받아들이기 때문에 결과적으로 진실이 되어 강력하게 조직을 구성하며, 제도적 압력은 효과성을 달성하기 위한 합리적인 압력이 아니라 전통적인 신념과 일치하기 위해 일어나는 사회적 · 문화적 압력을 형성한다.

제도화

제도화란?

조직은 활동을 수행에 나감에 있어 기술적인 판단기준이 애매모호하거나 제도적 환경으로부터 강한 압력을 느낄 때 그러한 규칙과 규범을 지속적으로 재생산하며 그것을 당연시하여 받아들이는 과정을 거친다. 이와 같이 필드 내에 형성된 제도를 사회적 행동규범으로 수용하고 받아들이는 것을 제도화(institutionalization)라고 한다.

제도화
필드 내에 형성된 제도를 사회적 행동규범으로 수용하고 받아들이는 것

모든 조직들은 정도의 차이는 있으나 거의 대부분 제도의 영향을 받는다. 필드에는 특정 업무 방식이나 과정이 규범화되어 존재하며, 이러한 방식은 모두가 정당하다고 인정하고 받아들이는 제도로서, 조직이 필요한 자원을 획

23) J. Meyer & B. Rowan (1977), "Institutional Organizations: Formal Structure as Myth and Ceremony," *American Journal of Sociology*, vol. 83, pp. 340~363.

득하고 계속 생존해 나아가기 위해서는 이를 반드시 받아들여야 한다. 필드에서 형성된 규범은 조직이 생존을 위해 받아들여야만 하는 외부적 압력으로 존재하며, 이는 곧 제도화가 제도의 합리성 혹은 조직의 의사와는 상관없이 이루어질 수 있음을 뜻한다.

제도화에 대하여 Meyer와 Rowan은 '사회적 과정 · 의무 · 활동 등이 사람들의 사고와 행동에 있어서 법칙과 같은 지위를 획득하게 되는 과정'으로 정의하였고, Zucker는 '조직의 관행이나 패턴들이 발전되고 정당화되어 당연한 것으로 받아들여지는 것'으로 정의하였다.[24) 25)] 한편, DiMaggio와 Powell은 '제도적 힘에 순응하고자 표준이 되는 규칙과 패턴들을 조직들에 확산시키는 과정'으로 보았다.[26)] 특히 Rowan은 제도화 과정을 제도화의 수립단계, 확산단계, 정착단계로 나누어 설명한다.[27)]

제도화 과정

❶ 제도화 수립

제도화의 수립(institutional building)단계는 새로운 제도를 만들어 제도화를 이끌어가는 단계로, 새로운 제도를 수립해가는 힘의 원천은 크게 다음 세 개의 주체로부터 나온다.

첫째, 정부규제 등의 법적 환경이 존재한다. 정부가 새로운 법을 제정하게 되면 조직은 해당 법규를 준수하기 위한 새로운 관행과 구조를 마련하게 된다. 법적 환경은 제도화를 이끌어내는 매우 강력한 힘을 행사하는 요소이다.

24) J. Meyer & B. Rowan (1977), *op. cit*.

25) L. Zucker (1987), "Institutional Theories of Organization," *Annual Review of Sociology*, 13, pp. 443~464.

26) P. DiMaggio & W. Powell (1983), *op. cit*.

27) B. Rowan (1982), "Organizational Structure and the Institutional Environment: The Case of Public Schools," *Administrative Science Quarterly*, vol. 27(2), pp. 259~279.

둘째, 필드 내에 존재하는 다른 조직들 역시 제도화의 수립에 영향을 준다. 예를 들어, 필드 내에 강력한 변화 및 충격이 발생하여 불확실성이 증가할 때, 조직은 필드 내에 존재하는 다른 조직들의 행동을 따라 하는 경향이 있는데 그것이 곧 제도화로 이어지는 것이다.

셋째, 조직의 내부구조 자체 역시 제도화의 원천이 될 수 있다. 조직 내 중대한 인식의 변화로 인해 제도화가 새롭게 수립되기도 하는데, 이러한 인식의 변화는 전문가집단에 의해 형성된 규범에 영향을 받기도 한다.

❷ 제도화 확산

제도화의 확산(institutional diffusion)단계는 두 가지 방법에 의해 발생한다.[28)]

첫째, 조직 간에 존재하는 네트워크가 제도화의 확산을 부추긴다. 필드 내에 존재하는 다양한 조직들은 서로간의 관계를 보다 확고하게 구축하며 일종의 연계 네트워크를 형성한다. 조직들은 네트워크에서 정당하다고 인지되는 제도를 서로 받아들이며 네트워크의 연계를 보다 공고히 한다. 즉, 네트워크는 제도화의 관행을 확산시키는 주요 매체라 할 수 있다.[29)]

둘째, 조직들 간의 모방에 의해 제도화가 확산된다. 네트워크로 연결된 조직이 아니더라도, 특정 조직의 구조와 관행이 정당성을 얻고 사회적으로 성공하는 모습을 보일 때 다른 조직들은 그 조직의 행동을 따라 하게 된다. 이러한 모방을 통해 제도화가 널리 확산될 수 있다.

❸ 제도화 정착

제도화의 정착(institutional stabilization)단계는 오랜 시간에 걸쳐 제도화

28) G. Davis (1991), "Agents without principles? The spread of the poison pill through the intercorporate network," *Administrative Science Quarterly*, vol. 36, pp. 586~613.

29) P. DiMaggio (1986), *Nonprofit Enterprise in the Arts*, Oxford University Press.

가 지속되며 일어난다. 반복적으로 재생산되면서 사회적으로 안정적인 지지를 획득한 제도는 필드를 구성하는 모든 구성원에게 학습되어 가치 있고 의미 있는 규범으로 정착하게 된다.

도표 5-11 제도화 과정

제도화 수립단계	제도화 확산단계	제도화 정착단계
• 법적 환경 • 필드 내 조직 • 조직의 내부구조 변화	• 네트워크 • 모방	• 반복 재생 • 학습된 규범

제도화에 대한 학자들의 정의에는 몇 가지 공통점이 존재한다.

첫째, 제도화란 효율성이나 객관성에 의한 것보다는 제도에 따른 신념이 부여되는 과정이다. 제도를 받아들이는 것이 조직의 기술적 효율성을 높이는 것과 아무런 관계가 없다 하더라도 제도를 받아들이는 것이 옳다고 생각되는 막연한 믿음 혹은 압력에 의해 채택된다고 본다.

둘째, 제도에 의해 조직의 관행 혹은 패턴이 형성되고 확산된다는 것을 알 수 있다. 동일한 필드 내에 존재하는 조직은 서로 유사한 제도적 환경에 노출된다. 필드 내에 있는 모든 조직들이 제도적 환경의 요구사항을 받아들이게 되면 모든 조직은 필드 내에 존재하는 제도와 비슷한 관행과 구조를 형성하게 된다. 즉, 제도화는 필드 내 유사한 관행과 구조의 확산을 이끌어 낸다.

동형화

동형화
제도적 규범을 받아들임으로써 조직들이 제도적 환경과 유사해지는 것

제도화 과정에서 동일한 제도적 압력을 받는 조직들은 서로 유사한 모습을 띄게 된다. 동일한 제도를 받아들임으로써 동일한 관행과 구조, 패턴이 발생하기 때문이다. 이와 같이, 제도적 환경에서 형성된 제도적 규범을 받아들임으로써 조직들이 제도적 환경과 유사해지는 것을 동형화(isomorphism)라 한다. DiMaggio와 Powell은 동형화의 유형을 크게 세 가지로 구분하여 설명한다.[30)]

30) P. DiMaggio & W. Powell (1983), *op. cit*.

강제적 동형화

강제적 동형화(coerceive isomorphism)는 법, 규정 등에 의해서 혹은 다른 조직에 예속됨으로써 상위조직에 의하여 강제로 제도적 규범을 받아들이는 경우에 해당된다. 이러한 강제적 압력은 정부, 모조직에 의한 공식적 압력뿐만 아니라 사회 전반적으로 공유되고 있는 문화적 기대 등과 같이 비공식적 압력으로부터도 발생된다. 예를 들어, 정부가 환경규제에 대한 법률을 제정하면, 제조업체가 환경오염을 방지하기 위한 기술을 채택하는 것이 여기에 해당된다.

모방적 동형화

모방적 동형화(mimetic isomorphism)는 제도적 규범을 받아들인 다른 조직들을 모방함으로써 제도적 환경에의 동형화가 이루어지는 것을 말한다. 모방적 동형화는 특히 기술이 모호하거나 조직의 목표가 불명확할 때, 또는 환경의 불확실성이 높을 때 그러한 불확실성을 제거하기 위한 목적으로 다른 조직을 모델로 삼아 이루어진다. 이는 비용을 거의 들이지 않고서도 가시적인 해결책을 제공해주는 이점이 있다.

규범적 동형화

규범적 동형화(normative isomorphism)는 전문화에 의해 제도적 규범을 받아들이는 것을 의미하는 것으로, 규범적 동형화가 일어나는 과정에는 교육기관이나 전문가 사회 등이 중요한 역할을 한다. 전문가들은 권력을 유지하기 위해 자신이 가지고 있는 가치를 조직에 전이하는 경향이 있기 때문이다.

도표 5-12 **동형화의 유형**

유형	특징
강제적 동형화	정부, 모기업의 압력
모방적 동형화	선발주자의 성공적인 관행과 구조
규범적 동형화	전문가에 의해 형성된 규범

정당성

정당성이란?

조직은 제도적 환경에의 동형화를 통해 조직의 존재 이유에 대한 정당성을 획득한다. 제도적 환경에서 형성된 규칙 혹은 규범들은 당연시 여겨지는 사회적 규범으로 작용하여 조직은 외부환경으로부터 자원을 획득하기 위해 제도적 규범을 받아들여야만 하며, 그러한 제도를 수용하는 것이 조직의 정당성을 높여준다.[31)]

정당성
조직이 일반적이고 바람직하며 적절하다고 여겨지는 정도

정당성(legitimacy)이란 제도적 환경에서 당연시 여겨지는 사회적 규범과 가치의 기준으로 보았을 때 조직이 일반적이고 바람직하며 적절하다고 여겨지는 정도를 일컫는다.[32)]

즉, 조직은 필드 내 존재하는 제도를 받아들여 제도적 환경과 동형화 됨으로써 환경으로부터 정당성을 부여받는다. 정당성은 개개의 조직에 의해 통제되거나 조작될 수 있는 것이 아니라 제도적 환경에 의해 결정되는 것이다. 따라서 제도적 규칙과 규범을 받아들이는 정도, 제도화의 정도에 따라 조직의 정당성은 증가하거나 감소한다.

필드에서 정당성을 획득하는 것은 합리성과 효율성을 바탕으로 하지 않음에도 불구하고 조직의 생존에 기여하는 주요한 요인으로 작용을 할 수 있다. 아무리 합리적이고 효율적으로 조직을 운영하려고 하여도, 조직이 속해 있는 사회구성원들의 가치관과 기대를 저버리고서는 조직의 생존 자체가 어렵기 때문이다.

---

31) R. Scott (1991), "Unpacking Institutional Arguments," in P. DiMaggio & W. Powell (1991), *The New Institutionalism in Organizational Analysis*, The University of Chicago Press

32) M. Suchman (1995), "Managing Legitimacy: Strategic and Institutional Approaches," *Academy of Management Journal*, vol. 20(3), pp. 571~610.

특히 조직은 생존을 위해서 외부환경으로부터 필요한 자원을 획득해야 하는데, 자원획득 행위 및 과정에 있어 제도적 환경에서 당연시 받아들여지는 규범에 순응함으로써 사회적 승인과 정당성을 얻게 되며, 그에 따라 생존에 필요한 지원과 보상을 받게 된다. 자원의 획득이 조직성과에 영향을 미친다고 가정할 때, 제도적 환경에의 동형하로 회득하는 조지정당성은 조직성괴와 매우 밀접한 관계를 갖는다고 할 수 있다.

때로는 제도적 환경과 일치를 이루는 것이 기술적인 합리성에 의존하는 것보다 더 많은 정당성을 부여할 수도 있다. 조직이 제도적 환경과 닮아가며 서로 유사한 모습을 갖게 되면, 사회적 인식의 격차가 좁혀지며 서로 비슷한 시각으로 문제를 인지하고 의사결정을 하게 된다. 그에 따라 필드에서 당연시 여겨지는 제도를 최대한 받아들인 조직이 가장 정당한 조직으로 인식되고, 이러한 결과가 다른 조직에게 귀감이 되면서 더더욱 강한 정당성으로 자리 잡게 되는 것이다. 따라서 조직은 장기적으로는 합리성이 떨어지게 되더라도 제도적 환경에 적합한 구조, 절차, 규범 등을 채택하게 된다.

정당성의 유형

조직이 환경으로부터 획득할 수 있는 정당성의 유형은 실용적 정당성, 도더적 정당성, 인지적 정당성으로 구분된다.[33]

❶ 실용적 정당성

실용적 정당성(pragmatic legitimacy)은 조직과 밀접한 관계를 맺는 이해관계자가 기대하는 가치를 받아들여 조직이 구조와 운영 방식을 맞춰갈 때 얻을 수 있는 정당성이다. 조직과 밀접한 관련을 맺고 있는 이해관계자들은 조직의 행동이 가져올 결과가 자신에게 미칠 영향을 통제하기 위해 조직을 면밀히 감시하고, 때로는 자신들이 원하는 방향으로 조직이 움직이도록 요구

33) M. Suchman (1995), *op. cit*.

를 하기도 한다. 그러한 요구에 부합하여 이해관계자로부터 바람직하다는 평가를 얻을 때 조직은 정당성을 획득하며 이익을 추구할 수 있다.

❷ 도덕적 정당성

도덕적 정당성(moral legitimacy)은 조직과 조직의 행동에 대하여 사회적으로 올바르다고 인식되는 규범적인 평가를 반영하는 개념이다. 즉, 실용적 정당성이 조직과 직접적인 관계를 갖는 관계자의 이해관계를 대변할 때 발생한다면, 도덕적 정당성은 윤리규범과 같이 사회에 존재하는 긍정적 가치판단 기준에 회귀할 때 부여된다. 이는 조직이 직접적인 이해관계를 갖는 존재 이외에 공공의 가치관과 규범에도 영향을 받아 궁극적 성과가 달라질 수 있음을 보여준다.

❸ 인지적 정당성

인지적 정당성(cognitive legitimacy)은 어떤 특정한 이해관계나 도덕적인 평가가 아니라 자연스럽게 인지되는 것이라 할 수 있다. 즉, 도덕적으로 올바르거나 이해관계에서 발생하는 요구에서 비롯되는 것이 아니라, 사회에서 상식적이고 당연한 것으로 여겨지는 것을 따를 때 부여되는 정당성이다. 조직의 구조나 관행이 바람직한 가치를 제공하는 것은 아니나, 필드 내에서 자연스럽고 어울리는 모습으로 존재할 때 획득된다.

도표 5-13 정당성의 유형

유형	특징
실용적 정당성	이해관계자의 요구에 부합
도덕적 정당성	사회적으로 올바르게 여겨지는 규범에 회귀
인지적 정당성	자연스럽고 어울림

분리

자원의 획득과 생존을 위하여 제도적 압력을 받아들이는 것은 때로 조직의 생존을 위해 효율성을 담보하는 결과를 가져오기도 한다. 제도화가 요구하는 바가 조직의 특수성 및 기술적 합리성과 모순될 수 있기 때문이다. 조직은 제도화된 규칙과 규범을 받아들이기 위해 불필요한 구조나 비효율적인 과정을 형성할 수 있고, 때로는 다양한 제도적 환경이 서로 상충되거나 모순될 수 있으며, 필드 내 일반적인 제도와 조직이 처한 특수상황이 서로 맞지 않을 수 있다. 이러한 경우 제도적 환경에 대한 조직이 동형화는 조직구조에 있어 마찰 요인을 증가시키게 된다. 제도화를 위해 설치된 부분과 조직의 목표달성 기능을 수행하는 부분이 서로 모순되어 갈등이 발생하는 것이다.[34)]

이러한 갈등의 문제를 해결하는 방식으로, 조직은 분리에 의한 느슨한 결합(loose coupling)의 구조를 사용하기도 한다. 분리(decoupling)란, 외부로 표출되는 공식구조는 제도적 기대에 순응하는 방식으로 따르는 한편, 조직의 실제 활동기능은 조직이 당면한 기술적인 여건에 맞게 구성하여 제도로부터 분리되는 것을 뜻한다. 즉, 필드에서 정당화된 제도가 조직가치에 상반될 때, 제도를 채택한 것처럼 가시적 부문에서의 변화를 통해 외부에 보여주는 형태이다. 이러한 분리 현상이 나타나는 것은 조직의 효율성이 제도에 반한 경우라 할지라도 조직은 제도화의 압력으로부터 자유로울 수 없음을 뜻한다.

---

34) R. Scott(2006), *Organizations: Rational, Natural, and Open Systems*, 6th Editions, Prentice-Hall.

토의

01 조직에게 영향을 미치는 새로운 환경 섹터에 대해 토의하시오.

02 "조직은 살아남기 위해 환경이 요구하는 대로 변화해야 한다."라는 주장에 대해 찬성 혹은 반대의 의견을 제시하시오.

03 동형화를 이룬 조직이 얻게 될 효과에 대하여 토의하시오.

CHAPTER
06

내부환경: 조직문화

학 | 습 | 목 | 표

- 문화의 개념적 특징에 대해 파악한다.
- 조직문화의 순기능과 역기능에 대해 이해한다.
- 조직문화의 형성과 유지 방법에 대해 파악한다.
- 조직문화의 다양한 이론에 대해 이해한다.
- 조직문화의 유형에 대해 파악한다.
- 기업의 조직문화 사례에 대한 시사점을 이해한다.

CHAPTER 06

내부환경: 조직문화

01 조직문화의 이해

문화의 개념

조직문화
조직구성원이 공통적으로 느끼는 가치관, 신념, 관습

문화란 용어는 100여 년 전 인류학에서부터 시작된 개념으로 그 후 사회학, 경영학 등의 학문 영역으로 전파되어 왔으나 본 장에서는 조직 내의 문화에 한정하여 살펴보도록 한다. "조직문화"란, 조직구성원이 갖는 공통된 인식을 의미한다. 즉, 조직구성원이 공통적으로 느끼는 가치관, 신념, 관습 등을 총칭하는 것이다.

개인마다 각기 다른 개성과 성격, 풍기는 분위기 등이 있듯이 조직 역시 그 조직만이 가지고 있는 특성과 분위기가 있다. 국내 대기업 임 · 직원들은 흔히 ㅇㅇ맨이라고 불리우는 자신들만의 확고한 이미지와 느낌을 가지고 있고, 어떤 기업을 통칭하여 '관리의 ㅇㅇ', '인화의 ㅇㅇ' 같은 말들을 언급하는 것은 모두 조직문화를 비유적으로 표현한 것이라 할 수 있다. 다른 사람에 대해 제대로 이해하기 위해서는 상대방의 성격과 개성을 파악하는 것처럼, 어느 한 조직을 제대로 파악하기 위해서는 해당 조직의 조직문화를 아는 것이 무엇보다 중요하다.

조직문화의 특징

조직문화는 다음과 같은 몇 가지 개념적 특징을 가진다.

❶ 공유된 가치

조직문화는 구성원들 상호간의 학습 과정을 통하여 공유되는(shared) 가치관, 상징물, 그리고 이상(ideals)이다. 따라서 서로 공감대가 형성되어야 하고 상호교류를 할 수 있는 것이어야 한다. 조직이 추구하는 가치는 궁극적 가치와 수단적 가치로 구분할 수 있다. 궁극적 가치(terminal value)는 목표, 결과, 성과와 관련된 가치로, 조직이 무엇을 추구하는가를 보여준다. 그에 비해 수단적 가치(instrumental value)는 업무를 수행하는 과정, 방법, 행동과 관련된 가치로, 어떻게 일을 하는가를 설명한다.

❷ 강한 문화와 약한 문화

구성원들 간의 결집의 정도에 따라 강한 문화와 약한 문화로 나눌 수 있다. 응집력이 강하고, 가치관이 통일되어 있으며 집단목표에 대한 구성원들의 몰입이 강한 경우에는 강한 문화가 발생하며 그렇지 않을 경우에는 약한 문화가 나타날 수 있다.

❸ 공통성과 상이성

한 조직의 문화는 공통성이나 상이성을 동시에 갖는다. 즉, 조직 전체 차원에서 구성원들 간에 공통적 가치관, 신념, 행동양식 등을 발견할 수 있지만 동시에 부서나 본부와 같은 하부조직들도 나름대로의 문화적 특성을 가질 수 있다.

❹ 지속성과 안정성

조직문화는 행동의 일정한 양식이기 때문에, 다른 조직 특성처럼 갑작스런 반전은 없고 변하더라도 서서히 변하는 것이 일반적이다. 즉, 지속성과 안정성을 가지게 된다. 조직문화는 구성원들의 인식과 관련된 것이기 때문에 한번에 변화시키는 것은 불가능하지만, 그렇다고 해서 한번 형성된 문화가 절대 변화하지 않는 것은 아니다. 오랜 시간 동안 지속적인 노력을 통해 조직문화를 변화시키는 것 역시 가능하다.

02 조직문화의 기능은 무엇인가?

조직문화의 순기능

오늘날 조직문화의 중요성은 이미 입증되었다. 언론에서는 "가장 일하고 싶은 회사"나 "신바람 나는 조직문화를 가진 회사"의 리스트를 조사하기 시작했으며, 상위권에 오른 회사들은 그 어느 때보다 사람들에게 높게 평가되어진다. 따라서 많은 조직들이 바람직한 조직문화를 형성하고 싶어 한다. 그렇다면 이처럼 중요시 여겨지는 조직문화는 조직 내에서 구체적으로 어떤 역할을 하고 있는 것일까? 먼저 조직문화의 순기능을 알아보자.

조직 정체성

조직문화는 기업 내의 구성원에게 일체감(identity)과 정체성(sense of identity)을 부여한다. 즉, "나는 ㅇㅇ맨이다"라거나 "나는 어디에 속해있다"는 정체성을 갖게 한다. 이와 같은 일체감과 정체성은 외부 상황이 급변할 때 조직구성원의 결속력을 강화시켜 주고 일체화된 조직으로 뭉치게 하는 역할을 한다.

통제 메커니즘

조직구성원들의 태도와 행동을 지도하고 조성하는 통제 메커니즘으로서의 기능을 수행한다. 이러한 메커니즘은 일반적으로 특별한 문제가 없는 경우 평소 해왔던 방식으로 일을 처리하도록 하며, 또한 위기 상황에 닥쳤을 때에는 공유된 문화가 해야 할 것과 하지 말아야 할 것에 대해 해답을 제공해 준다. 이러한 해답은 결국 조직 전체의 안정성을 높여주는 역할을 하게 된다.

조직 몰입

조직문화는 구성원들이 개개인의 이익보다는 조직이익에 헌신하는 것을 가능하게 한다. 즉, 조직 전체에 몰입도(commitment)를 높이게 한다. 조직의 몰입도란 조직구성원이 조직에 대해 갖게 되는 충성심과 조직의 목표를 달성하기 위해 자신의 모든 노력과 능력을 기꺼이 바치고자 하는 마음 자세를 의미하는데, 일단 조직에 소속하게 되면 시간이 지남에 따라 동질감을 느끼게 되고 공유의식과 문화의 수용은 집단의 번영 내지는 영속적 활동을 위해 전념하도록 만들어 준다.

조직문화의 역기능

문화에는 "좋은 문화"와 "나쁜 문화"가 있을 수 없다. 그 나름대로 각각의 특성이 있는 것이다. 그렇다고 하여, 조직문화가 조직에 항상 좋은 영향만을 미치는 것은 아니다. 때로는 조직문화가 아래와 같은 부정적인 영향력을 행사하기도 한다.

변화의 제약

조직을 둘러싼 환경은 하루가 다르게 빠르게 변하고 있다. 그런데 조직문화는 몇 십 년 전과 다름없이 동일하다면 분명히 문제가 있는 것이다. 특히 강한 문화일수록 변화에 민감하지 못한데, 이때 강한 문화란 '핵심가치가 확고하고 넓게 공유되어있는 문화'를 의미한다. 좀 더 구체적으로 살펴보면, 강한 문화는 모든 조직구성원들의 몸에 배어있으며, 그 특성이 꾸준히 지속된다. 강한 문화를 가졌다고 하여 모두 나쁜 것은 아니다. 조직문화가 강하면 하나의 확고한 규범이 되어 경영자나 임원들이 크게 신경 쓰지 않아도 조직구성원들을 잘 관리하는 역할을 담당한다. 그러나 강한 문화는 조직구성원들에게 해야 하는 일과 해서는 안 될 일 등을 분명하게 제시하기 때문에 창의적 사고를 가로막기도 한다. 즉, 융통성이 없고 변화에 유연하게 적응하지 못하는 조직을 만드는 것이다.

다양성의 제약

대부분 강한 문화는, 스스로 받아들일 수 있는 가치와 스타일 범위를 한정지어 놓고, 모두에게 이를 똑같이 적용하려는 경향이 있다. 예를 들어, 한 회사에 신입직원이 새로 입사했다고 하자. 이 회사는 직원들이 정장을 입고 근무하는 것이 일반적이다. 그런데 신입직원이 청바지를 입고 출근하자 상사와 다른 직원들이 눈살을 찌푸리며 못마땅해 하였다. "자네는 왜 정장을 입지 않는 거지? 우리 회사에 무슨 불만이 있나?" 신입직원은 그것이 단지 "취향이나 개성"의 문제라고 애써 설명하였지만 받아들여지지 않는다. 이럴 경우 신입직원이 선택할 수 있는 방법은 2가지뿐이다. 첫 번째는 본인이 원하지 않지만 정장을 입는 것이며, 두 번째는 회사를 그만두는 일이다.

인수 · 합병 시 제약

최근에는 회사들 간 인수 · 합병이 매우 빈번히 이루어지고 있다. 이때 두 회사의 문화가 유사하다면 별 문제가 없겠으나, 큰 차이가 있다면 문제가 발생하게 된다. 실제로 예를 들어 살펴보자. 일본의 미쓰비시와 혼다는 각각 독특한 조직문화를 가진 회사들로 소문이 나 있다. 두 회사는 서로의 회사로부터 벤치마킹 하기 위해 20여 명의 사원들을 뽑아 상대편 회사에 가서 일정 근무기간 동안 일하며 배우는 제도를 만들었다. 그런데 처음에 정했던 일정 기간이 끝나고 원래의 회사로 돌아왔을 때, 두 회사는 모두 놀라고 말았다. 각각 상대회사에 파견 나가 일했던 미쓰비시와 혼다 직원들은 모두들 소화불량으로 고생을 하고 있었던 것이다. 혼다 직원들은 혼다에 있을 때에는 자유로운 분위기 속에서 편하게 근무를 했었다. 정해진 휴식시간이 아니더라도 마음이 맞으면 차를 마시면서 대화를 하거나 부서 또는 팀별로 점심시간에 맛있는 집을 찾아가 회식을 즐기기도 하였다. 그런데 격식과 규칙이 많고 정해진 시간스케줄에 맞추어 움직이는 미쓰비시의 조직문화 속에서 적응하기에 어려움을 느껴 신경성 위염에 걸린 것이다. 한편, 미쓰비시 직원들 역시 혼다의 조직문화에 제대로 적응하기가 힘들었다. 철저한 시간관리와 규칙적인 생활에 젖어 있다가 혼다에 가니, 자유시간도 많고 수시로 커피나 음료수를 마시게 되어 자연스럽게 소화불량에 걸린 것이다.

미쓰비시와 혼다의 예처럼, 업무 방식과 스타일이 완전히 다른 A회사와 B회사가 짧은 시간 내에 합병할 경우, 문화로 인한 심각한 문제가 발생할 수 있으며, 결과적으로 두 회사의 생산성에도 좋지 않은 영향을 미칠 수 있다. 따라서 상당기간 동안 두 회사 모두 서로의 문화에 적응하기 위해 많은 노력을 기울여야 할 것이다.

03 조직문화의 형성과 유지

조직문화는 외부환경에 적응, 내부에서의 통합뿐만 아니라 조직의 역사를 통한 경험과 여기에서 파생된 전통에 의하여 오랜 기간에 걸쳐 형성된 것이다. 따라서 조직문화는 하루아침에 형성되거나 만들어질 수 없다. 오랜 시간을 거쳐 눈에 보이지 않게 만들어지는 것인 만큼, 한 번 조직문화가 형성되면 쉽게 사라지지도 않는다. 조직문화가 형성되는 데에 영향을 미치는 여러 가지 요인들은 어떤 것들이 있으며, 어떤 프로세스를 통해 조직문화가 성장되는지를 살펴보도록 한다.

조직문화의 형성

초기의 조직문화는 조직설립자의 철학에서부터 시작된다. 조직설립자의 철학은 조직구성원을 채용할 때의 선별기준에 큰 영향을 미치며, 그는 이러한 선별기준을 토대로 자신의 사고 방식과 행동 등이 유사한 사람을 고용한다. 그 다음 단계에서는 사회화 과정이 진행되는데, 이미 조직 내에 들어와 있던 조직구성원들이 이후 채용되는 신입직원들에게 자신들의 생각과 느낌을 주입시키고 동화시킨다. 그리고 최고경영자는 조직 내에서 직접 행동을 보여줌으로써 조직구성원들에게 무언(無言)으로 규범과 규칙을 제시한다. 이제, 단계별로 구체적인 내용을 살펴보자.

사회화 과정
이미 조직 내에 들어와 있던 조직구성원들이 이후 채용되는 신입직원들에게 자신들의 생각과 느낌을 주입시키고 동화시키는 과정

도표 6-1 조직문화의 형성

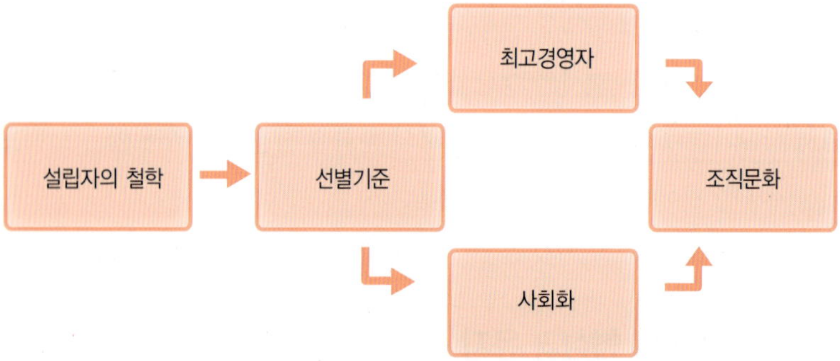

조직문화의 형성 과정

❶ 설립자의 철학

조직의 초기 문화 형성에 제일 중요한 영향을 미치는 것이 바로 조직설립자의 철학이다. 조직설립자의 행동 자체는 하나의 중요한 역할모델(role model)로 작용하게 된다. 회사설립자의 행동 하나하나가 조직구성원들을 하나로 묶어주어 신념, 가치관 등을 습득하게 한다.

❷ 선별기준

선별기준을 가지고 채용 과정을 거치는 주요 목적은, 조직 내에서 성공적으로 일을 수행할 수 있는 지식, 기술, 능력을 갖춘 사람을 식별해서 고용하는 데에 있다. 또 한편으로는, 이미 형성되어 있는 조직 내 문화에 잘 적응할 수 있는 사람인지를 판단하는 잣대로도 사용된다. 직무–개인 적합 (job–person fit) 뿐 아니라, 조직–개인 적합(organization–person fit) 여부가 주요 검증대상이 된다.

❸ 최고경영자의 행동

최고경영자의 행동 역시 조직문화에 중요한 영향을 미친다. 최고경영자의 언행을 통해, 임원들은 조직 내 규범을 형성해 나간다. 최고경영자의 행동을 모델로 하여, 위험을 감수하는 수준과 한계는 어디까지로 해야 하는지, 조직구성원들에게 허용되는 자유는 어느 정도인지가 결정된다. 또한 적절한 복장에 대한 기준과 승진/보상을 받을 만한 성과와 행동은 어떤 것들인지 등에 대한 규범이 만들어지는 것이다.

❹ 사회화

사회화 과정은 크게 사전기대, 충돌, 변이 3단계를 거친다. 대부분의 사람들은 특정 조직에 소속되기 전, 조직에 대한 이미지, 직장생활에 대한 상상 등 사전 기대를 갖게 된다. 아직 해당 조직의 신념, 가치관 등을 완전히 이해하지 못한 상황에서 저마다의 기대치를 형성하는 것이다. 그러나 시간이 지나며 조직 가치관을 습득하게 되고, 이 과정에서 현실과 기대의 차이를 느끼며 충돌하게 된다. 이러한 충돌을 최소화하며 신입사원의 가치관과 조직의 가치관을 잘 일치시키고 적응시키는 변이 과정을 거쳐 사회화가 이루어지는 것이다. 사회화가 성공적으로 이루어지면 생산성이 높아지고 조직구성원의 몰입이 높아지는 긍정적 결과가 나타나지만, 현실과 기대의 차이를 좁히지 못하는 경우 이직, 태업 등의 부작용이 나타나기도 한다.

도표 6-2 **조직문화의 사회화 과정**

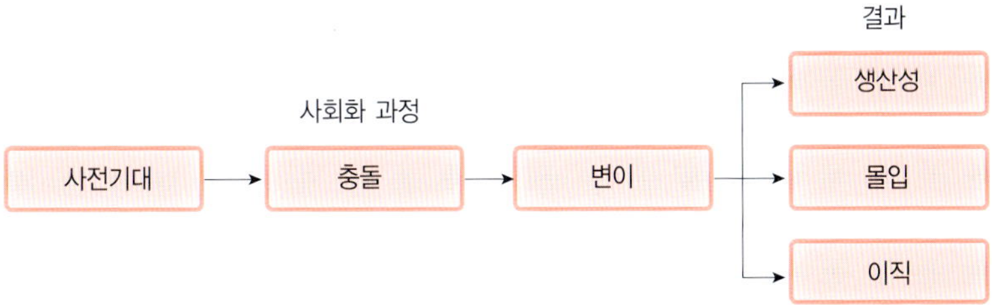

조직문화의 유지

조직에 채용되어 들어온 지 얼마 되지 않은 신입사원들은 당연히 조직의 신념, 가치관 등을 완전히 주입하지 못한 상태이다. 신입사원들은 아직까지 조직의 문화에 대해 친근감을 느끼지 못하는 것이 당연하므로, 이들이 조직에 잘 적응할 수 있도록 도와주어야 한다.

04 조직문화의 확인

조직문화는 조직구성원이 공통적으로 느끼는 가치관, 신념, 관습 등을 의미하기 때문에 해당 조직의 구성원이 아니면 그 특성을 알아내기 쉽지 않다. 일반적으로 인공적 창작물을 통해 해당 조직의 문화를 확인하고 해석하게 되는데, 대표적인 조직문화 해석의 도구들은 의례와 의식, 이야기, 상징, 언어와 같은 인공물을 통해 간접적으로 그 조직의 문화를 이해할 수 있다. 또한, 거꾸로 생각하면, 이들 인공물을 통해 조직문화를 조성하고 파급시킬 수 있다.

의례와 의식

의례
조직생활에서 행위를 가이드하는 규칙

조직에서 중요하게 여기는 가치(value)를 극적으로 표현하기 위해 활용되는 의도적이고 계획적인 활동들을 의미한다. 의례란 조직생활에서 행위를 가이드하는 규칙으로 습관과 같이 일상적이고 당연한 것으로 간주되는데 반해, 의식이란 예외적인 것으로서 문화를 전시하고 조직 성원들에게 기억할 만한 경험을 제공하는 것이다.

어느 조직이나 그 조직 특유의 의례나 의식이 있으며 대표적인 예로는 보험회사나 자동차회사에서 매년 판매왕을 뽑아 높은 성과를 올린 영업사원을 포상하는 행사를 진행한다. 그런 행사나 의식들은 조직에서 중요하게 생각하는 핵심가치와 경영철학을 반영하고 이를 조직구성원과 같이 공유하고자 한다. 의례나 의식이 매년 특정한 행사로써 반복되게 되면 조직구성원에게 조직의 핵심가치를 깊이 뿌리 내리게 하는 촉진제 역할을 하게 된다.

의례와 의식은 크게 네 가지 유형으로 구분된다. 첫째, 통과의례는 신입사원 혹은 새로운 역할을 수행하게 된 사람들에게 새로운 가치관을 전수하기 위한 의례로, 신입사원 오리엔테이션, 승진 축하 파티 등을 예로 들 수 있다. 둘째, 고양의례는 우수한 성과를 낸 직원의 위상을 높이는 시상식과 같은 형태로, 회사에서 가치 있게 여기는 행동 혹은 성과를 구성원들에게 전달하는 의의가 있다. 셋째, 개선의례는 조직의 프로세스나 기능을 개선하기 위해 조직개발 활동을 수행하는 것으로, 워크샵, 세미나 등이 해당되며, 넷째, 통합의례는 구성원들의 공동체 의식을 형성하고 화합의 장을 펼치는 축제, 체육대회 등 행사를 예로 들 수 있다.

도표 6-3 의례와 의식의 유형

유형	예	내용
통과의례 (passage)	오리엔테이션, 승진 축하 모임	새로운 역할이나 지위에 빠르게 적응하게 하는 행사
고양의례 (enhancement)	우수사원 시상식, 판매왕 시상식	높은 성과 직원의 위상을 높이고 조직의 가치를 전달하는 행사
개선의례 (renewal)	워크샵, 세미나	조직의 프로세스나 기능을 개선하기 위한 활동들
통합의례 (integration)	축제, 체육대회, 화합의 밤	구성원들의 공동체 의식을 높이기 위한 조직화합의 마당

이야기

실제적인 사건에 기반을 둔 대부분 영웅적인 인물에 대한 이야기로 조직 내 전해오는 신화적 상황에 대한 묘사이다. 이러한 이야기는 조직구성원들이 공유하고 있으며, 신입 직원들이 들어오면 조직을 설명하기 위해 말해주는 실제 사건에 대한 경험담을 의미한다.

이야기
영웅적인 인물 · 신화적 상황에 대한 묘사

방어진 모래 백사장 사진 한 장, 5만분의 1 지도, 그리고 오백원짜리 지폐에 그려진 거북선을 보여주면서 한국이 이런 철갑선을 만들었던 민족이었다는 것을 어필하며 조선소도 없이 거대한 규모의 선박 수주를 따왔다는 고 정주영 현대그룹 명예회장의 이야기는 대표적인 현대그룹의 신화로 기억되고 있다.

소프트뱅크의 창립자 손정의 씨가 회사를 만든 지 얼마 되지 않았을 때였다. 그는 허름한 창고에 아르바이트생 3명을 앉혀놓고 사과박스 위에 올라서서,

"우리 회사의 내년 매출은 몇 조에 이를 것이며……"라고 했다. 이와 같은 전설적인 이야기들이 여기저기 회자되면서 조직 특유의 문화를 만들어 낸다. 소프트뱅크 직원이라면 손정의 씨의 황당하기까지 한 배포를 생각하며 과감하고 도전적인 자세를 가질 수 있고, 이는 소프트뱅크 조직문화를 리스크에 우호적인 것으로 만들어 가게 된다.

이야기의 원천은 기업문화의 가치를 구현한 사람들로서 구성원들이 따라야 할 행위모형을 제시한다. 창업자와 같은 타고난 영웅과 기업 자체가 만들어 내는 모범사원과 같은 만들어진 영웅이 이야기가 된다.

상징

상징
조직의 물리적 창작물

조직의 물리적 창작물로서 조직 속에 깊이 자리 잡고 있는 가치관을 상징한다. 넓은 의미에서는 의례와 의식, 이야기, 언어, 슬로건 등을 포괄하는 것이 상징이다. 상징의 대표적인 예는 기업이미지 통합(CI: Corporate Identity)이다. 기업이미지 통합이란 해당 기업의 이미지를 일관성 있게 통합운영 관리하기 위한 전략적인 시각 커뮤니케이션을 말한다.

도표 6-4 기업 CI

언어

대부분의 조직들은 그 조직 내에서만 쓰이는 독특한 약어나 은어가 있다. 그 은어를 알아듣는 사람들끼리는 '우리'라는 생각이 자연스럽게 형성되고 소속감을 높인다.

언어
조직 내에서만 쓰이는 독특한 약어나 은어

죽어가는 공룡 기업 IBM을 살리기 위해 부임했던 "Turnaround artist" 루 거스너는 IBM에서만 통용되는 '언어'를 완전히 새로 익혀야만 했다. "big iron"이 메인 프레임 컴퓨터를 가리키는 말이라든지, "Hypo"가 'High-potential employee'를 가리키는 말이라는 것 등을 배워야 했다.

이렇게 특정 조직 내에서만 통용되는 독특하게 발달된 언어가 조직문화 조성에 기여를 한다. 그 언어들을 자연스럽게 사용할 때쯤이면 조직구성원이 조직문화를 거의 내면화한 단계에 들어선 것으로 볼 수 있다.

05 조직문화 모델

조직문화는 조직구성원들의 행동과 기업공동체의 행동규범에 영향을 주는 중요 요소로서 조직구성원들의 가치관과 신념, 그리고 규범과 관습 등을 포함하는 총체적인 개념으로 정의된다. 조직문화를 연구함에 있어서 그 개념을 어떻게 결정하느냐에 따라 연구범위는 상당히 달라지기도 한다. 그리고 개념상의 차이에 의해서 문화를 이루는 최소한의 단위인 문화의 구성 요소가 달라질 수도 있다. 즉, 조직문화는 구성원과 조직체 행태의 영향 요인으로서 여러 가지의 요소로 구성되어 있다.

이들 요소는 전체적인 연결 관계 속에서 상호간에 영향을 미치고 있으며 이러한 과정 속에서 조직구성원의 행동과 전체적인 조직행동에 영향을 미친다. 조직문화를 구성하는 요소는 분석하는 연구자의 시각에 따라 매우 상이하지만, 기존 논의를 중심으로 살펴보면 다음과 같다.

샤인의 모델

샤인(Schein)은 구성원들의 일반적인 인식 수준을 중심으로 3가지 구성 요소와 이들 요소 간의 상호관계를 조직문화라 설명하고 있다. 샤인은 문화개념을 구성하고 있는 여러 요소들을 그 가시성의 정도에 따라 인공물과 창조물(Artifacts and creation: 1단계), 가치(Values: 2단계), 기본전제(Basic assumption: 3단계)의 세 계층으로 구분하였다.

인공물과 창조물

조직문화를 인식할 수 있는 첫째 수준은 표면적으로 나타나고 눈으로 볼 수 있지만 그 의미를 해석하는 것은 어려운 물질적 · 상징적 그리고 행동적 인공 창조물이다. 조직의 서비스와 기술, 방침과 규율, 서류와 문서, 의례 · 예식 그리고 구성원들의 행동패턴 등이 이에 속한다. 이들 가시적 작품은 조직에 대한 전체적인 인상과 이미지, 그리고 조직의 문화적 특성을 형성하는데 직접적이고 결정적인 요소로 작용한다.

가치

조직문화의 둘째 구성 요소는 기본적인 믿음이 표출되어 인식의 수준으로 나타난 것으로서 물리적인 환경이나 구성원들의 합의에 의해서 옳고 그름이 결정될 수 있는 가치이다. 가치는 조직의 구성원들이 일반적으로 인식하고 있는 행동의 지침으로써 가시적 수준의 인공적 창조물을 지배하는 요소들이다. 그 구체적인 내용으로는 조직의 핵심적 임무, 목적, 수단, 평가제도 및 절차, 수정전략 등 외부적응과 관련된 요소들에 대한 합의와 공동의 언어 및 개념 영역, 집단의 경계, 권력체계, 동료관계, 상벌체계, 이념 등 내부통합과 관련된 요소들에 대한 합의가 포함된다.

기본전제

조직문화의 셋째 구성 요소는 기본전제로 그 조직에 속해 있는 사람들이 당연하다고 생각하는 가장 기본적인 믿음이다. 이것은 외부에서 관찰이 불가능할 뿐만 아니라 의식하지 못하는 상태에서 작용하는 것으로 조직문화의 핵심적인 부분을 차지한다. 기본전제는 조직의 구성원들이 너무도 자연스럽게 받아들이는 가정이기 때문에 구성원들 사이에 아무런 논의를 필요로 하지 않다.

도표 6-5 조직문화의 인식적 수준 1)

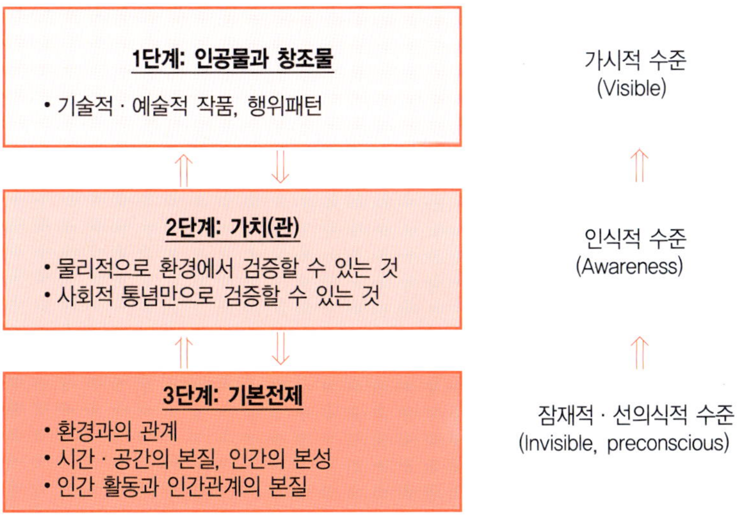

7S 모델

조직문화의 연구 가운데 Pascale과 Athos(1981)의 연구는 조직문화, 조직개발 등에서 많이 알려진 모형으로서 그들은 1980년대 초 일본 기업들의 특유한 조직관행을 대상으로 연구하여 조직문화의 구성 요소로서 7가지(7S)를 언급하면서 그 중 특히 공유가치(shared value)의 중요성을 강조한 바 있다.

1) E. Schein (1981), "Does Japanese Management Style have a Message for American Managers," *Sloan Management Review*, vol. 23.

7S 모델은 기업문화를 이해하는데 가장 실질적인 도움을 주는 개념으로서, 기업문화를 구성하고 있는 일곱 가지의 중요 요소들이 모두 S자로 시작되기 때문에 기업문화의 7S개념으로 불린다. 그림에서 보는 바와 같이 조직문화의 구성 요소는 공유가치, 전략, 구조, 시스템, 조직구성원, 리더십 스타일 그리고 기술로 이루어졌으며, 조직문화의 형성에는 공유가치가 가장 중요한 역할을 한다.

도표 6-6 조직문화의 7S모형 2)

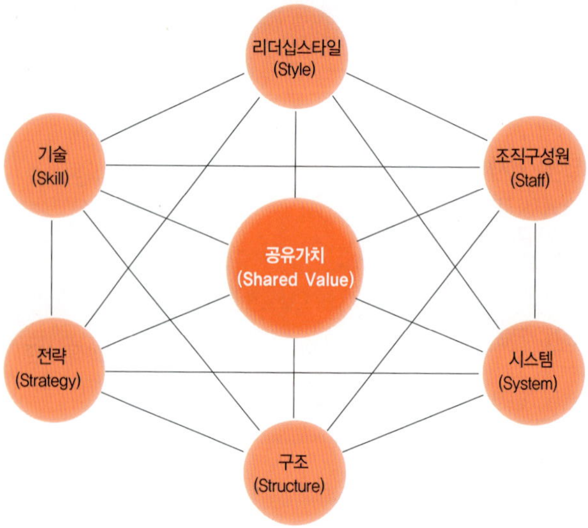

공유가치

7S의 중심 요소로서 조직이 전통적으로 중요시하였고 조직구성원들 모두가 공동으로 소유하고 있는 가치관, 이념, 세계관, 조직관, 전통가치, 기본목적 등을 포함한다. 조직의 전략목적 설정과 조직구성원의 행동경향 등 다른 요소에 영향을 미침으로써 조직문화의 형성에 가장 중요한 위치를 차지한다.

---

2) T. Peters & Waterman, Jr. (1983), *In Search of Excellence*, New York, Harper and Row Publishers.

전략

조직의 장기방향과 기본성격의 결정, 조직의 장기적인 목적과 계획, 그리고 이를 달성하기 위한 장기적인 차원의 자원배분 패턴을 의미한다. 조직의 방향과 조직의 기본성격을 지배하는 요소로서 조직의 중심가치 또는 상위목적을 중심으로 이를 달성하기 위한 조직운영에 필요한 장기적 틀을 제공함으로써 조직문화의 다른 구성 요소에 많은 영향을 미친다.

구조

구조는 조직체를 형성하고 있는 구성단위들과 이들 사이의 관계를 연결시키는 패턴을 말하는 것으로써, 조직체의 전략을 수행하는데 필요한 조직구조와 직무설계, 권한관계와 방침, 규정, 그리고 상호 연관관계 등 조직구성원의 일상 업무수행과 행동에 영향을 미치게 된다.

시스템

통상적인 조직의 운영과 경영 과정에 관련된 모든 제도와 절차를 의미한다. 즉, 조직체의 기본가치와 일관성 있고 장기전략의 목적달성에 적합한 보상제도와 인센티브, 경영정보와 의사결정시스템, 커뮤니케이션, 목표설정시스템 등 주어진 조직구조 하에서 조직의 목적을 실제로 달성하는데 적용되는 모든 제도와 절차를 말한다.

구성원

조직문화는 구성원들의 행동에 의하여 나타나므로 구성원은 조직문화의 구성 요소로서 조직체의 인력구성과 구성원의 능력, 전문성, 조직구성원 개인의 가치관과 신념, 욕구와 동기, 지각과 태도, 그리고 그들의 행동패턴 등을 포함한다.

리더십 스타일

관리자들의 행동 스타일과 관련된 것으로, 리더와 팔로워 간의 상호관계, 조직구성원 상호 간의 관계, 집단 간의 관계에 있어서 기본성격을 지배하는 요소이다. 조직구성원들의 행위에 관한 행동과학적 쟁점들과 집단 및 조직 수준에서의 조직행동상의 문제들이 포함될 수 있으며 조직문화와 조직분위기에 직접적인 영향을 주고 있다.

기술

과업수행상의 구체적인 기술과 방법을 포함하며, 기업의 성과를 보다 확장시킬 수 있는 차별화된 역량을 의미한다.

도표 6-7 7S 분석항목

7S	항목
전략 (Strategy)	• 경영환경 인식 • 비전과 장래성 대한 인식 • 노사에 대한 인식 • 회사/경영방침에 대한 인식 • 근무환경에 대한 인식
구조 (Structure)	• 규정과 절차에 대한 인식 • 역할 명확성 • 업무 재량에 대한 인식
시스템 (System)	• 인사관리제도와 운영 • 협조체제 • 의사소통 • 상하 간의 인정과 신뢰
구성원 (Staff)	• 일에 대한 가치관 • 자발적 동기 • 성장가능성 인식 • 일의 만족, 스트레스 • 자부심과 이직의사
기술 (Skill)	• 기업의 차별화된 역량 • 구성원의 능력과 스킬
공유가치 (Shared Value)	• 상징, 가치 • 강점, 약점
리더십 스타일 (Style)	• 상하, 동료 간의 유형 • 갈등 해결 유형 • 리더십 • 상사/리더의 역할 수행

조직문화 경쟁가치모델

조직문화를 이해 · 진단하기 위한 방법으로 Quinn과 Rohrbaugh(1983)의 경쟁가치모델(competing values model)은 조직효과성을 측정하기 위한 연구에서 비롯된 모형이다. 이 모델은 조직 내에서 추구되는 상호 모순적인 가치를 상호 비교함으로써 조직문화를 진단하기 위한 분석틀로 이용된다. 경쟁가치모델은 조직형태를 비롯하여 관리이론, 리더십 유형 진단 등에 적용되었으며 조직문화는 Quinn과 Kimberly의 연구를 통해 응용되었다.

경쟁가치모델
조직의 초점과 환경의 요구에 따라 조직문화의 유형을 4개로 분류

경쟁가치모델은 '유연성-안정성', '외부지향성-내부지향성'이라는 2가지 차원에 따라 4개 유형의 문화를 노출하였다. [도표 6-8]에서 보는 바와 같이 세로축은 신축성과 재량, 역동성을 강조하는 기준으로부터 안정성과 질서, 통제를 강조하는 기준으로 분화되는 차원이다. 가로축은 내부지향성과 통합, 단합을 강조하는 기준으로부터 외부지향성과 경쟁을 강조하는 기준으로 분화되는 차원이다.

도표 6-8 **경쟁가치모델**

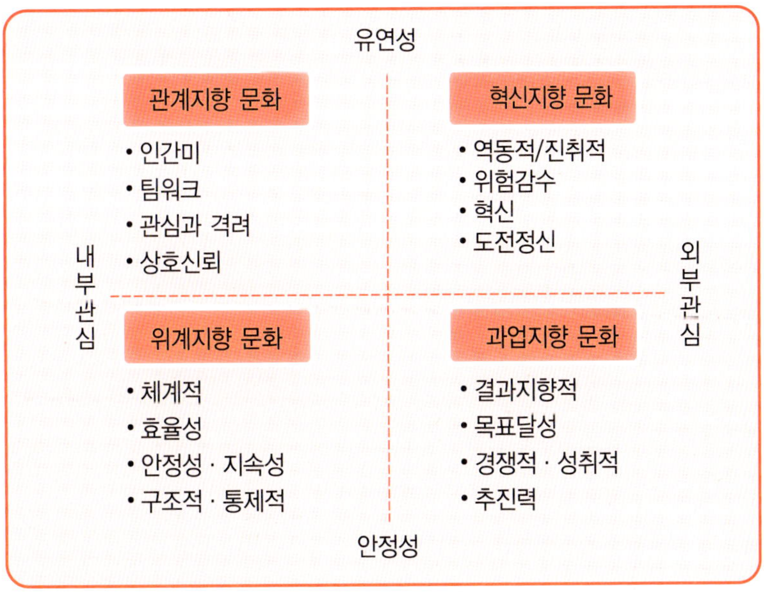

이와 같은 2가지 기본 차원을 축으로 하여 관계지향 문화, 혁신지향 문화, 위계지향 문화, 과업지향 문화 등 네 개의 조직문화 유형을 도출한다.

관계지향 문화

관계지향 문화는 인간미, 팀워크, 관심과 격려, 상호신뢰 등을 강조하며 조직의 유지에 초점을 둔다. 이러한 유형의 조직문화는 가족조직과 유사하기 때문에 씨족문화(clan culture)라 불린다. 가치와 목표의 공유, 응집력, 참여, 개인성(individuality), "우리"에 대한 의식이 조직에 스며들어 있다. 대가족처럼, 관계지향 문화를 가지고 있는 조직은 팀워크, 구성원의 참여 프로그램, 구성원의 조직몰입을 전형적인 특징으로 갖는다. 조직의 환경은 팀워크와 구성원의 발전을 통해서 가장 잘 관리될 수 있다고 가정된다. 고객은 파트너로서 생각되며, 관리자의 주요 과업은 조직구성원에게 권한을 부여하고 이들의 참여와 몰입, 충성심을 촉진시키는 것이다. 조직의 리더는 마치 스승(mentor) 또는 부모와 같다. 조직을 하나로 묶는 응집기제는 충성심과 전통이며, 구성원의 조직몰입도가 매우 높다. 개별구성원의 장기적 발전과 사기, 응집력에 강조점이 두어지고, 성공은 구성원에 대한 관심과 내부분위기 측면에서 정의된다.

이와 같은 특징들은 인간관계론에서 강조하는 내용이다. 제2차세계대전 이후 이러한 원칙들을 도입하여 성공적으로 적용한 일본 기업 조직들에서 볼 수 있는 내용이다.

혁신지향 문화

이 문화 유형도 고도의 신축성과 개인성을 강조하지만, 이와 함께 조직 외부적 입지(positioning)에 초점을 둔다. 따라서 이 문화 유형은 고도의 격동적인 환경에 가장 잘 반응한다. 이 유형이 가지고 있는 기본가정을 보면, 혁신적이고 선도자적인 이니셔티브가 성공으로 이끌며, 관리자의 주요 과업은 기업가정신과 창조성을 육성하는 것이다. 그리고 조직의 전략적 강조점은 미래 비전과 조직화된 무정부, 훈련된 상상력을 창조하는 데 있다. 개인성과 위험 추구, 미래에 대한 예측의 중요성을 강조하는 것이다.

혁신지향 문화는 애드호크라시 문화라고도 불리는데, 'Adhocracy'라는 용어의 뿌리는 '임시적'이고 '전문화'되고 '역동적'인 단위를 의미하는 ad hoc이다. 이는 과업이 완성되면 곧바로 해체되는 단위이다. 따라서 시장 또는 계층제와는 달리, 애드호크라시는 집권화 되어있는 권력이나 권위관계를 가지고 있지 않다. 그 대신에 권력흐름은 어떠한 문제가 해당 시점에 다루어지느냐에 달려 있다.

과업지향 문화

이 유형은 안정성과 통제에 대한 필요성과 함께 조직 외부적 입지에 초점을 둔다. 과업지향 문화는 시장(market) 문화라고도 하는데, 여기에서 시장(market)이라는 용어는 마케팅 기능이나 시장에서의 고객과 같은 의미는 아니다. 이것은 시장 그 자체로서 기능하는 조직의 유형을 의미한다. 이 유형은 그 지향점이 내부적 관심사보다는 외부환경에 있다. 즉, 이 유형의 문화를 가지고 있는 조직은 주로 공급자, 고객, 계약자, 허가인, 규제자 등 외부적 이해관계자와의 거래에 초점을 둔다. 조직의 핵심가치는 경쟁력과 생산성이다. 여기에서, 외부환경은 자애로운 것이 아니라 적대적이며, 고객은 까다롭고(choosy), 관리자의 주요 과업은 조직을 생산성과 결과, 이윤으로 추동시키는 것이라고 가정한다. 이러한 유형의 문화를 가지고 있는 조직은 결과지향적 작업장이다. 리더는 정렬적인(hard-driving) 생산자이며 경쟁자이다. 조직을 결속시키는 것은 승리에 대한 강조이다. 따라서 경쟁에서 이기는 것이 중요하다.

위계지향 문화

이 문화 유형은 무엇보다 안정성과 통제에 대한 필요성과 함께 내부적 유지를 강조한다. 규칙에 의한 규제와 질서의 강조가 조직의 핵심가치가 되면서, 리더도 안정지향의 관리자, 조정자로서의 역할이 중요해진다. 이러한 문화 유형에서는 원만한 조직운영을 위한 통제와 예측가능성, 그리고 조직 내부 효율성의 증진이 가장 중요하다. Weber의 관료제가 이 유형의 이상형이다. 일반적으로 대규모 조직과 정부기관이 이러한 위계지향 문화에 의해 지배되는 경향이 있다.

토의

01 현재 속해 있는 조직의 문화 요소는 어떠한 것들이 있는지 토의하시오.

02 평소에 관심 있는 기업을 선정해 본인이 생각했던 기업이미지와 실제 조직문화는 차이가 있는지 토의해 보시오.

03 타인이 모르는 이야기나 약어 또는 은어가 있으면 사례를 들고 그 뜻을 설명해 보시오

CHAPTER
07

내부환경: 전략적 자원

01. 전략적 자원과 경쟁우위
02. 자원, 핵심역량과 지속적 경쟁우위
03. 자원기반관점
04. 전략적 자원분석

학 | 습 | 목 | 표

- 자원의 개념과 전략 및 구조와의 관계를 이해한다.
- 자원의 종류와 특징에 대해 파악한다.
- 경쟁우위의 개념과 결정 요인에 대해 이해한다.
- 경쟁우위를 유지하기 위한 자원의 4가지 특성에 대해 파악한다.
- 전략적 자원의 분석 방법과 활동 요소에 대해 이해한다.
- 자원의 통제 방법에 대해 이해한다.

CHAPTER 07

내부환경: 전략적 자원

01 전략적 자원과 경쟁우위

전략적 자원
경쟁우위를 달성 가능하게 하는 유 · 무형의 내부자산

전략(strategy)은 본래 군에서 사용되는 용어로, 전쟁에서 이기기 위한 계획을 의미한다. 전쟁에서 가장 중요한 것은 승리하여 생존하는 것이다. 군사용어가 경영학에서 쓰이기 시작한 것은 그만큼 기업 간의 경쟁이 마치 전쟁과 같이 치열해졌다는 것을 의미한다. 과거에는 좋은 제품, 좋은 서비스를 만드는 것으로 충분했지만 지금은 남들보다 더 좋은 제품, 더 좋은 서비스를 제공하지 않으면 시장에서 살아남기 어렵다. 즉, 시장에서 경쟁우위를 획득해야만 생존이 가능해진 것이다. 따라서 전략이라 함은 '경쟁'과 밀접하게 관련이 있고, 전략적 자원은 기업이 경쟁우위를 달성 가능하게 해주는 유 · 무형의 내부자산을 의미한다. 기업의 경쟁우위를 가져오는 자원으로 토지, 건물, 설비, 기계장치와 같은 유형자산도 중요하지만, 평판, 네트워크, 산업재산권 등의 유형자산의 중요성 역시 커지고 있다.

02 자원, 핵심역량과 지속적 경쟁우위

자원의 유형

조직의 내부자원을 파악하고 분류하는데 있어서 학자마다 구분하는 기준이 약간씩 차이가 있을 수 있지만 결과적으로 개념적인 큰 차이는 없다. 학자들이 주장한 조직자원의 특징을 살펴보면 Chatterjee와 Wernerfelt는 물적자원, 무형자원, 재무자원의 3가지 유형을 제시했다. 물적자원으로는 건물, 시설, 설비 등이 해당되며, 무형자원은 조직의 경영능력이나 혁신능력 등이 해당되고 재무자원으로는 조직의 재무상태와 연관된 자원이 포함된다.[1)]

Barney는 기업의 자원을 물적자원, 인적자원, 조직자원의 세 가지로 구분했다. 물적자원은 물질적 기술, 공장과 설비, 지리적으로 유리한 입지, 원자재의 확보 등이며, 인적자원은 훈련, 경험, 판단, 지능, 인간관계, 그리고 경영진과 직원들의 지혜 등을 말한다. 조직자원은 기업의 공식적 보고체계, 공식 및 비공식계획, 조직의 통제 및 조정체계뿐만 아니라 기업 내의 그룹 간의 관계, 기업들 간의 관계, 그리고 기업환경과 기업 간의 관계 등을 의미한다.[2)]

그 밖에 Amit와 Schoemaker는 자원이란 노하우, 재무 또는 물적자산, 인적자원 등과 같이 기업이 소유하고 통제 가능한 요소들의 집합[3)]으로 규정했으며, Black과 Boal은 전략적 자원을 식별이 가능한 보유자원과 기업 내에서 사회적 과정을 거쳐 형성된 시스템자원으로 구분했다.[4)]

위의 연구에서 알 수 있듯이 일반적으로 내부자원이란 '자원(resource) 혹은 그 조합인 기업의 능력(capabilities)'을 말하는 것으로써 유형과 무형의 자원을 모두 포함한다. 유형자원(tangible resources)은 눈에 보이고 측정되어 질 수 있는 자원이며, 무형자원(intangible resources)는 눈에 보이지 않으며 경쟁자들이 이해하고, 모방하고, 대체하기 쉽지 않은 자원을 말한다.

1) S. Chatterjee & B. Wernerfelt (1991), "The Link Between Resources and Type of Diversification: Theory and Evidence," *Strategic Management Journal*, vol. 12, pp.33~48.

2) J. Barney (1991), "Firm Resources and Sustained Competitive Advantage," *Journal of Management*, vol. 17, pp. 99~120.

3) R. Amit & P. J. H. Schoemaker (1993), "Strategic Assets and Organizational Rent," *Strategic Management Journal*, vol. 14, pp. 33~46.

4) J. A. Black & K. B. Boal (1994), "Strategic Resources: Traits, Configurations and Paths to Sustainable Competitive Advantage," *Strategic Management Journal*, vol. 15, pp. 131~148.

유형자원에는 재무, 물적, 인적, 조직자원 등이 있는데 재무자원(financial resources)은 자본, 보유수익과 같이 기업이 전략을 수립하고 실행하기 위해 사용하는 모든 금전적인 자원들을 말한다. 물적자원(physical resource)은 자동화 된 기계설비나 하드웨어 측면으로 기업에서 사용하는 물리적 기술을 포함한 공장 및 설비, 지리적 입지, 원자재에 대한 접근성 등이 있다. 인적자원(human resources)과 조직자원(organizational resources)은 조직 내 구성원인 인적자원의 경험, 판단 등의 개인적 속성자원과 기업 내 보고체계 등과 같은 인적자원의 집합으로 이루어진 조직자원을 의미한다.

무형자원(intangible resources)에는 일반적으로 기술자원, 평판 등이 있다. 기술자원(technological resources)은 특허나 의장 등록과 같은 기술의 축적 정도의 자원이며, 평판(reputation)은 고객이 인지하는 브랜드 이미지, 신뢰성, 제품의 품질 등을 의미한다.

여기서 유의해야 할 점은 기업이 서로 같은 경험을 가지고 있지 않고, 같은 조직문화를 가지고 있는 것이 아니기 때문에 기업이 보유한 유형자원과 무형자원, 그리고 능력은 매우 차별화된 집합체라고 할 수 있다. 때문에 자원과 능력은 한 기업이 성과를 창출하고 기능적인 활동을 효율적이고 효과적으로 할 수 있는가를 결정한다는 것이다. 정리하면 보유하고 있는 자원과 그러한 자원을 조합하고 활용할 수 있는 능력이 기업 간에 서로 다르고, 본질적으로 개별기업의 성과는 보유한 자원의 효율성과 생산성에 의존하기 때문에, 기업의 자원은 기업 간 경쟁에 큰 영향을 미친다고 할 수 있다.

도표 7-1 조직의 유 · 무형자원

유형자원	무형자원
눈에 보이고 측정될 수 있는 자원 • 재무자원: 자본, 수익 • 물적자원: 공장, 기계 • 인적자원: 개인적 속성	눈에 보이지 않으며 경쟁자들이 이해하고 모방하고, 대체하기 쉽지 않은 자원 • 기술자원: 특허, 의장등록 • 평판: 이미지, 품질

핵심역량

기업의 생산성을 높이고 경쟁우위를 가져다주는 능력에 대해, Prahalad과 Hamel 등의 학자는 핵심역량(core competence)이란 개념을 발전시켰다.[5] 핵심역량이란 기업의 가치를 높이거나 가치가 전달되는 과정을 더 효율적으로 할 수 있는 특정한 방법과 능력으로, 조직구성원들이 독자적으로 보유하고 있는 지식과 기술의 집합체라 할 수 있다. 이는 기업 내부환경 분석을 통해 도출되는데, 기업의 내부에는 강점과 약점이 모두 공존하지만 이 중 강점의 자원을 파악해 지속적인 경쟁우위 요소로 만든다면 이것이 곧 핵심역량이 될 수 있다. 만약 장기간의 경쟁우위가 가능하다면 전략적 자원을 바탕으로 핵심역량을 소유한 기업은 그러하지 못한 조직보다 높은 성과를 유지할 수 있기 때문에, 기업 특유의 전략적 자원과 핵심역량이 기업들 간의 성과 차이를 설명할 수 있다는 것을 의미하게 된다.

핵심역량
조직구성원들이 독자적으로 보유하고 있는 지식과 기술의 집합체

그렇다면 과연 기업 내부의 어떠한 자원이 핵심역량으로서 기업의 성공을 이끌어 낼 수 있느냐는 문제로 연구의 초점이 맞춰질 수 있다. 이에 대해 Grant는 경쟁우위의 주요 결정 요인으로서 자원과 능력의 성격을 지속성(durability), 투명성(transparency), 이동가능성(transferability), 복제가능성(replicability)의 4가지로 제시했다.[6]

지속성

지속성(durability)은 적용시키는 자원의 종류에 따라 정도가 다르다. 예를 들어, 기술 변화가 빠르게 진행된다면 기술자원은 지속성이 줄어들지만 기

5) C. K. Prahalad and G. Hamel (1990), "The Core Competence of the Corporation," *Harvard Business Review*, May–June, pp. 79~91.

6) M. G. Gra (1991), "The Resource Based Theory of Competitive Advantage: Implications for Strategy Formulation," *California Management Review*, Spring, pp. 114~135.

업의 명성(reputation)은 오히려 오랜 기간 동안 지속될 수 있다. 기업은 더 오래 지속될 수 있는 자원의 유지와 확보의 대처능력을 갖춰야 하며 이를 통해 기업의 자원을 지속시켜야 한다.

투명성

투명성(transparency)은 특정 기업의 경쟁우위와 관련한 정보를 다른 경쟁기업들이 획득할 수 있는 정도를 의미한다. 만약 경쟁우위가 하나의 자원 혹은 특성에 기반하고 있다면 이와 관련한 정보를 수집하는 것은 비교적 쉽다. 그러나 다양한 자원의 결합을 통해 경쟁우위를 유지하는 경우에는 다른 기업들이 이와 관련한 정보를 얻는 것이 불완전할 것이다.

이동가능성

이동가능성(transferability)이란 기업의 자원과 능력은 기업 간에 자유롭게 이동하기 어렵다는 것으로, 경쟁기업들이 같은 조건으로는 경쟁우위를 모방하는데 필요한 자원을 쉽게 획득할 수 없다는 것을 말한다.

복제가능성

복제가능성(replicability)은 경쟁자들이 경쟁우위를 자체적으로 쉽게 따라할 수 있는 정도를 의미하는 것으로, 투명성이 높을 때 복제가능성도 높아지기 쉽다.

도표 7-2 조직의 핵심역량 특성

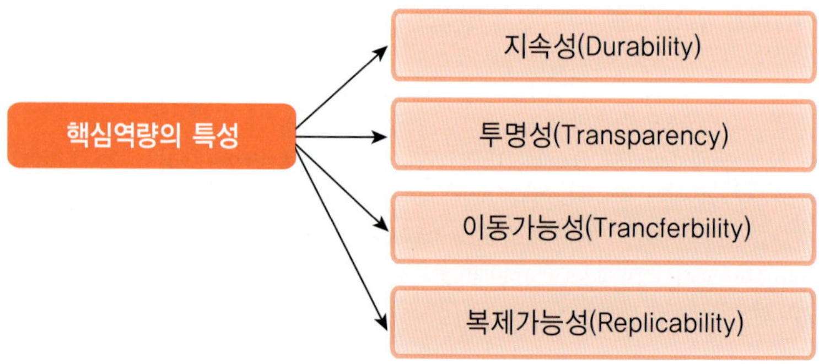

효과적인 자원을 가진 조직은 핵심역량을 지속적으로 유지해 경쟁력을 갖출 수 있도록 노력해야 한다. 지속적 경쟁우위는 자원과 능력의 차별성에서 나오는데, Coyne의 주장에 따르면 자원과 능력의 차별은 특허권, 상표권, 저작권, 의장권, 영업비밀(trade secret), 조직문화, 네트워크, 제품과 회사의 평판과 같은 자원이라고 했다.[7)] 또한 지속적 경쟁우위를 창출할 수 있는 방법은 소비자들의 구매기준과 일치하는 속성을 지닌 생산과 유통시스템을 만들거나[8)] 사업운영과 병행한 학습 과정을 통한 자원개발이 있다.[9)]

결론적으로 지속적 노력을 통해 획득한 기업의 경쟁우위는 다른 기업에 의해 쉽게 잠식되지 않기 때문에, 성공적인 기업이 되기 위해서는 지속가능의 개념 및 의미를 파악하고 그에 해당되는 자원이용전략을 수립해야 한다.

지속적 경쟁우위

지금까지 경쟁우위를 가져다주는 자원의 유형 및 핵심역량에 대해 살펴보았다. 경쟁우위란 다른 경쟁기업들에 비해 차별적으로 소비자의 욕구를 충족시켜 더 큰 경제적 가치를 창출하게 해주는 지위로, 기업 생존에 필수적인 요소다.

앞서 살펴본 바와 같이 경쟁우위를 가져다주는 자원은 다양한 형태로 존재한다. 오늘날은 정보화 시대에 접어들며 지식의 중요성이 특히 강해져 유형자원의 역할이 보다 강조되고 있다. Hall(1992)은 특히 무형자원의 유형을 네 가지로 구분하고, 그를 통해 획득할 수 있는 경쟁우위의 유형을 구분하였다. 첫째, 법적자산은 계약, 면허, 지적자산, 기업비밀 등에 해당하는 것으로 이

7) K. P. Coyne (1986), "Sustainable Competitive Advantage–What it is and what it isn't," *Business Horizons*, Jan/Feb, pp. 54~61.

8) X. Gilbert & Paul Strebel, "Taking Advantage of Industry shifts," *European Management Journal*, vol. 7(4), pp. 389~402.

9) H. Itami & T. W. Roehl (1987), *Mobilizing Invisible Assets*, Harvard University Press, Cambridge, MA.

경쟁우위
차별적으로 소비자 욕구를 충족시켜 더 큰 경제적 가치를 창출하는 지위

는 법에 의한 보호를 받아 법제적 우위(regulatory differential)를 가져다준다. 둘째, 법외적 자산은 명성, 네트워크 등을 의미하며 선점에 의한 포지셔닝 우위(positional differential)를 누리게 한다. 셋째, 노하우는 조직이 보유하고 있는 주요 역량으로 구성원 노하우, 공급자 노하우, 유통 노하우 등을 포함하며, 경험과 기술을 바탕으로 기능적 우위(functional differential)를 실현한다. 넷째, 조직문화 역시 조직의 주요 역량으로 품질과 서비스에 대한 지각, 변화관리능력 등을 포함하며 조직 내 긍정적 태도형성을 통해 문화적 우위(cultural differential)를 가능케 한다.

도표 7-3 자원과 지속적 경쟁우위 [10]

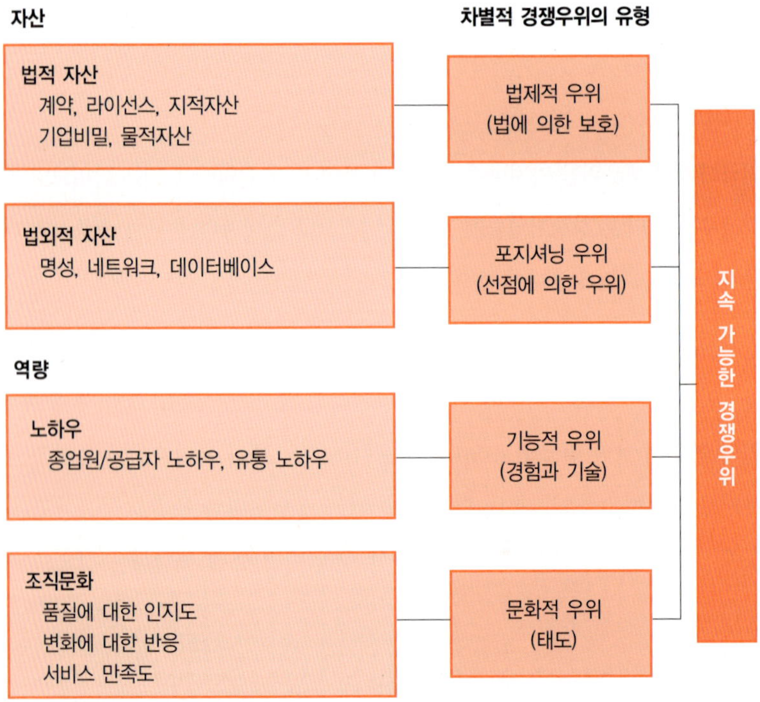

10) R. Hall (1992), "The Strategic Analysis of Intangible Resources," *Strategic Management Journal*, vol. 13(2), pp. 135~144.

03 자원기반관점

자원기반관점의 가정

Penrose는 기업이 존재하는 이유를 물적 · 인적 경영자원을 효과적으로 결합해 새로운 가치를 만드는데 두었다.[11] 기업의 존재 이유처럼 조직은 생존을 위해서 다른 조직과의 상호작용을 통해 자원을 획득해야 한다.

자원기반관점
자원을 통한 경쟁우위 유지

Wenerfelt는 기업에 있어서 자원과 제품은 동전의 양면과도 같다고 했다. 기업이 제품을 생산하는 데에는 여러 가지 종류의 자원이 필요하며, 또한 기업이 보유하고 있는 자원은 다양한 제품에 사용되기 때문이다. 제품시장에서는 기업의 활동을 이해함으로써 필요한 자원을 예측할 수 있으며, 역으로 기업이 보유하고 있는 자원을 파악하여 제품시장에서 기업이 취해야 할 활동을 발견할 수 있다.[12] 이는 열악한 경쟁환경에서 고수익을 지속적으로 내는 기업이 존재하는 사실, 그리고 비슷한 환경에서도 기업들이 서로 다른 수익을 내고 있다는 사실과 같은 의미이라고 볼 수 있다. 즉, 기업의 수익성 원천이 외부환경이 아닌 내부의 요인에 의해 결정된다는 것을 간접적으로 반증하고 있는 것으로, 이러한 시각은 자원기반관점의 출발점이 된다.

과거 전통적 관점에서의 전략적 경쟁우위는 기업 내부자원으로부터 오는 것이 아니라 산업구조의 매력도로부터 온다고 보는 것이 일반적이었다. 그러나 자원기반관점은 기업 경쟁우위의 원천을 조직 내부에 존재하는 자원으로 보고, 이를 가능하게 하는 두 가지 중요한 가정을 제시한다. 첫째, 기업들은 소유하고 있는 자원이나 자원 활용 능력의 측면에서 서로 상이하다는 점이며, 둘째 기업들이 소유하고 있는 서로 상이한 자원과 자원 활용 능력은 유동적이지 못하거나 유동적이더라도 그 정도가 완벽하지 못하다는 가정이다.

---

11) E. G. Penrose (1959), *The Theory of the Growth of the Firm*, New York, Wiley.

12) B. Wernerfelt(1984), "A Resource-Based View of the Firm," *Strategic Management Journal*, vol. 5, pp. 171~180.

도표 7-4 자원, 구조, 전략과의 관계

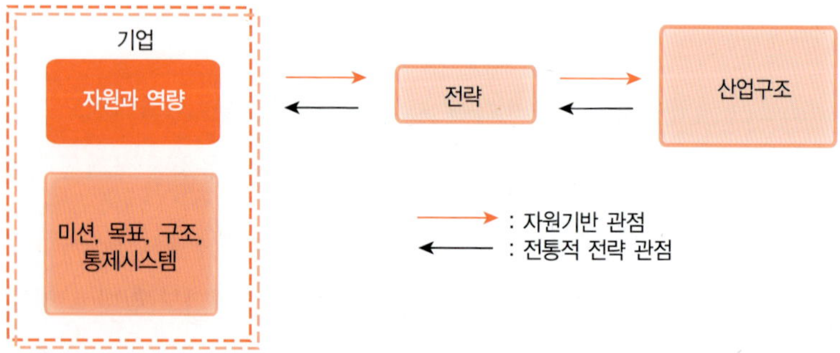

자원의 이질성

자원의 이질성
기업들이 가지고 있는 자원과 능력이 서로 다르다고 보는 관점

자원의 이질성(heterogeneity of resource)은 모든 기업들이 가지고 있는 자원과 능력이 서로 다르다고 보는 것이다. 생태학적 관점으로 볼 때 조직의 존속 여부는 외부환경의 적응과 관련이 있다. 이는 시장에서 요구하는 환경과 주어진 환경 내에서 기업이 적합한 전략을 통해 적응한다면 생존할 수 있다는 관점이었다. 그러나 자원기반관점에서의 조직의 생존 여부는 기업의 외부환경에 따라 변하는 것이 아니라 이질적인 자원의 보유 여부가 주요 원인이라고 보고 있다.

간단한 예로 경쟁기업과 비교해 봤을 때 뛰어난 인재를 보유하고 있거나 월등히 앞선 정보기술력을 보유하고 있다면 이미 경쟁에서 앞서나간다고 볼 수 있다. 이렇듯 자원의 이질성은 동일 산업 내에서도 기업들의 성과에 차이가 날 수밖에 없는 이유를 명확하게 설명해 준다.

자원의 이동성

자원의 또 다른 속성은 자원의 비이동성(immobility of resource)이다. 자원이 이동 가능하다는 것은 자원을 다른 조직에서 가져올 수 있다는 것으로 만약 자원을 쉽게 다른 기업으로부터 가져온다면 해당 기업은 자원을 통한 핵심역량을 획득할 수 있으며, 자원을 넘긴 기업은 핵심역량을 뺏긴 경우라고 볼 수 있다. 이는 Rumelt의 주장처럼 경쟁기업의 모방으로부터 자신을 보호해야 하는 중요성을 보여준다.[13] 결국 자원의 이동이 가능하면 산업 내에서 경쟁우위는 바로 없어지기 때문에 기업들은 이질적인 자원을 쉽게 모방할 수 없도록 하기 위해 노력을 기울이는데, 이를 자원의 비이동성이라 한다. 개별기업이 독자적인 방법으로 이윤을 최대화하는 데 있어서 가장 영향력을 가지는 것은 산업의 경쟁구조가 아닌, 각 기업이 보유하고 있는 특유의 내부자원인 만큼 자원의 비이동성을 높여 경쟁우위를 가져야 한다.

자원의 비이동성
자원을 다른 조직에서 가져올 수 있다는 것

자원기반관점과 전략적 자원

현존 또는 잠재적인 경쟁기업이 구사하지 못하는 가치창조전략을 수행할 때에 그 기업은 경쟁우위를 보유한다고 할 수 있다. 나아가 다른 기업들이 전략의 효익적인 측면을 복제할 수 없을 때, 그 기업은 지속적 경쟁우위를 갖는다. 여기서 지속적이란 절대적인 기간이 아닌 상대적인 의미로서 다른 기업들이 모방을 위한 노력을 포기하여 경쟁우위가 지속됨을 의미한다. Barney는 경쟁우위를 유지하기 위한 전략적 자원은 4가지 특징을 지니고 있어야 한다고 했으며, 그 특징은 다음과 같다.[14] [15] [16]

13) R. Rumelt, "Toward a Strategic Theory of the Firm," In R. Lamb(Ed.), *Competitive Strategic Management*, Prentice-Hall, pp. 556~570.

14) J. Barney (1991), "Firm Resources and Sustained Competitive Advantage," *Journal of Management*, vol. 17, pp. 99~120.

15) J. Barney (2001), "Resource-based theories of competitive advantage: A ten-year retrospective on the resource-based view," *Journal of Management*, vol. 27 pp. 643~650

16) J. Barney & P. Wright (1998), "On becoming a strategic partner: The role of human resources in gaining competitive advantage," *Human Resource Management*, vol. 37(1), pp. 31~46

자원의 가치성

기업의 자원은 환경의 기회를 활용하고 위협은 무력하게 함으로써 전략의 실행을 효과적으로 뒷받침할 수 있을 만큼 가치(value)가 있어야 한다는 관점이다. 기업은 다양한 자원을 지니고 있지만 실질적으로 기업의 이윤창출을 위해 필요한 핵심자원은 많지 않다. 결국 가치 있는 자원을 보유한 기업은 생산 활동을 효율적으로 수행하거나 고객의 욕구를 잘 충족할 수 있으므로 경쟁자보다 높은 이윤을 창출할 수 있는 잠재성을 지니게 된다.

자원의 희소성

자원의 희소성(rarity)은 기업의 자원은 다른 경쟁기업이 보유하고 있지 않거나 보유하고 있더라도 단지 소수의 기업만 보유하고 있어야 한다는 것이다. 희소성은 두 가지 차원에서 생각해 볼 수 있는데 첫 번째 차원은 가치의 희소성이다. 가치의 희소성은 한 기업이 가진 자원과 능력을 다른 다수의 기업들도 똑같이 가지고 있다면 가치는 당연히 떨어지고, 지속적인 경쟁우위의 원천이 될 수 없다는 의미이다. 두 번째 차원은 공급의 희소성으로 가치가 높은 자원이라도 많은 공급으로 인해 그 수가 많으면 그만큼 희소성이 떨어지기 때문에 인위적인 공급의 제한으로 희소성을 높이는 것이 중요하다.

자원의 불완전한 모방성

불완전환 모방성
고유한 역사, 인과관계의 모호성, 사회적 복잡성으로 인해 발생

Miler & Shamsie는 전략적 자원의 4가지 특성 중에서 자원의 불완전한 모방성(imperfect imitability)이 가장 중요하다고 주장했다.[17] 그 이유는 자원의 이질성과 이동성 측면에서도 언급했듯이 희소한 조건을 갖춘 자원을 모방하지 못하게 해야 경쟁우위를 달성할 수 있기 때문이다. 일반적으로 기업의 자원들은 기업 내의 독특한 요소들이 내재되어 형성된 것이므로 다른 기

17) D. Miller & J. Shamsie (1996), "The Resource-Based View of the Firm in Two Environments: The Hollywood Film Studios from 1936 to 1965," *Academy of Management Journal*, vol. 39, pp. 519~543.

업에 의해 쉽게 모방되기가 힘드나 만약 경쟁기업에서 모방이 가능하다면 경쟁우위 확보나 이윤추구는 불가능해진다.

모방이 어려운 자원들은 다음 세 가지 특징을 갖는다.

첫째, 역사적 고유성(unique historical condition)을 지닌 자원은 모방이 어렵다. 특수한 시점에 특수한 장소에서 활동하며 얻은 경험을 통해 획득할 수 있는 독특한 자원이 존재할 수 있다. 즉, 역사적으로 고유한 상황에서 축적된 자원은 다른 기업들이 쉽게 모방하기 어렵다.

둘째, 인과관계 모호성(causal ambiguity)이 높을수록 모방이 어렵다. 즉, 자원이 활용 및 통제 방법을 쉽게 분석할 수 없고, 기업이 보유하고 있는 자원과 그 기업의 경쟁우위 간에 존재하는 인과관계를 명확하게 이해할 수 없을 때 자원의 모방은 어려워진다.

셋째, 사회적 복잡성(social complexity)이 높을수록 모방이 어렵다. 어떠한 과업이 완성되기 위해 다양한 구성원의 복잡한 사회적 상호작용을 거쳐야 하거나, 기업의 성과가 독특한 조직문화를 기반으로 하는 경우, 사회적 복잡성이 높다고 할 수 있고, 이 경우 그러한 자원을 모방하기가 어려워진다.

Barney는 초창기 불완전한 모방성과 불완전한 대체성(imperfect substitutability)을 별개의 특성으로 구분하고, 가치, 희소, 불완전한 모방성, 불완전한 대체성 네 가지를 전략적 자원의 특징으로 제시하였다. 그러나 모방성과 대체성이 서로 어느 정도 유사한 점을 갖고 있어, 모방의 종류를 직접모방(direct duplication)과 대체(substitution)로 변경하고, 네 번째 전략적 자원의 특성을 조직으로 재정의하였다.

조직

가치 있고 희소하고 모방이 어려운 자원을 보유하고 있는 경우라 할지라도, 이를 적절히 조합하여 활용할 수 있는 능력이 없다면 경쟁우위의 실현은 어렵다. 따라서 기업은 보유하고 있는 자원과 역량을 효과적으로 결합하여 목표달성에 기여하도록 자원을 조직(organization)할 수 있는 역량을 필요로 한다. 조직의 대표적인 예시로는 조직구조, 문화, 보고관계, 보상정책 등이 있다.

이상 네 가지 특성을 지닌 자원을 보유하느냐 그렇지 못하냐에 따라 기업이 획득할 수 있는 시장경쟁에서의 지위가 달라진다. 우선 경쟁력 있는 자원을 보유하고 있지 못할 때에 기업은 시장경쟁에서 뒤처지는 경쟁열위(competitive disadvantage)를 갖게 된다. 만약 조직의 자원이 가치는 있으나 희소하지 않고 많은 기업들 역시 보유하고 있거나, 쉽게 모방 가능할 경우 기업은 다른 기업과 비슷한 지위를 갖는 경쟁등위(competitive parity)를 보인다. 기업이 보유한 자원이 가치 있고 희소할 때, 하지만 다른 기업에게 쉽게 노출되고 그에 따라 모방이 얼마든지 가능할 때는 임시적 경쟁우위(temporary competitive advantage)만을 갖게 될 뿐이다. 가치 있고, 희소하고, 모방이 어려운 자원을 보유한 경우라도 이를 적절히 결합하고 활용할 수 있는 조직역량이 부족할 때는 경쟁우위 잠재력은 갖고 있으나 사용되지 않은 채(unused competitive advantage)로 남아있게 된다. 가치 있고, 희소하고, 모방이 어려운 조직을 보유하고 있으면서 이를 적절히 결합, 활용할 수 있을 때 비로소 조직은 지속가능한 경쟁우위(sustainable competitive advantage)를 획득할 수 있다.

도표 7-5 전략적 자원과 경쟁우위

가치 Value	희소성 Rarity	불완전한 모방 Imitability	조직 Organization	기업의 지위
–	–	–	–	경쟁열위
○	–	–	–	경쟁등위
○	○	–	–	임시적 경쟁우위
○	○	○	–	사용되지 않은 경쟁우위
○	○	○	○	지속적 경쟁우위

종합모형

앞의 내용들을 종합해 보면 자원기반관점은 기업의 자원에 초점을 두고 이러한 자원을 요소시장에서 어떻게 획득할 것인지에 대한 방법과 내부에서 어떻게 개발할 것인가를 설명한다. 특히 요소시장에서 자원을 쉽게 확보할 수 있다고 보는 산업경제학적 관점과는 대조적으로 자원기반관점은 기업에 필요한 자원을 시장에서 쉽게 확보하기도 어려우며 개발에도 많은 시간이 소요된다고 했다. 즉, 가치 있는 자원들에 대한 비이동성과 자원축적에 필요한 시간과 비용을 강조했다고 볼 수 있다. 또한 자원기반관점은 몇몇 기업이 다른 기업과의 다른 독특한 자원적 성격을 가지고 있다고 규정했으며, 그 기업이 높은 경쟁우위를 확보하고 있을 때에 다른 경쟁기업들이 이러한 경쟁우위의 원천으로 생각되는 자원을 모방하는 것이 매우 어렵다는 점을 강조했다. 또한 어디에서나 자원을 보존해야하고 최단시간에 시장에서 자원을 회수해야 한다. 이를 정리해 모형화 하면 [도표 7-6]과 같다.

도표 7-6 **종합모형**[18)]

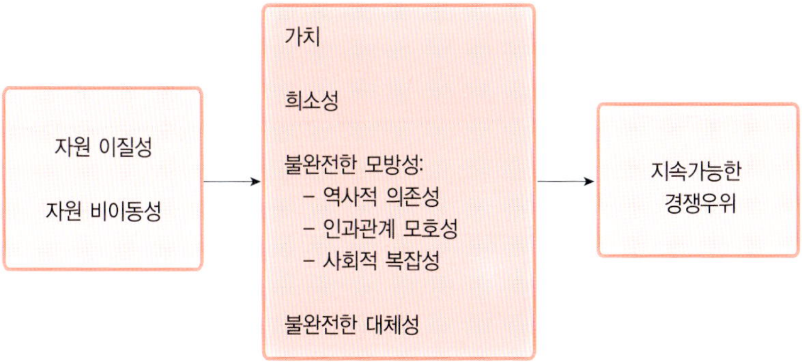

물론 자원기반관점에도 한계점은 존재한다. 한계점을 살펴보면 첫째, 연구자에 따라 자원을 정의하는 방식이 다르고, 논리가 추상적으로 전개되기 때

18) J. Barney (1991), "Firm Resources and Sustained Competitive Advantage," *Journal of Management*, vol. 17(1), pp. 99~120.

문에 완전히 통일된 이론체계라고 하기에는 아직 부족한 점이 있다. 둘째, 기업의 혁신자원으로 단순히 기업이 보유한 유·무형의 자원이 아니라, 자원을 개발하는 능력을 강조했기 때문에 자원의 개념 자체가 지나치게 확장된 면도 있다.

실무적으로 봤을 때 자원기반관점은 환경이 아닌 조직 내부의 강점을 키우는 것에 관심을 기울인 자발론적(voluntaristic)인 입장이기 때문에 벤처기업, 조직문화, 기업이미지, 상표 브랜드 등에 대한 연구에 적용시키면 좋다.

04 전략적 자원분석

전략적 자원분석에는 가치사슬 모델이 주로 사용된다. 가치사슬(value chain)이란 1985년 마이클 포터가 모델로 정립한 이론으로 조직 활동에서 부가가치가 생성되는 과정을 분석한 모형이다.

도표 7-7 가치사슬분석 모델[19]

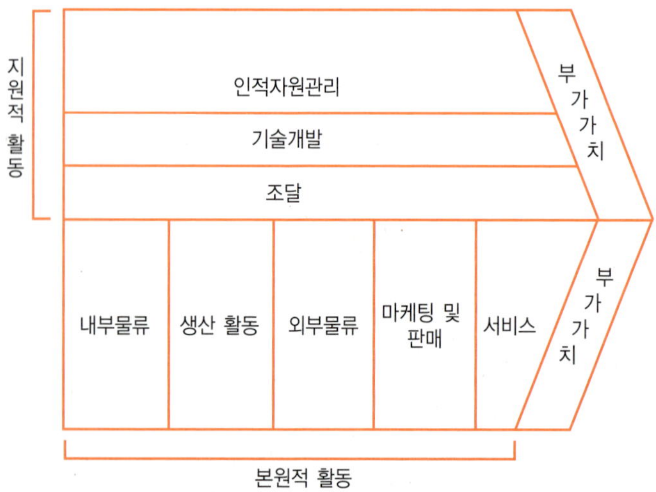

19) M. Porter (1985), *Competitive Advantage: Creating and Sustaining Superior Performance*, New York, Free Press.

부가가치창출에는 직접 또는 간접적으로 관련되어 있는 일련의 프로세스 요소들이 있는데 이러한 요소들은 서로 체계적으로 연결되어 기업 내 존재한다. 가치사슬은 이렇게 연결된 체계 안에서 조직이 행하는 활동과 그 활동이 어떻게 서로 연관이 있는지를 살펴보는 시스템적 방법이며, 조직 내 잠재되어 있는 자원과 핵심역량을 이해하고 찾아내기 위해 전략적으로 관련된 활동들을 분해한 기법이다.

조직의 가치창출 활동은 본원적 활동과 지원적 활동의 2가지 활동 요소로 구분해 볼 수 있는데, 지원적 활동과 본원적 활동은 서로 독립된 것이 아니라 협조와 통합을 통해 시너지효과를 창출하게 된다.

본원적 활동

본원적 활동이란 제품 또는 서비스의 물리적 가치창출과 관련된 활동으로 직접적으로 고객들에게 전달되는 부가가치창출에 기여하는 활동을 의미한다. 본원적 활동 요소에는 내부물류, 생산 활동, 외부물류, 마케팅 및 판매, 서비스 활동이 포함된다. 본원적 활동 요소에 대해 구체적으로 살펴보면 다음과 같다.

본원적 활동 요소

❶ 내부물류(Inbound Logistics)

원재료 및 부품의 품질관리와 관련된 활동으로 제품 생산에 사용되는 투입물의 획득 · 저장 · 보급에 직접적으로 영향을 미치는 요소이다. 예로는 원재료 취급, 창고서상, 재고관리, 운송계획관리, 공급자에게로의 반품 등의 활동이 있고, 원료에서 공정 투입 전까지의 과정으로 구성된다.

❷ 생산 활동(Operations)

품질, 원가 및 납기 측면에서 무결점 제품과 다양한 제품을 만들어 내는 활동으로 투입물을 최종 제품으로 전환하는 과정과 관련된 요소이다. 즉, 최종제품이 생산되는 공정까지의 공장단위의 생산 활동을 의미한다.

❸ 외부물류(Outbound Logistics)

신속한 배송, 효율적 주문처리 활동으로 제품을 수집해 저장하고 물리적으로 배분하는 것과 관련된 요소들이다. 예로는 완성품의 창고 저장, 배송 차량 운영, 주문처리 등의 활동이 여기에 포함된다.

❹ 마케팅 및 판매(Marketing & Sales)

구매자들이 제품을 구매할 수 있는 수단 제공과 관련된 활동들로 매출 및 시장점유율 확대, 브랜드 인지도 향상, 부대비용 절감 등이 포함된다. 광고, 판촉, 영업력 확보, 유통채널 선택, 가격정책, 거래처 개발 등과 같은 영업 부문의 핵심 활동 요소들이 여기에 해당된다.

❺ 서비스(Services) 활동

제품의 가치를 향상 또는 유지하기 위한 서비스 제공과 관련된 요소들로 제품 판매 후 관리 활동인 설치, 수리, 훈련, 부품공급 등의 활동이다.

지원적 활동

지원적 활동이란 직접적인 부가가치를 창출하지는 않지만 부가가치를 창출하는 본원적 활동을 지원하는 활동들을 의미한다. 지원적 활동은 기업의 하부구조, 인적자원관리, 기술개발, 구매활동으로 구성되어 있으며 각 개념의 세부적인 내용을 살펴보면 다음과 같다.

지원적 활동 요소

❶ 기업의 하부구조(Firm Infrastructure)

본원적 활동의 개별 요소들을 지원하는 것이 아닌 전체 사슬을 지원하는 활동으로 총무, 기획, 재무, 회계, 법률 등 전반적인 경영관리 활동들이다.

❷ 인적자원관리(Human Resources Management)

채용, 교육훈련, 경력개발, 배치, 보상, 승진 등과 관련된 활동들로 구성되어 있으며, 필요 인력의 원활한 수급관리, 최고의 고객 서비스 제공을 위한 교육훈련 활동이라 할 수 있다.

❸ 기술개발(Technology Development)

신기술, 신규 원료, 신제품개발 등의 요소로 제품 및 비즈니스 프로세스의 혁신 및 신기술개발 등의 활동으로 구성된다.

❹ 조달(Procurement)

가치사슬에서 사용된 투입물을 구매하는 기능으로 원료, 건물, 기계 등이 조달 등 물류비용과 관련된 부분을 의미한다.

가치사슬의 특징

가치사슬 분석의 목적은 경쟁우위 강화 및 구축을 위해 가치 활동들을 정확하게 분석하는 데 있다. 어떤 가치 활동에 핵심역량을 집중하고 경쟁우위를 강화할 것인가를 찾으려면 우선 가치 활동을 연계하는 가치사슬을 제대로 이해해야 하고 지원하는 정보기술을 적극적으로 활용하는 것이 중요하다. 또한 각 조직들의 역량 강화가 선행되어야만 가치사슬의 최적화가 가능하다.

이렇게 경쟁우위 획득에 있어서 중요한 가치사슬 역시 한계점은 존재한다. 첫 번째로 의사결정의 주체인 기업가 활동이 배제되어 있다는 점이다. 핵심역량을 개발하고 발전시키기 위해서는 혁신과 전략적 의사결정이 중요한 역할을 하지만 가치사슬 활동에는 이것이 반영되어 있지 않기 때문에 의사결정과 관련된 내용을 적용하는 데 있어서는 문제가 있다.

두 번째는 조직의 내부환경적 요소만 고려한다는 것이다. 한 조직이 속한 산업은 서로의 산업 내 프로세스 속에서 상호관계를 가지고 있는데 이러한 부분들은 파악하기가 어렵다. 결국 매우 빨리 변화하는 산업 같은 경우에는 산업 내 역동성을 이해하는 데 어려움이 있으며, 조직 간 관계를 파악하는 데 한계점을 지니게 된다.

토의

01 자신이 소속되어 있는 조직의 내부자원 종류는 어떤 것들이 있는지 생각해 보고 해당 자원들이 가치사슬 내 어떤 활동에 속하는지 토의하시오.

02 자원기반관점에서 언급한 자원의 특징 중 자신이 생각했을 때 가장 중요한 특징은 무엇인지 토의하시오.

03 자신이 소속되어 있는 조직의 특성상 현재의 자원을 유지하는 것이 중요한지 타기업이 통제하고 있는 자원을 활용하는 것이 중요한지 토의해 보시오.

PART 04

조직의 과정

CHAPTER
08

전략경영

01. 전략경영
02. 기업 수준의 전략
03. 사업부 수준의 전략
04. 기능 수준의 전략
05. 전략경영 분석도구

학 | 습 | 목 | 표

- 전략경영에 사용하는 분석도구 종류에 대해 파악한다.
- SWOT 분석과 기업의 내 · 외부 환경분석에 대해 이해한다.
- 포터의 산업구조분석의 관점에 대해 파악한다.
- 포터의 산업구조분석에서 산업수익률에 영향을 미치는 요인에 대해 이해한다.
- BCG 매트릭스의 영역별 특징과 전략 방법에 대해 파악한다.
- GE 매트릭스의 영역별 특징과 BCG 매트릭스와의 차이점에 대해 이해한다.
- 포터의 본원적 전략의 종류와 특징에 대해 이해한다.
- 기업 수준에서의 전략에 대해 파악한다.

CHAPTER 08 전략경영

01 전략경영

전략경영
조직 생존을 위한 통합적 의사결정 과정

전략경영(strategic management)은 조직의 생존을 위해 나아갈 방향에 대한 통합적 의사결정 과정으로, 조직의 자원을 집중시킬 사업과 방향을 선택하는 문제라고 할 수 있다. 전략의 유형은 조직 내 위계(hierarchy)에 따라 여러 수준에서 나타난다. 첫째, 기업 수준에서는 조직이 진출할 시장, 경쟁의 범위 등 조직규모와 관련한 의사결정이 주로 이루어지고, 둘째 사업부 수준에서는 경쟁의 방법에 대한 의사결정이 주를 이룬다. 셋째 기능 수준에서는 상위 전략을 달성하기 위해 각각의 기능이 기여할 수 있는 행동을 계획하게 된다. 기업이 지속 가능한 경쟁우위를 획득하기 위해서는 조직 내 다양한 수준의 전략이 서로 일치하여 일관된 방향으로 설계되어야 하며, 이를 위해서는 위계 수준 간, 그리고 부서 간 통합과 조정이 중요하다.

도표 8-1 수준별 전략 유형

Corporate Level Strategy

진출해야 할 시장, 산업 등 기업의 규모를 결정

↕

Business Level Strategy

차별화, 비용우위 등 경쟁의 방법을 결정

↕

Functional Level Strategy

상위 전략 달성을 위한 행동계획

02 기업 수준의 전략

기업 수준의 전략(corporate level strategy)은 가장 최상위 단위의 전략으로 기업이 진출해야 할 시장과 산업을 결정하는 등 기업의 규모에 대한 의사결정과 관련한 있다. 기업의 규모를 확장, 유지, 축소하는 방향을 생각해볼 수 있는데, 대표적으로 다각화, 수직적 통합, 수평적 통합, 축소전략 등이 있다. 기업 수준의 전략은 기업이 나아가야 할 거시적 방향 설정과 이에 따른 지침을 마련할 수 있다.

기업 수준 전략
기업이 진출해야 할 시장과 산업을 결정

확장전략

다각화

다각화(diversification)는 한 기업이 다양한 사업에 참여하는 것으로, 기업이 다각화를 추진하는 이유는 다양한데 우선 위험의 분산 측면이 있다. 기업의 한 사업 분야에만 진출해 있을 경우 만약 그 사업 분야가 위험해 진다면 기업 전체적으로 큰 타격을 받을 수 있기 때문이다. 또한 기업의 성장규모 측면에서도 소수의 분야보다 다양한 분야에 많이 진출해 있는 경우 범위의 경제(economies of scope)를 통해 지속적으로 성장이 가능하다. 범위의 경제란 하나의 기업이 두 개 이상의 제품을 함께 생산할 경우 일정 범위의 자원 혹은 역량을 공유함으로써 비용절감의 효과를 얻는 것을 뜻한다. 그리고 잉여자원의 분산을 통해 손쉽게 사업을 추진해 이윤을 얻을 수 있는 능력을 지니게 된다.

하지만 사업 분야가 증가되게 된다면 사업부 간 조정이 힘들어지기 때문에 비효율성이 증가될 수 있다. 의사결정 시 자원배분에 있어 각 사업부 단위들의 너무 많은 정보로 인해 불균형적인 자원배분이 이루어지거나, 생산능력과 같은 기업능력을 분산시키게 된다면 사업부들이 모두 경쟁력을 잃을 수도 있기 때문이다.

범위의 경제
두 개 이상의 제품을 함께 생산하며 일정 범위의 자원 및 역량을 공유하여 비용절감

다각화의 유형으로는 현재의 사업 분야와 관련성이 있는 새로운 시장이나 산업으로 진출하는 관련다각화와 기존의 기업 활동과 관련이 없는 새로운 분야로 진출하는 비관련다각화가 있다. 관련다각화는 서로 다른 시장이지만 기업의 기술, 유통경로, 유사한 소비층 등 다양한 요소에 있어 핵심역량을 공유할 수 있는 강점이 있다. 디즈니의 경우 영화, 놀이공원, TV네트워크, 캐릭터 상품 등 다양한 시장에 걸쳐 활동하고 있지만, 핵심역량을 공유하며 관련다각화를 실현한 대표적 예이다. 비관련다각화는 서로 관련성 없는 시장으로 진출하여 위험을 분산하는 효과가 있다. GE는 에너지, 항공, 제조, 헬스, 운송 등 서로 관련이 없는 다양한 시장에 걸쳐 활동을 하는 비관련다각화의 대표적 기업이다.

수평적 통합

수평적 통합(horizontal integration)은 동종 산업 내의 경쟁기업을 인수·합병하여 기업의 규모를 확장하는 전략이다. 인수(acquisition)는 하나의 기업이 대상기업을 매수하는 것으로 인수대상기업과의 협의 하에 이루어지는 경우와 인수대상기업의 의사와 관계없이 적대적으로 이루어지는 경우로 나뉜다. 합병(merger)은 두 개의 기업이 서로의 자산을 결합하는 것으로 대부분 양자 간 합의에 의해 이루어진다.

수평적 통합의 목적은 비용절감이 있다. 동종 업계의 기업이 합치게 된다면 규모의 경제를 달성해 평균 제품 단가를 낮출 수 있으며, 산업 내에서 경쟁자가 줄어들기 때문에 공급자와 제품의 수요자 사이의 관계에서 협상력이 증가해 기업의 수익을 가져올 수 있다. 또한 다양한 제품들을 한꺼번에 판매 가능하기 때문에 제품의 가치가 증가되는 효익이 생긴다.

하지만 수평적 통합은 이익실현에 있어서는 좋은 전략이나 통합 과정에 있어 많은 비용이 발생한 경우 예상보다 적은 이익을 얻게 되며, 법적으로 독점 제재와 같은 마찰이 생기는 문제점도 있다. 또한 통합 후 서로 다른 두 조직이 하나가 되면서 발생하는 부작용도 크게 작용한다. 서로 다른 조직문화, 직급 및 보상체계를 조화롭게 일치시키는 과정에서 많은 시간과 비용이 소모될 수 있다.

수직적 통합

수직적 통합(vertical integration)은 공급사슬 단계의 일부를 통합하는 것으로, 공급사슬(supply chain)이란 공급업자로부터 원자재 및 부품을 공급받아 생산 · 조립 과정을 거쳐 유통 및 시장판매 등 고객에 이르기까지 일련의 활동을 의미한다. 일반적으로 원자재, 부품생산, 조립, 제조, 가공, 유통, 판매의 과정을 포함한다.

공급사슬
공급업자로부터 소비자에 이르기까지 원료 및 부품의 수급, 조립, 유통, 판매하는 일련의 활동

수직적 통합은 전체 시스템의 목표를 효율적으로 달성하기 위해 생산, 유통의 단계를 결합시키기 때문에 기업 간 거래에서 발생하는 시간이나 금전상의 문제들을 최소화 해주고, 기업 활동 간 조정이 용이해지는 장점이 있다. 더불어 양질의 원자재 공급으로 인한 품질의 향상과 독점적 유통망 구축을 통해 시장지배력을 강화할 수 있다.

수직적 통합의 가장 큰 문제점은 유연성의 약화인데 환경 변화에 따른 기술 변화를 하기 위해서는 모든 시스템을 같이 변화시켜야 하기 때문이며, 다른 특성을 가지고 있는 사업 부문들은 효율적으로 관리할 수 없는 문제점이 있다. 그리고 자사 소유의 부문으로부터 공급을 받기 때문에 각 부문은 시장에서 경쟁을 하지 않는 이점을 이용해 비용이 비싸거나 납기 지연과 같은 문제도 발생한다.

수직적 통합의 종류로는 구성 요소를 통합하는 방향에 따라 [도표 8-2]와 같이 전방통합(forward integration)과 후방통합(backward integration)이 있다. 전방통합은 어느 지점에서 시작하든 소비자를 향해 나아가는 것으로,

공급업자가 납품하던 부품을 이용하여 직접 완제품을 조립 · 생산하는 경우, 혹은 제조업자가 소비자에게 제품이 전달되는 유통 과정을 통합하는 활동 등의 사례를 들 수 있다. 그에 비해 후방통합은 원자재를 향해 나아가는 것으로, 제조업자가 제품생산에 필요한 원자재 기업을 소유, 통제하는 경우, 또는 소매업체가 매장에서 판매할 제품을 직접 제조하는 경우 등을 말한다.

도표 8-2 전방통합과 후방통합

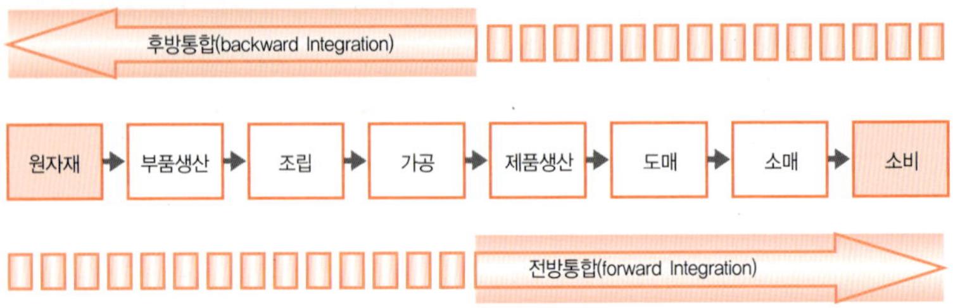

축소전략

임시적 축소전략

기업은 경영성과가 안 좋거나 시장환경이 악화될 때 상황에 맞게 규모를 줄이는 전략을 선택하기도 한다. 임시적 축소전략은 생산량 감소, 무급휴가, 일시적 해고(lay-off) 등 비용절감을 위해 일시적인 다운사이징(downsizing)을 추진하는 것이다. Lay-off는 경영악화로 인해 조직구성원을 일시해고하고, 상태가 호전되면 이들을 우선적으로 재고용하는 것을 의미하나, 최근에는 영구적 해고, 대량해고의 의미로 사용되기도 한다.

영구적 축소전략

치명적인 경영악화로 인해 기업이 더 이상 기존의 형태를 유지하기 어렵고, 임시적인 미봉책으로는 문제해결의 조짐이 보이지 않을 때, 기업은 대규모의 영구적 축소전략을 실시해야 하는 경우도 발생한다. 이는 보다 극단적인 조치를 포함하며, 구조조정, 사업부 매각, 대량해고 등이 여기에 해당한다.

03 사업부 수준의 전략

사업부 수준의 전략은 특정 사업 영역 내에서 생산이나 판매에 있어 중요시 되는 핵심역량을 파악하여 경쟁의 방법을 결정짓는 것이다. 따라서 사업전략(business strategy) 혹은 경쟁전략(competitive strategy)이라고도 부른다. 경쟁 방법을 결정하기 위해서는 경쟁기업과의 관계에서 우위를 점할 수 있는 요소를 고려해야 하며, 경쟁우위에 대해서 1980년 Porter가 본인의 저서 〈경쟁전략(competitive strategy)〉에서 언급한 본원적 전략(generic strategies)을 중심으로 살펴보도록 하겠다.

사업부 수준의 전략
특정 사업 영역 내에서 생산이나 판매에 있어 중요시 되는 핵심역량을 파악하고 경쟁 방법을 결정

본원적 전략은 사업부 수준의 전략을 발전시킴에 있어서 기업의 종류와 산업 환경의 변화와 상관없이 적용할 수 있는 원가우위, 차별화, 집중화전략이 있다. 각각의 요소들에 따른 전략구성 방법은 [도표 8-3]과 같으며 세부적인 내용을 살펴보면 다음과 같다.

도표 8-3 본원적 전략

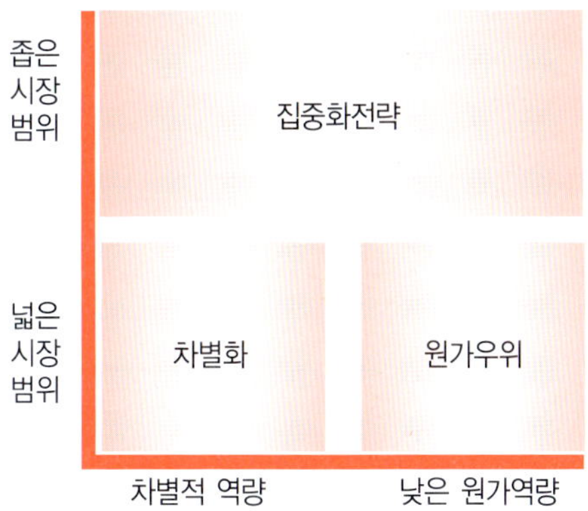

원가우위전략

원가우위(cost leadership) 혹은 비용우위전략은 비용을 줄일 수 있는 방법을 찾아내어 경쟁기업보다 단위당 낮은 원가로 제품이나 서비스를 생산해 소

비자에게 공급하는 것을 목표로 한다. 이때 제품과 서비스의 품질은 경쟁기업과 유사하거나 수용 가능한 수준이어야 한다. 낮은 비용은 경쟁자가 비슷한 가격으로 경쟁한다 하더라도 우선 비용우위를 가지고 있기 때문에 높은 이윤을 가져올 수 있으며, 경쟁이 심해지더라도 비용우위 측면 때문에 경쟁기업보다 더 낮은 가격으로 판매할 수 있게 된다. 결국 저원가로 인해 동일한 경쟁기업보다 더 쉽게 시장에 진출할 수 있고 높은 시장점유율을 달성하게 된다.

낮은 원가를 달성할 수 있는 방법을 살펴보면 다음과 같다.

첫째, 규모의 경제는(economy of scale), 생산량의 증가에 따라 단위당 생산원가가 절감되는 것을 의미한다. 원자재 및 부품의 대량구입으로 인한 할인, 인건비 할인, 고정비용 상쇄 등의 효과로 나타난다. 하지만 생산량이 일정 규모 이상 증가하면 이를 관리하기 위한 비용이 추가적으로 발생하며 단위당 생산원가가 다시 늘어날 수 있다. 원가우위전략을 취하기 위해서는 최대한의 최적규모를 적절히 결정하는 것이 필요하다.

둘째, 조직구성원들의 업무학습으로 인해 시간당 생산량이 늘어나 노무비가 줄어드는 학습효과(learning effect)가 있다. 이는 한 시점의 생산량과는 관계없지만 누적생산량이 증가함에 따라 단위당 생산원가가 절감되는 현상이다. 다시 말해, 소규모로 생산량을 운영하더라도 일정시간 경험이 누적되고 나면 초기에 비해 숙련도가 늘어나 작업시간이나 비용이 절감되는 것을 의미한다.

셋째, 노동력과 원자재와 같은 투입 요소 자체의 낮은 생산요소비용을 들 수 있다. 다만 생산요소비용의 절감을 위해 낮은 품질의 원자재를 활용하거나 인건비를 삭감하다보면 그로 인한 불량, 품질저하 등의 문제가 발생할 수 있으니 주의해야 한다.

넷째, 우월한 기술로 인해 사업운영의 비용차이가 생기는 비용절감 등이 있다. 끊임없는 기술개선과 혁신을 통해 조직 내 효율성을 높이고 비용을 절감할 수 있다.

원가우위는 표준화된 일상재화와 같이 가격 이외에 경쟁적인 요소가 많지 않은 경우, 제품의 자별화가 어려워 제품선택에 있어 선택의 폭이 좁은 경우, 동종 산업 내 기업들이 대부분 같은 가격정책에 바탕을 두고 이루어지는 경우에 적합하다. 하지만 원가우위를 달성하기 위해서는 품종의 다양화가 어려워 환경의 변화에 대응하기가 어렵기 때문에 기술상의 새로운 변화나 혁신, 그리고 고객의 요구에 대해 지속적인 관심을 가져야 한다.

원가우위전략을 실현하기 위한 조직의 구성 방법은 규모의 경제 달성을 위해 단순하면서도 좁은 범위의 사업기능에 초점을 맞춰야 한다. 그리고 직원들이 원가절감에 참여하도록 원재료, 재고 등에 철저한 감독이 이루어져야 하며, 절감에 따른 인센티브와 같은 방식을 도입해 보상을 해야 한다.

차별화전략

차별화(differentiation)전략은 고객이 요구하는 제품이나 서비스를 창출해 내서 경쟁우위를 확보하는 전략이다. 다른 경쟁기업이 제공하지 못하는 고유한 가치를 창출하여, 가격 프리미엄을 이용해 경쟁우위를 확보할 수 있다. 다시 말해, 차별화는 고품질과 고가격을 이용한 경쟁 방법이다.

차별화를 달성하기 위해서는 다양한 고객 욕구가 있는 경우와 경쟁기업이 차별화를 추진하지 않고 모방하기 힘든 경우에 적합하며, 방법으로는 제품 자체의 사양을 차별화 하는 방법, 제품이나 기업의 명성에 대한 차별 방법, 고객 접근성에 따른 입지조건 차별 방법, 다른 기업과 연계해 새로운 산출물을 만들어 내는 차별 방법 등이 있다.

차별화전략을 실행하기 위해서는 고객의 요구라는 측면을 생각할 때 조직의 구성 방법은 철저하게 분권화 되고 유기적 구조의 형태를 가져야 한다. 또한 마케팅이나 연구개발 부분을 중요시 하고 혁신과 창의성을 높이기 위해 재능 발휘에 따른 보상이 이루어져야 한다.

결국 차별화전략은 고객에게 차별화된 서비스나 제품을 제공하기 때문에 고객에게 높은 수준의 가격에 판매할 수 있는 가격 프리미엄이 가능해 지고 이를 통해 이윤확보가 가능해져 기업에게 경쟁우위를 가져다준다.

차별화는 유형차별화와 무형차별화로 나눌 수 있는데, 첫째, 유형차별화는 제품의 품질, 성능과 같은 기술적인 측면에서의 차별화로 경쟁기업의 제품과 비교하여 실질적으로 높은 수준의 성능을 제공해준다. 둘째, 무형차별화는 디자인, 광고와 같이 마케팅 측면의 차별화 성격이 강하며, 제품의 성능은 큰 차이가 없을 수도 있으나 고객의 입장에서 독특하다고 인식되어야 차별화 되었다고 할 수 있다.

집중화전략

틈새전략(niche strategy)이라고도 하는 집중화전략(focus strategy)은 특정 제품, 소비자, 지역 등과 같이 한정된 부분만을 집중적으로 공략하는 전략으로 특정 기업이 그 분야에서 특화되었다는 것을 의미한다. 일반적으로 집중화전략은 시장의 세분화를 많이 할 수 있거나, 다른 기업들과의 경쟁을 회피하기 위해 전체 시장을 대상으로 경쟁하지 않는 작은 규모의 기업에 사용하면 좋다. 또한 기업 활동 자체가 고객과 밀착되어 이루어지므로 고객 욕구 변화에 대응하기 쉬울 때 사용한다. 그러나 시장의 규모가 작기 때문에 소량 생산만이 이루어지며 이렇게 된다면 생산원가가 원가우위전략의 기업보다 높아지는 경우가 생기게 된다.

04 기능 수준의 전략

기능 수준 전략(functional level strategy)은 사업부 내의 각 기능부서들이 상위 수준의 전략적 목표를 달성하는데 기여하기 위한 활동을 계획하는 과정으로 마케팅, 생산, 재무, 인사 등의 기능부서에 따라 구체적인 방법론은 다르게 적용된다. 중요한 것은, 각 기능부서별 목표가 사업부, 더 나아가 기업 수준의 목표와 일치하는 방향으로 일관성을 유지해야 하는 점이다. 예를 들어, 사업부가 차별화전략을 추구하는데 마케팅이 대규모의 할인정책을 펼치거나 인사가 인건비 절감을 위해 교육·훈련을 등한시 한다면 사업부 수준의 전략적 목표는 달성되기 어렵다. 따라서 각 기능부서들은 기업, 그리고 사업부의 전략적 목표를 달성하기 위한 부서 내 방침과 전술을 세우고, 조직 전체의 목표에 수렴해나가는 것이 중요하다.

기능 수준의 전략
사업부 내 각 기능부서가 상위 전략에 기여하기 위한 활동 계획

05 전략경영 분석도구

앞서 기업, 사업부, 기능 수준에 따라 기업이 수립할 수 있는 전략의 유형에 대해 살펴보았다. 이제부터는 기업의 각 수준별 의사결정자가 전략적 목표를 계획할 때 활용할 수 있는 다양한 전략경영의 분석도구에 대해 알아보기로 한다.

SWOT 분석

SWOT 분석 또는 TOWS 분석이라 불리는 이 방법은 조직의 내·외부환경 분석 방법의 하나로 스탠퍼드 대학에서 1960~70년대에 포춘지 선정 500대 기업들을 연구하면서 나온 결과를 토대로 만들어졌다. 기본적으로 SWOT는 기업이 가지고 있는 내부환경을 강점(Strength: S)과 약점(Weakness: W)으로 나눠 분석하고 기업의 외부환경을 기회(Opportunity: O)와 위협(Threat: T)으로 나눠 분석해 작성을 하게 된다. 내부환경에 해당하는 강점

SWOT 분석
기업의 강점과 약점, 환경의 기회와 위협을 분석

과 약점은 기업이 내부적으로 보유하고 있는 자원과 역량을 포함하고, 외부 환경에 해당하는 기회와 위협은 시장 혹은 산업 등 기업 외부로부터 주어지는 것들을 의미한다. SWOT 분석을 이용하면 경영자는 조직이 처한 환경에 대한 상황인식을 할 수 있으며, 현재 기업이 가지고 있는 자원과 역량분석을 할 수 있어 앞으로의 전략을 수립하기 위한 중요한 자료로 삼을 수 있다.

SWOT 분석은 보통 X, Y축으로 2차원의 사분면을 그리고 각각 하나의 사분면에 강점(S), 약점(W), 기회(O), 위협(T)을 배치하여 연관된 사항들을 우선순위로 작성하게 된다. 강점에는 일반적으로 독특한 능력, 경쟁우위, 혁신력, 강한 상표명, 독점적 기술, 충실한 고객 등과 같이 기업 내부의 강력한 핵심역량이 존재하게 된다. 그에 비해 약점에는 취약한 시장점유율, 높은 원가, 낮은 제품개발력 등과 같이 경쟁기업에 비해 또는 기업 자체가 가지고 있는 문제점이나 개선사항들이 위치하게 된다.

기회에서는 새로운 시장에서의 성장, 품질개선, 고객의 욕구증대와 같이 기업의 외부환경이 호의적으로 바뀔 수 있는 요인이 포함되며, 위협에서는 새로운 경쟁자의 침입, 기술의 변화, 불리한 법률, 고객의 강한 압력과 같은 기업의 입장에 불리한 요소가 될 수 있는 환경적 요인들에 대해 기술하게 된다.

SWOT 분석의 다음 단계는 작성된 표를 토대로 기업이 가지고 있는 강점과 약점을 경쟁기업과 비교 · 분석해 자사가 가지고 있는 상대적인 강점을 미래의 시장에서 어떻게 활용할 수 있는지, 그리고 자사의 상대적인 약점을 어떻게 보완하거나 방어할 수 있는지를 분석한다. 일반적으로는 기업 가치사슬의 각 단계를 고려해 파악하며, 그 다음 기회와 위협의 상황과 적절히 조합해 기업에 있어서 가장 적합한 전략이 무엇인지 찾아내게 된다.

도표 8-4 SWOT 분석사례

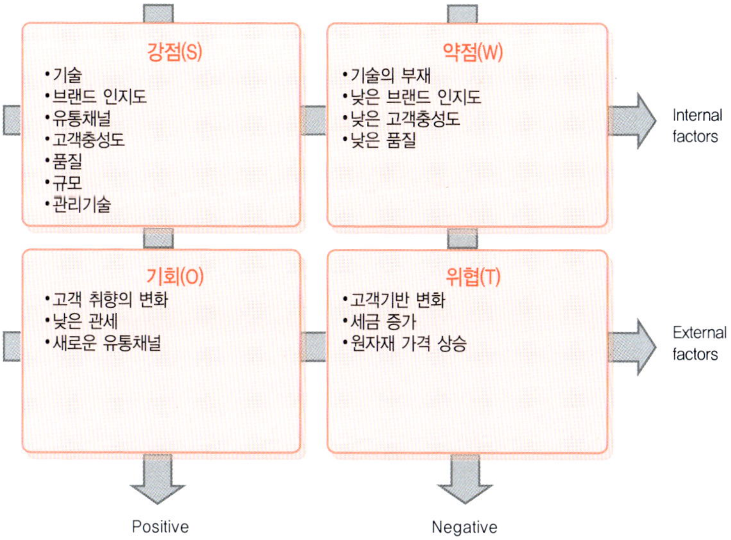

상황에 따른 SWOT 전략

❶ SO 전략

기업 입장에서의 기회와 장점이 모두 충분해 가장 좋은 환경이라고 할 수 있다. 장점을 극대화 할 수 있는 공격적, 성장전략이 필요하며 이를 위해서는 핵심역량에 대한 집중화전략이나 시장확대를 위한 M&A 전략이 필요하다.

❷ ST 전략

장점인 자원을 가지고 있지만 외부환경이 좋지 않은 위협적 상황을 말하는 것으로, 환경 요소를 고려해 지나친 확장은 삼가야 하지만, 보유하고 있는 강점을 활용할 수 있는 방안을 찾아내야 한다. 즉, 관련 다각화전략 등을 통해 시장점유율을 높여나가 위협적 환경에 대해 대응해야 한다.

❸ WO 전략

이 단계는 외적 요건은 유리하게 전개되고 있지만 조직에서는 아직 그 기회를 살릴 수 있을 만큼 역량을 갖추지 못한 경우다. 그렇다고 해서 환경의 기회를 눈앞에 두고도 나의 약점으로 인해 움츠리고만 있지 말고, 우회지향적 전략을 통해 약점을 최소화 할 수 있는 방법을 찾는 것이 필요하다. 만약 시장상황이 유리하게 돌아가게 되면 SO 전략과 같은 공격적인 경영으로 전환도 가능하다.

❹ WT 전략

자신의 약점이 부각되며 환경도 좋지 않은 가장 취약한 상황이다. 따라서 이 경우는 해당 사업을 진행할 것인가 또는 당분간 사업을 보류할 것인가 등 근본적인 해결책을 모색해야 한다.

도표 8-5 SWOT 상황별 전략

환경은 자주 변화하기 때문에 기업이 성장하기 위해서는 각 상황에 맞는 여러 대응 방안이 필요하다. SWOT 분석을 사용하게 되면, 전략분석을 내부적인 상황뿐만 아니라 외부적인 환경에 대해서도 파악 및 적용이 가능해 이해하기 쉽고, 기업 전반적인 분석부터 세부적 분석까지 분석의 수준을 조절하기가 쉽다. 또한 분석 자체가 간단하게 정리되므로 전략의 우선순위 파악이 쉬우며, 내용이 정성적(qualitative)이므로 조직구성원들이 쉽게 공감해 빠

르 의견일치를 볼 수 있다. 하지만 외부환경에 대한 기회와 위협이 분석되기 전까지는 SWOT 분석이 완성될 수 없다는 단점이 있다. 그리고 SWOT 분석자는 항상 정확하고 충분한 정보습득을 위해 노력해야 한다. 분석 과정에서 분석 요인에 대한 충분한 정보를 얻지 못할 경우 효과적인 분석에 어려움이 생기기 때문이다.

포터의 산업구조분석

산업구조분석
산업경쟁에 영향을 미치는 5개의 힘에 대한 분석

산업구조분석은 산업환경에 대해 체계적인 분석을 한 이론으로 1980년 Porter의 저서 '*Competitive Strategy*'에서 제시하였다. Porter의 주장에 의하면 기업은 전략을 수립할 때 현재 보유하고 있는 다양한 자원을 고려할 뿐만 아니라, 산업경쟁에 영향을 미치는 5개의 힘(five forces)도 같이 고려해야 한다는 점을 강조하고 있다. 5가지의 힘은 각각의 구성 요소에 따라 산업경쟁에 영향을 미치기 때문에 영향력의 결과에 따라 기업의 이윤과 산업의 매력도 정도는 달라진다. 5가지의 힘의 요소에는 현재 산업 내 경쟁, 공급자의 교섭력, 구매자의 교섭력, 새로운 경쟁자의 위협, 대체재의 위협이 있다.

도표 8-6 **산업구조분석 모형** [1)]

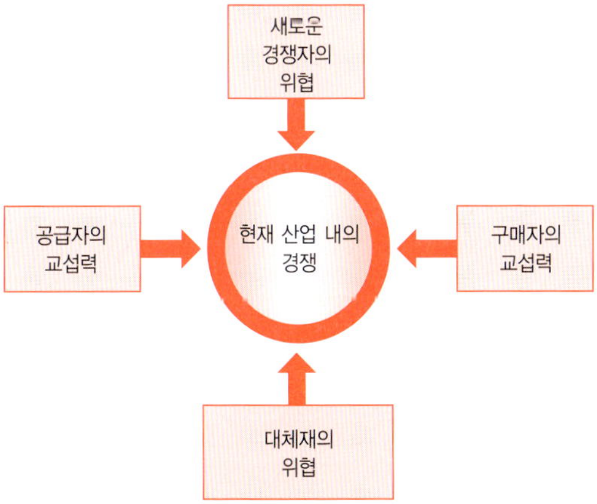

1) from "The five competitive forces that shape strategy" by Michael E. Porter, *Harvard Business Review*, January 2008.

현재 산업 내 경쟁

산업구조분석 모델 중에서 한 가운데 있는 분석 요소로 현재 기업이 속해 있는 시장 안에서의 산업의 경쟁 정도를 나타낸다. 기업이 동일한 고객을 상대로 경쟁하고 경쟁업체의 희생을 통해 시장점유율을 확대하여야 하는 상황이라면, 경쟁업체에 대응해야 한다. 따라서 경쟁적 환경을 이해하기 위해서는 같은 산업 내의 경쟁업체를 규명하여야 하며 그 경쟁구조가 어떻게 되는지를 분석하여야 한다. 이와 같이 기존 산업 내에서의 기업들 간의 경쟁양상과 강도를 결정하는 요소들이 존재하고 있다. 산업 내 경쟁에 영향을 미치는 요소를 살펴보면 다음과 같다.

❶ 산업의 집중도

산업의 집중도(concentration)는 동일 산업에 속하는 기업의 수와 그 개별 기업의 규모를 말한다. 집중도가 높다는 것은 해당 산업 내의 기업의 수가 적으며, 기업 간 경쟁이 낮다는 것을 의미한다. 반대로 집중도가 낮으면 그 산업 내에서는 기업의 수가 많고 개별기업의 규모가 작기 때문에 경쟁이 치열하다는 것을 의미하는 것이다. 결국 산업의 집중도가 높으면 그 산업은 특정 기업의 독 · 과점시장이 형성되어 수익률이 높아지게 되며, 집중도가 낮으면 수익률은 낮아지게 된다.

❷ 제품차별화

산업 내에는 다양한 제품이 있는데 생수와 같이 디자인이나 품질 면에서 회사별로 차이가 없는 제품들도 존재한다. 이런 제품들을 일상품(commodity)이라 하며, 가격 이외에 경쟁할 만한 이점이 없기 때문에 일상품이 속해있는 산업 내에서는 가격경쟁이 심화되는 현상을 보인다. 즉, 제품차별화가 없는 산업에서는 상호간의 가격경쟁으로 인해 기업들의 수익률은 낮아지게 되며, 가격 이외에 다른 요소로 차별화 경쟁을 할 수 있는 산업의 기업은 수익률이 높아지게 된다.

❸ 경쟁기업과의 동질성

산업 내의 경쟁자들이 여러 분야에서 동질적인 성격을 가지고 있는 경우에는 수익을 추구하는 형태가 비슷해서 담합을 하기가 쉽고, 담합으로 인한 높은 수익률을 추구할 수 있다. 하지만 담합이 어려울 경우에는 가격경쟁이 치열해져 산업의 수익률은 낮아질 수 있다. 즉, 산업 내 기업 간 동질성이 높을 경우는 한정된 비즈니스 모델로 인해 경쟁이 치열해지지만, 이 경우 담합가능성 역시 높아져 담합 여부에 따라 산업 내 경쟁이 오히려 약화되는 경우도 존재한다. 또한 기업들의 규모가 비슷할수록 경쟁의 강도가 심해지지만 산업 내에 지배적인 기업이 존재할 경우에는 타 기업들은 대항하여 가격경쟁을 하기보다는 지배기업이 정한 가격을 그대로 따르는 경우가 많다.

❹ 산업 내의 비용구조

산업 내의 비용구조는 고정비와 변동비의 비중을 의미하며, 이 중에서 고정비의 비중이 높을수록 수익률은 낮아진다. 기업은 초기 투자비용이 많이 들어가는 경우 투자비용의 회수를 위해 가격을 인하해 판매량을 높이는데 신경을 쓰게 된다. 판매량이 증가하려면 고정설비의 유휴도를 낮춰야하기 때문에 이런 반복 순환은 기업의 낮은 수익률만을 가져오게 된다.

❺ 초과 생산능력

산업의 수익률은 생산능력과 수요가 일치할 경우 높아지게 되는데, 수요 이상의 초과 생산능력이 존재할 경우에는 고정비용으로 인해 수익률이 낮아지게 된다. 이런 경우에는 기업들은 유휴설비를 줄이기 위해 다른 산업으로 설비를 이전시키기도 하지만, 퇴거장벽(exit barrier)이 높은 산업인 경우에는 이전도 불가능하기 때문에 가격인하나 직원 수를 줄여서 비용적인 측면을 줄이려고 노력한다. 그러나 이러한 초과 생산능력은 생산이 따라 가지 못할 정도로 수요가 갑자기 증가하게 되는 경우에는 자연스러운 진입장벽(entry barrier)이 형성되어 기대하지 않던 높은 수익률을 올리기도 한다.

새로운 경쟁자의 위협

새로운 기업의 진입은 산업의 경쟁 정도를 높이고, 수익률은 낮아지는 결과가 나타나게 된다. 그렇기 때문에 산업에 속해 있는 기존 기업들은 새로운 경쟁자가 들어오는 것을 막기 위해 진입장벽을 만들며, 진입장벽이 높은 경우에는 새로운 경쟁자가 쉽게 시장에 진출하기 어려워져 해당 산업의 수익률은 높아질 수 있다. 대표적인 진입장벽으로는 자본소요량, 규모의 경제, 절대적 비용우위, 제품차별화, 유통경로, 정부의 규제 및 제도가 있으며 그 구체적인 내용은 다음과 같다.

❶ 자본소요량

자본소요량은 신규 기업이 기존 시장에 진출하기 위해 투자하는 비용을 의미하며, 자본소요량이 높다는 것은 그만큼 투자비용이 높다는 것이다. 예를 들어, 항공기 시장과 같이 초기 투자비용이 월등히 많은 경우는 쉽게 다른 기업이 시장에 들어오기 어렵기 때문에 자본으로 인한 진입장벽이 형성된다.

❷ 규모의 경제 달성

생산규모가 큰 산업에서는 초기 진입자들이 많은 생산력과 판매를 감당할 수 없기 때문에 쉽게 시장진입을 할 수 없다. 즉, 규모의 경제(economies of scale)를 달성한 기존 업체들은 점점 더 시장에서의 비중이 커지면서 자연스럽게 진입장벽이 형성되는 경우라 할 수 있다.

❸ 절대적 비용우위

산업에 미리 진출해 있는 기존 기업들은 초기 진입의 혜택으로 신규 진입자들에 비해 비용적인 측면에서 월등히 앞서갈 수 있는 요인들을 가질 수 있다. 경험을 통한 비용의 우위는 경쟁기업이 쉽게 습득할 수 없기 때문에 진입장벽이 될 수 있다.

❹ 제품의 차별화

기존 기업들은 이미 그 시장에서 많은 브랜드 인지도와 신뢰도를 쌓은 상태이다. 신규 진입자들은 기존 기업들의 인지도와 이미지보다 앞서가기 위해서는 차별화 된 브랜드를 정착시켜야 하는데, 그로 인한 많은 비용과 시간이 소모된다. 결국 신규 진입자들은 투자적인 측면이 부담되기 때문에 쉽게 시장에 진출하기 어렵게 되며, 이 또한 하나의 진입장벽으로 작용하게 된다.

❺ 유동경로의 보유

기존 기업은 신규 기업들에 비해 이미 강력한 유통경로를 보유하고 있다. 소비자들 역시 잘 알려져 있는 상품을 선호하기 때문에 신규 제품은 유통업자들이 잘 취급을 하려고 하지 않는다. 그렇기 때문에 신규 기업이 신규 시장에 진입하고자 할 때는 유통경로를 확보하기 위해 가격할인, 판매촉진 등의 노력이 필요하게 된다. 최근 온라인 네트워크를 통한 상거래가 활발해지면서 유통경로로 인한 진입장벽은 과거에 비해 상대적으로 약화되고 있는 추세이다.

❻ 정부규제 및 제도

특정 산업이 보호를 위해 정부에서는 허가요건의 강화나 해외투자제한 등을 통해 신규 진입자들을 제한할 수 있다. 하지만 반대로 기존 진출기업의 독점을 방지하기 위해 규제 등을 풀어 신규 진입자들이 쉽게 산업에 진출하게 만들어 줄 때도 있다.

대체재의 위협

대체재(substitute goods)란 쌀과 밀가루처럼 서로 대신 쓸 수 있는 관계에 있는 두 가지의 재화를 의미한다. 대체재의 존재로 인해 기업은 교섭력이 상실되어 제품의 가격을 올릴 수 없으며 이로 인해 산업의 수익률이 낮아지게 된다. 특히 대체재가 가격 대비 성능 측면에서 기존 제품에 비해 매력적인 대안이 되는 경우나 대체재에 대한 구매자들의 전환비용이 낮은 경우는 더욱더 위협이 될 수 있다. 이런 산업에 속한 기업은 어려움을 극복하기 위해 품질을 향상하거나 공격적인 판매캠페인을 실시하여야 한다. 전환비용은 기존의 제품에서 새로운 대체재로 변경할 때 들어가게 되는 비용으로, 기차 대신 비행

기를 탈 때 지급해야 할 추가비용을 예로 들 수 있다. 그런데 이러한 전환비용에는 경제적 전환비용뿐 아니라 심리적 전환비용도 존재한다. 제품의 가격과 관계없이 심리적인 부담 혹은 매력으로 인해 대체재로의 전환이 결정되는 경우도 있다.

구매자의 교섭력

산업 내에 많은 경쟁기업이 존재하게 되어 구매자들이 제품의 선택권이 넓어지게 된다면 기업의 이윤은 감소한다. 구매자들의 교섭력은 공급은 많으나 수요가 적은 경우, 구매자가 많은 양을 구매하는 경우, 구매자가 산업에 대해 많은 지식을 가지고 있을 경우에는 더욱 높아지게 된다. 이렇게 구매자들의 교섭력(bargaining power)이 증가하게 되면 가격은 낮아지고 산업의 수익률은 낮아지게 된다.

공급자의 교섭력

기업은 재화나 서비스를 생산하기 위해서는 공급자로부터 원자재를 받아야 한다. 공급자는 자신들의 이윤을 위해 교섭을 통해 비싼 가격으로 납품을 하고 결국 기업의 이윤은 감소하게 된다. 공급자의 교섭력은 공급자가 공급하는 제품에 대한 대체품이 적은 경우, 제품이 차별화 되어 교체비용이 높은 경우, 공급자의 가격인상을 소비자에게 전가시킬 수 없는 경우, 그리고 공급업자가 소수에 불과할 경우 이런 현상이 더욱 심하게 나타난다.

산업구조분석은 해당 산업의 수익률에 대해 설명해 주기 때문에 산업의 미래에 대한 예측이 가능하다. 또한 산업의 수익률을 구성하는 요소들을 고려함으로써 각 요소별 전략을 세우는 데도 도움이 된다. 그러나 동일 산업이라 해도 조직마다 직면하는 환경이 상이하기 때문에 산업의 예측된 수익률이 동일 산업 내 모든 기업에게 적용된다고 정의하기는 어렵고, 정태적 분석이라 산업이 지속적으로 변화하는 현실을 설명하기가 힘들다. 그리고 기업 간 경쟁전략에 의한 상호 영향 등을 고려하지 못하고 있다는 단점도 있다.

BCG 매트릭스

기본개념

기업의 경영전략 수립에 있어 기본적인 분석 도구로 활용되는 기법 중에 하나가 사업포트폴리오(business portfolio) 분석이다. 사업포트폴리오 분석은 조직의 목적을 달성하기 위해 한정된 자원의 최적배분을 달성하는 데 있으며, 기업의 전략사업단위(Strategic Business Unit: SBU)에 대한 분석을 목적으로 한다. 기업의 전략사업단위란 개별적인 사업과 목표를 갖는 하위구성단위로, 기업의 다른 사업단위와 별개인 독립적으로 계획으로 운영된다.

BCG Matrix
시장성장률과 상대적 시장점유율에 따라 사업 포트폴리오를 분석

BCG Matrix는 보스턴컨설팅그룹(Boston Consulting Group)에 의해 1970년대 초반 개발된 사업포트폴리오 분석기법으로, 외부환경 요인인 시장성장률과 산업 내 기업의 위상을 의미하는 상대적 시장점유율에 의해 각 사업부를 평가하고 기업 전체의 자원배분 기준과 각 사업부의 전략방향을 제시해 준다.

BCG Matrix의 구성을 살펴보면 매트릭스 작성 시 하나의 축에는 상대적 시장점유율을, 또 다른 하나의 축에 시장성장률을 나타내어 각 사업단위의 경쟁적 지위를 알아 볼 수 있게 한다.

상대적 시장점유율은 해당 산업에서 가장 큰 경쟁기업이 가지는 시장점유율과 자사가 가지는 시장점유율 간의 비율을 의미한다. 예를 들어, 모 전자회사의 전략사업단위인 모바일 사업부가 30%의 시장점유율을 가지고 있고 가장 큰 경쟁기업이 10%의 시장점유율을 가지고 있다면, 그 전자회사의 상대적 시장점유율은 3이 된다. 반대로 만약 경쟁기업이 더 높은 40%의 시장점유율을 갖는다면 해당 전자회사의 상대적 시장점유율은 0.75가 된다. 즉, 상대적 시장점유율이 1보다 크다는 것은 상대적으로 경쟁사보다 강한 전략사업단위

이고, 상대적 시장점유율이 1보다 작다는 것은 상대적으로 경쟁사보다 약한 전략사업단위인 것이다.

시장성장률은 해당 SBU가 속한 시장의 성장률을 의미하는데 이 비율은 전체 경제성장률과의 관계에 의해서 결정된다. 시장성장률이 경제성장률보다 높은 경우는 좋은 사업적 기회를 가지는 전략사업단위이며, 시장성장률이 경제성장률보다 낮은 경우는 쇠퇴기로 접어든 사업이다.

BCG Matrix는 이러한 상대적 시장점유율과 시장성장률의 높고, 낮음에 따라 물음표, 별, 현금소, 개로 표현되는 4개의 영역으로 구성이 된다. 조직의 SBU들은 각각의 시장점유율과 성장률에 따라 매트릭스상의 한 곳에 위치하게 되고, SBU의 매출액은 원의 크기를 통해 나타낸다. BCG의 각 영역별의 평가 내용은 다음과 같다.

도표 8-7 BCG 매트릭스

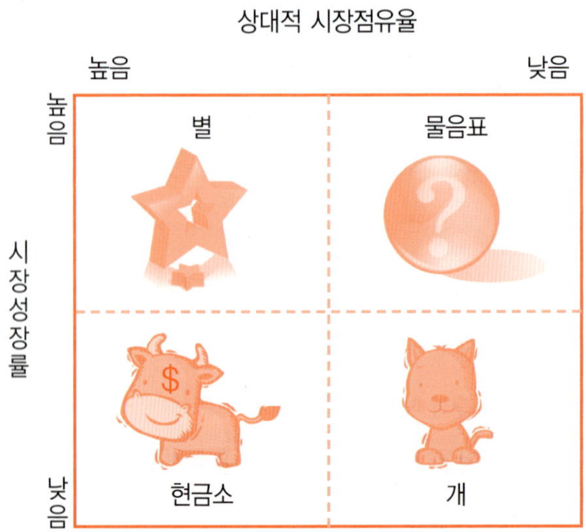

BCG 매트릭스 영역

❶ 물음표(Question Mark)

물음표 영역은 시장의 성장률은 높지만 상대적 시장점유율은 낮은 사업부로 제품수명주기의 도입기에 해당된다. 시장의 성장 정도는 빠르나 많은 이윤을 얻기는 힘들다. 시장의 성장으로 인해 이익을 높일 수 있는 기회가 많으므로 투자가 이루어지지만 해당 산업에 미리 진출해 있는 기존 기업과의 경쟁에서 살아남아야 하므로 투자의 불확실성과 위험이 함께 존재한다. 이 영역은 문제아(problem child)라고 불리기도 한다.

❷ 별(Star)

별 영역은 시장성장률과 상대적 시장점유율이 높은 사업부로 제품수명주기의 성장기에 해당된다. 급속한 성장으로 인해 많은 이익을 얻을 수 있어 현금 유입을 기대할 수 있지만 시장점유율을 유지하기 위해서는 생산시설의 막대한 자원의 투자가 요구되기 때문에 그만큼 현금유출이 불가피한 사업부이다.

❸ 현금소(Cash Cow)

현금소 영역은 시장의 성장률은 낮지만 상대적 시장점유율은 높은 사업부로 제품수명주기의 성숙기에 해당되며, 현재의 위치를 유지하는데 신경 써야 한다. 커다란 이윤으로 인해 강한 현금유입이 발생하는 상황이기 때문에 안정화를 이뤄야 하고, 만약 실패로 돌아간다면 시장의 점유율이 낮아져 개(dog)로 전락하게 된다.

❹ 개(Dog)

개 영역은 시장의 성장률도 낮고 상대적 시장점유율도 낮은 사업부로 제품수명주기의 쇠퇴기에 해당된다. 현금을 창출하지만 이익을 올리지도 못하고 현금을 유출하기도 하므로 바람직하지 않은 사업이며, 사업철수를 위한 영업양도전략을 추구할 수 있다.

도표 8-8 BCG 매트릭스 영역별 평가와 현금흐름

별 • 수익: 높고 안정적임 • 현금흐름: 중립적 • 전략: 성장을 위한 수학 성장기	**물음표** • 수익: 낮고 불안정함 • 현금흐름: 마이너스 • 전략: 사업이 확장하여 별 또는 개로의 이동 여부를 결정 도입기
현금소 • 수익: 높고 안정적임 • 현금흐름: 높고 안정적임 • 전략: 현상유지 성숙기	**개** • 수익: 낮고 불안정함 • 현금흐름: 중립적 or 마이너스 • 전략: 철수 쇠퇴기

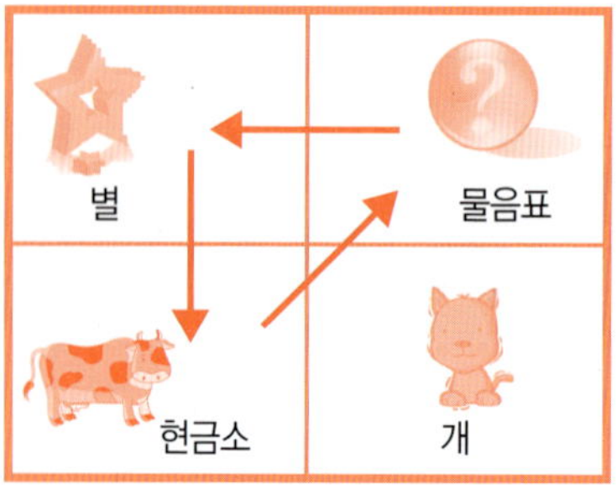

〈성공적 순환〉

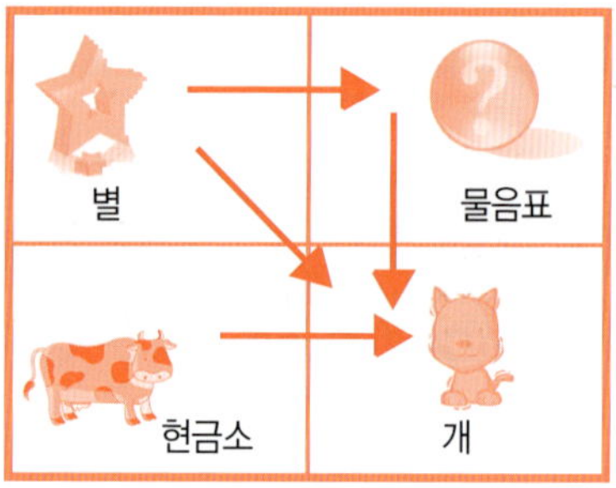

〈실패적 순환〉

BCG Matrix에서는 전략사업단위에 영향을 미칠 수 있는 다른 잠재적 요소들을 배제하고 단지 상대적 시장점유율과 시장성장률만을 이용해 평가했기 때문에 단순화의 오류에 빠지기 쉽다. 그리고 시장성장률 자체로는 산업 전체의 매력도를 나타내기는 힘들다. 마지막으로 BCG Matrix는 상대적 시장점유율이 높을수록 경험곡선 효과에 의해 원가우위가 창출됨으로써 높은 수익성을 가진다고 전제한다. 하지만 경험곡선 효과는 산업의 특성에 따라 달라질 수 있으며, 상대적 시장점유율이 낮은 경우에도 높은 수익성을 실현하는 기업들도 많다.

GE 매트릭스

맥킨지 컨설팅이 GE 그룹을 컨설팅하면서 사업의 경쟁적 지위와 시장 매력성을 평가하기 위한 매트릭스를 작성했는데 이를 GE Matrix 또는 McKinsey Matrix라 한다. GE Matrix는 BCG Matrix가 사업부를 평가·분석함에 있어서 시장성장률과 상대적 시장점유율만을 고려한 점을 보충해 다양한 평가 요인을 반영했다. BCG Matrix의 단점인 단일지표에 의한 경쟁력과 시장매력도 측정 방식을 보완하여 복수의 지표에 의해 좌표를 결정하고 산업의 매력도와 사업부의 강점을 고, 중, 저 평가에 따른 9개의 격자로 구분해서 신호등과 같은 색깔이나 빗금 표시로 도표를 작성했다. 산업의 매력도는 시장의 규모, 시장의 성장률, 산업의 수익률, 인플레이션의 가능성 등을 통해 결정하고, 사업부의 강점은 경쟁우위, 상대적 수익률 등을 통해 결정하게 된다.

GE Matrix
사업의 경쟁적 지위와 시장 매력성에 따라 사업포트폴리오 분석

도표 8-9 GE Matrix

사업부의 강점 \ 산업의 매력도	낮음	중간	높음
높음	선택/투자	투자/성장	투자/성장
중간	수확/매각	선택/투자	투자/성장
낮음	수확/매각	수확/매각	선택/투자

GE Matrix의 9개의 매트릭스에서 대각선에 놓여 있는 사업은 유지 또는 선별투자, 대각선 위에 있는 사업은 육성(투자), 대각선 아래에 있는 사업은 회

수(철수)전략을 고려해야 한다. 각각의 영역에 대해 살펴보면 붉은색 지역은 산업의 매력도와 사업단위의 강점이 높은 지역으로, 현재 상태를 유지하거나 성장하는 전략을 위해 투자를 해야 한다. 흰색 지역은 산업의 매력도와 사업단위의 강점이 중간인 지역이다. 경쟁력이 있다고 판단되는 사업단위는 투자를 지속적으로 증가시켜야 하지만, 그렇지 못한 사업단위에 대해서는 철수나 매각전략을 통해 투자 규모를 줄여나가야 한다. 마지막으로 회색 지역은 산업의 매력도와 사업단위의 강점이 낮은 지역으로, 투자 감소를 통해 철수하거나 매각하는 전략이 필요하다.

GE Matrix의 문제점은 영역별 평가에 의해 회색 지역에 있는 수익성이 낮은 사업부를 제거한다면 그 여파가 수익성이 좋은 사업부에까지 영향을 미쳐 오히려 두 사업부 모두를 악화시킬 수도 있다. 즉, 사업부 간의 상호작용을 무시하고 단순히 영역위치에 따라 사업부의 전략을 결정하기 때문에 그 파장이 다른 곳까지 미칠 수 있다. 또한 SBU의 투자재원이 주로 기업 내에서 조달된다고 전제하고 있기 때문에 외부 자원공급의 문제에 대해서는 고려하지 못하고 있다. 마지막으로 많은 변수들이 경영자의 주관적 판단에 의해 평가되므로 완전한 객관성을 확보할 수 없는 문제가 있다.

토의

01 평소에 관심이 있던 기업을 선정한 후 SWOT 분석을 통해 해당 기업의 내부환경과 외부환경이 가지고 있는 특징에 대해 설명해 보시오.

02 포터의 산업구조분석에서 제시하고 있는 산업의 수익률에 영향을 미치는 요인 이외에 다른 영향 요소들이 어떠한 것들이 있는지 생각해 보시오.

03 원가우위와 차별화가 동시에 달성 가능한 제품과 서비스가 있는지 토의해 보시오.

CHAPTER

09

조직변화와 혁신

01. 조직변화
02. 조직생애주기
03. 조직쇠퇴
04. 조직혁신
05. 왜 혁신을 추구하는가?
06. 혁신의 과정
07. 혁신의 분야
08. 혁신과 조직구조

학 | 습 | 목 | 표

- 조직변화의 개념 및 유형을 이해한다.
- 조직변화에 필요한 주요 요소들을 파악한다.
- 조직의 생애주기 단계별 특징을 이해한다.
- 조직혁신의 개념과 중요성을 이해한다.
- 혁신이 발생하는 과정을 이해한다.
- 혁신을 촉진하는 조직구조의 특성을 파악한다.

CHAPTER 09

조직변화와 혁신

01 조직변화

조직변화의 개념

조직변화
조직이 새로운 아이디어 혹은 행동을 적용해가는 과정

모든 조직은 조직효과성을 높이기 위해 일정한 상태에 정체해 있지 않고 바람직한 방향을 향해 나아가고자 한다.[1] 이러한 과정을 조직변화(organizational change)라 하며, 조직변화는 조직이 새로운 아이디어 혹은 행동을 적용해가는 과정을 의미한다.[2]

조직의 성과가 낮아질 때에는 그 원인을 찾아 이를 해결할 수 있는 방안을 도입해야 한다. 조직 내부의 잘못된 관습이나 외부환경의 갑작스런 변화로 인해 조직 내에는 다양한 문제점들이 떠오를 수 있고, 조직은 이를 해결하기 위해 새로운 자원을 얻도록 노력하거나 기존과 다른 방식의 운영 과정을 설계할 수 있다.

하지만 중요한 것은 높은 성과를 보일 때에도 조직은 더 나은 모습으로 나아가기 위해 꾸준히 변화의 노력을 시도해야 한다는 점이다. 보다 나은 자원과 기술을 찾기 위해 끊임없이 노력하고 새로운 시장의 기회를 찾아 나서야 한다. 조직변화는 감소하는 성과를 다시 높일 수 있고, 높은 성과를 지속적으로 유지하기 위해 필수적인 노력이라 할 수 있다.

1) G. Jones (2010), *Organizational Theory, Design and Change*, 6th Edition, Pearson

2) J. Pierce & A. Delbecq (1977), "Organization structure, Individual Attitudes and Innovation," *Academy of Management Review*, vol. 2, pp. 27~37.

조직변화의 유형

조직변화의 유형은 크게 두 가지 기준으로 구분할 수 있다. 사전에 계획(plan)되었는지의 여부와 조직변화의 범위(scope)에 따라 다음과 같이 분류한다.

계획적 변화 vs 비계획적 변화

조직이 의도적으로 어떤 목적을 달성하기 위해 추진해나가는 변화를 계획적 변화라 한다. 계획적 변화(planned change)는 조직이 더 나은 방향으로 나아가기 위한 다양한 방안을 적극적으로 찾아나서는 과정을 갖는다. 따라서 특정한 목표를 달성하고자 하는 목표지향적 모습을 보이고, 전략적이고 능동적으로 변화를 주도해나가는 유형이다.

계획적 변화
조직이 의도적으로 어떤 목적을 달성하기 위해 추진해나가는 변화

그에 비해 비계획적 변화는 외부환경의 커다란 충격으로 인해 어쩔 수 없이 적응해나가는 유형을 의미한다. 비계획적 변화(unplanned change)는 외부의 압력에 의해 순응하는 형태로 이루어지며, 따라서 변화의 방향을 수동적으로 받아들이게 된다. 이때에는 환경의 요구를 받아들이는 과정 자체를 중요시 여기는 특성이 있으며, 사전에 계획하기보다는 실증적으로 검증된 결과를 모방하는 과정을 보인다.

비계획적 변화
외부환경의 커다란 충격으로 인해 어쩔 수 없이 적응해나가는 변화

점진적 변화 vs 급진적 변화

점진적 변화(incremental change)란 실행을 통한 학습처럼 누진적이고 지속적인 개선 활동을 통한 변화를 의미한다. 그러므로 기업의 본질적인 부문에 대한 변화는 일어나지 않으며 단지 기업 활동의 효율성을 제고시키기 위한 기법으로 조직의 일부분에서만 발생하는 변화이다. 점진적 변화는 기존에 가지고 있었던 정보를 재해석하거나 부가적인 정보를 혼합하는 방향으로 이루어진다. 시스템의 근본적인 변화가 아닌 기존 시스템의 개선을 의미하기 때문에 조직의 구조, 과정, 직무, 구성원 중 일부분에만 영향을 미친다.

점진적 변화
누진적이고 계속적인 개선 활동을 통한 변화

이러한 점진적 변화는 고립적이고 느슨하게 연결된 신념을 변화시키는 데 효과적이다. 조직이 기본적으로 현재와 미래의 환경적 조건들에 적합하고, 충분한 시간이 있어서 조직의 생명력을 위협하지 않고도 변화를 달성해 낼 수 있는 경우에 추진된다.

급진적 변화
기존의 방식을 버리고 완전히 새로운 것으로 탈바꿈 하는 변화

급진적 변화(radical change)란 기존의 방식을 버리고 완전히 새로운 것으로 탈바꿈 하는 변화를 의미한다. Schumpeter가 이야기한 창조적 파괴(creative destruction)와 유사한 개념이라 할 수 있다. 급진적 변화는 기존의 시스템이 전혀 다른 시스템으로 전환되는 과정을 거치며, 조직의 구조적인 측면을 근본적으로 다시 생각하여 이를 단기간에 변화시키는 과정을 갖는다. 이를 위해서는 다양하고 새로운 정보가 중요시 여겨지며, 조직의 모든 부문에 걸쳐 전면적 변화가 발생하는 대규모의 획기적인 변화에 해당된다.

급진적 변화는 시스템 깊숙이 배여 있는 신념을 바꾸는 데 효과적이다. 경제적 구조조정, 불화, 위기 등의 조건을 보여주는 환경에서 필요하다. 조직이 현존하는 환경에 적합하지 않는 경우에 적용된다는 의미이다. 급진적 변화는 점진적 변화보다 성과가 높은 것으로 여겨지지만, 불연속적이고 일시적이어서 잘 발생하지 않으므로 계획적이고 의도적으로 실행해야 한다.

도표 9-1 조직변화의 유형

계획		범위	
계획적 변화	비계획적 변화	점진적 변화	급진적 변화
• 목표지향적 • 적극적 · 능동적 • 전략적	• 과정지향적 • 수동적 · 순응적 • 모방적	• 정보의 재해석 • 누진적 • 조직의 일부	• 새로운 정보 • 획기적 • 조직 전체

성공적인 조직변화에 필요한 요소들

조직변화의 유형이나 범위에 관계없이, 성공적인 조직변화를 위해서는 반드시 존재해야 하는 몇 가지 중요한 요소들이 있다. 새로운 아이디어, 변화의

필요성 인지, 리더십, 변화의 실행, 풍부한 자원 등이 해당된다.[3)]

새로운 아이디어

조직변화를 위해서는 무엇보다 조직이 나아갈 바람직한 방향에 대해 새로운 아이디어(idea)가 제시되어야 한다. 아이디어는 조직 내부구성원으로부터 창출될 수도 있고, 외부에 존재하는 다양한 공급자, 혹은 전문가집단으로부터 생겨날 수도 있다. 모든 문제에 새롭게 접근하고 사고하는 시각을 활성화시킴으로써 조직의 창의력을 높일 때 새로운 아이디어가 창출될 수 있다.

변화의 필요성 인지

아무리 훌륭한 아이디어가 제시된다 하더라도 조직구성원들이 변화의 필요성(needs)을 인지하지 못한다면 아이디어는 활용되지 못하고 사라지기 쉽다. 목표했던 성과를 달성하지 못하거나 조직 내 구성원 사이에 불만이 증가하는 등, 여러 가지 문제점이 인식될 때 사람들은 변화의 필요성을 느낀다. 혹은 기존의 운영 방식에 아무런 문제가 없더라도 새로운 기회가 인식되면 변화를 필요로 할 수 있다. 하지만 여러 문제점이나 기회가 존재한다 하더라도 사람들이 이를 심각하게 받아들이지 않거나 서로 공유하지 않으면 아무런 소용이 없다. 따라서 조직 내 존재하는 문제점 혹은 기회에 대해 공개적으로 대화하고 이를 명확히 인식하고자 하는 조직 차원의 대처가 필요하다.

리더십

조직구성원 모두 변화의 필요성을 인식하는 것과 별도로, 변화가 제대로 이루어지기 위해서는 이를 조직 차원에서 추진해나가는 리더십(leadership)이 필요하다. 리더는 다양하게 제안된 새로운 아이디어 중 가장 바람직하다

---

3) Adapted from R. Daft (2013), *Understanding the Theory & Design of Organizations*, 11th edition, South-Western Cengage Learning.

고 생각되는 대안을 선택하여 이를 공식적으로 실행해나가도록 의사결정을 해야 한다.

변화의 실행

성공적인 조직변화를 위해서는 실행 과정 역시 중요하다. 실행(implementation)은 새로운 아이디어나 지식, 기술 등을 실제로 활용하는 과정으로, 새로운 장비 도입 혹은 교육훈련 등이 요구되는 경우도 있다. 아무리 좋은 아이디어가 제안되었다 하더라도 이를 구체적으로 실천할 수 없다면 궁극적인 조직변화는 불가능하다. 실행은 바람직하다고 여겨지는 추상적인 방향을 실천적으로 만들어가는 과정이라 할 수 있다.

풍부한 자원

성공적인 변화의 실행을 위해서는 이를 지원하는 풍부한 자원(resource)이 필요하다. 구성원이 모두 필요성을 인식하여 변화를 원한다 하더라도, 변화에 필요한 자원을 제공받을 수 없다면 성공적인 실행이 불가능하다. 또한 변화를 위한 새로운 아이디어를 창출하는 과정에서도 자원이 요구될 수 있다. 창의력은 시간과 에너지의 소모를 가져오기 때문에, 성공적인 조직변화를 위해서는 변화의 실행단계뿐 아니라 아이디어 창출단계에도 충분한 자원의 지원이 요구된다.

도표 9-2 조직변화에 필요한 요소들

요소	특징
새로운 아이디어	조직 내부의 창의력, 외부환경으로부터의 조언
변화의 필요성 인지	위기와 기회의 공유
리더십	변화 의사결정
실행	교육, 훈련, 실천
풍부한 자원	아이디어의 창출, 변화의 실행 지원

02 조직생애주기

끊임없이 변화하고 환경에 적응해나가며 나이를 들어감에 따라 조직은 점차 성숙해지는 과정을 거친다. 시간이 흐르고 규모가 커짐에 따라 조직은 성장하고 변화하며 결국 소멸되는 과정을 갖는데, 이러한 일련의 과정은 조직생애주기로 설명될 수 있다.[4] 조직생애주기에 따라 조직 발달의 단계별 특징이 어떻게 변화해 가는지 살펴보면 다음과 같다.

조직생애주기(organizational life cycle)란, 조직이 태어나고, 성장하고, 소멸해가는 과정을 단계별로 구분하여 제시해주는 개념으로, 각 단계는 서로 연속적으로 이어지지만 단계별로 차별적인 특징을 갖기도 한다.

조직생애주기
조직이 태어나고, 성장하고, 소멸해가는 과정

조직생애주기 단계

많은 학자들은 조직생애주기를 주요 네 단계로 구분한다.[5] 하지만 모든 조직이 성공적으로 네 단계를 거쳐 성장해나가는 것은 아니다. 조직은 각 단계별로 다양한 위기와 기회를 맞이하게 되는데, 그에 따라 요구되는 변화를 성공적으로 실천했을 때에는 보다 성숙한 방향으로 진전하지만 그렇지 못했을 때에는 중간에 소멸되어 사라질 수도 있다. 생애주기 단계별로 조직이 보이는 특징과 요구되는 변화는 다음과 같다.[6]

창업단계

창업단계(entrepreneurial stage)는 조직이 최초로 생겨난 시점에 해당된

---

4) J. Kimberly & R. Miles (1980), *The Organizational Life cycle*, San Francisco, Jossey-Bass.

5) L. Greiner (1972), "Evolution and Revolution as Organizational Grow," *Harvard Business Review*, 50, pp. 37~46.

6) R. Quinn & K. Cameron (1983), "Organizational Life Cycles and Shifting Criteria of Effectiveness: Some Preliminary Evidence," *Management Science*, vol. 29, pp. 33~51.

다. 이때에는 무엇보다 조직의 생존(survival)이 가장 중요한 목표가 된다. 조직은 창의적인 아이디어에 의해 새롭게 설립될 수 있고, 조직의 규모는 소수의 구성원에 머물러 있다. 조직의 변화 역시 몇몇의 창업자에 의해 이루어지며, 이때는 기업가정신(entrepreneurship)을 바탕으로 한 리더십이 필요하다. 조직구조는 공식적 규칙이나 절차가 아닌 비공식적인 관계에 의해 관리된다.

집단화단계

집단화단계(collectivity stage)는 창업단계를 거쳐 조직이 생존을 어느 정도 안정적으로 유지할 수 있는 단계이다. 집단화단계에서는 조직의 성장(growth)이 중요한 목표로 떠오르게 된다. 조직은 보다 명확한 목표를 향해 나아가며 집단화단계로 진입하게 되고, 조직규모는 상대적으로 커지며 집단을 이룬다. 이 단계에서는 창업자뿐 아니라 조직구성원 모두가 조직의 변화를 위해 아이디어를 제안하는 것이 필요하며, 따라서 구성원에게 영감을 줄 수 있도록 목표지향적이고 카리스마적인 리더십이 요구된다. 조직구조의 관리를 위해 약간의 규칙과 규정이 발생하기 시작하지만, 여전히 비공식적인 관계에 의해 움직이는 경향이 있다.

공식화단계

공식화단계(formalization stage)는 조직의 규모가 커지면서 시장에서 어느 정도의 성과를 내기 시작하는 단계이다. 이 시점에 있어 조직은 내적으로는 안정성을 추구하며 외적으로는 지속적인 시장의 확대를 목표로 하게 된다. 조직은 내부 과정의 효율적인 관리를 통해 공식화단계로 성장해 나가고, 조직구성원과 제품이 확대되면서 대규모로 정착한다. 이 단계에서는 조직 내 기능별로 분업이 이루어져 조직변화를 이끄는 혁신그룹이 형성되고, 조직의 통제와 자유재량을 적절히 조절할 수 있는 리더십이 필요하다. 특히, 이전 단계들에 비해서는 조직구성원에게 권한을 위임하는 것 필수적이다. 규모가 커지면서 창업가 1인이 조직 내 모든 분야를 독점 관리하는 것은 불가능하기 때문이다. 조직구조는 관료제적인 특징이 강하게 나타나 공식적인 규율과 규칙에 의해 운영된다.

정교화단계

정교화단계(elaboration stage)는 조직의 성장 과정에 있어 가장 성숙한 시점으로 시장에서 높은 성과가 창출되는 단계이다. 조직은 성장 과정을 통해 획득한 명성을 이어나가기 위해 노력한다. 조직은 규칙과 규정을 끊임없이 재구성하여 변화하는 환경에 유연하게 대처해나갈 때 정교화단계로 진입할 수 있다. 대규모로 성장한 조직 내에는 연구개발을 통해 조직변화를 촉진하는 부서가 정착해 있고, 기존의 틀을 깨고 새로운 방향을 제시할 수 있는 혁신적인 리더십이 필요하다. 조직구조는 분화와 통합을 반복하며 팀워크의 중요성이 커지게 된다.

도표 9-3 조직생애주기

구분	창업단계	집단화단계	공식화단계	정교화단계
특징	조직의 탄생	안정적 유지	성과창출	우수한 성과
목표	생존	성장	시장확대, 내적안정성	명성
기회	아이디어	명확한 목표	효율적 관리	유연성
변화주도	창업자	조직구성원	혁신그룹	R&D 부서
리더십	기업가정신	카리스마	통제와 자유재량	혁신적
구조	비공식적 관계	약간의 규칙	관료제	분화와 통합

03 조직쇠퇴

우리는 오랜 시간 세계시장을 지배하며 절대 무너지지 않을 것 같았던 글로벌 기업들이 갑자기 사라지거나 축소되는 경우를 관찰하곤 한다. 이와 같이 대규모의 조직이 변화하는 환경에 적응하지 못하고 소멸해가는 것을 조직쇠퇴(organizational decline)라고 한다. 일반적으로 조직쇠퇴는 직원의 수, 자산, 수익, 주가, 물적자산 등의 감소와 같이 조직규모 측면에서 정의되곤 한다.[7)]

조직쇠퇴의 원인

조직쇠퇴
조직이 환경 변화에 적응하지 못하여 규모가 작아지는 과정

조직쇠퇴가 발생하는 원인은 학자들에 따라 다양하게 제시되고 있지만 대체적으로 다음 공통점을 보인다.

첫째, 환경 변화에 따라 기존의 핵심역량이 쓸모없는 것으로 변화하고 새로운 환경에 적응하지 못하는 경우를 들 수 있다. 최근 기술이 급변하며 기존 제품의 특성 및 형태 역시 수시로 변화하고 있는데, 이때 새로운 지식과 역량을 습득하여 환경에 적합한 모습으로 변화하는 것이 무엇보다 중요하다. 전 세계 휴대폰 시장점유 1위를 달리던 노키아는 휴대폰시장이 피처폰에서 스마트폰으로 전환될 것을 미처 예측하지 못하고, 스마트폰이 널리 보급되기 시작한 2011년 급격히 쇠퇴한 바 있다.

둘째, 조직규모가 커지며 환경 변화에 대한 반응속도가 느려지고, 관료제화된 부작용을 제대로 관리하지 못하는 경우도 존재한다. 조직생애주기에서 본 것과 같이, 대부분의 조직은 규모의 성장에 따라 규칙과 규정이 늘어나는 관료제적 특성을 갖게 된다. 대규모의 인원을 관리하기 위해 규칙과 규정의 제정이 불가피한 것은 사실이나, 환경 변화에 따라 이를 유연하게 관리하는 것 역시 중요하다. 조직의 규모가 클 경우에는 변화하고자 하는 의도가 있어도 이를 실행하기까지 시간이 소요되는 경우도 있기에, 조직규모가 성장할수록 유연성을 높이기 위한 노력이 지속적으로 이루어져야 한다.

7) L. Greenhalgh (1983), "Organizational decline," in Samuel B. Bacharach (ed.), *Research in the Sociology of Organizations*, vol. 2, pp. 231~276, Greenwich, CT: JAI Press.

셋째, 대규모 조직이 조직구성원의 동기를 저하시키는 면도 존재할 수 있다. 조직이 커지면 기능 혹은 시장에 따라 분화가 발생하게 되고 전문화가 이루어지는데, 이때 조직구성원들은 한정된 업무를 반복수행하며 효율성은 높아지지만 자율성의 제한 혹은 낮은 과업정체성을 경험하며 오히려 동기가 저하될 수 있다.[8)]

조직쇠퇴의 단계

Weitzel과 Jonsson은 조직쇠퇴를 크게 다섯 단계로 나누고, 각 단계별 특징을 다음과 같이 설명하였다.[9)]

첫째, 무인지단계(blinded stage)는 조직쇠퇴를 야기할 수 있는 조직 내·외부의 변화가 발생하고 있는데 이를 미처 인식하지 못하는 단계로, 지나치게 많은 유휴인력이 늘어나거나 의사소통의 왜곡, 명확한 목표의 부재 등 잠재적 문제점들이 나타난다.

둘째, 무대책단계(inaction stage)는 시장에서 수익이 저하되거나 투자가 감소하는 등 조직쇠퇴의 여러 신호가 감지되지만, 조직수뇌부는 이러한 신호들이 조직성과에 치명적인 영향을 미칠 만큼 크진 않다고 판단 적절한 대책을 세우지 않는 단계이다.

셋째, 잘못된 대응단계(faulty action stage)는 재무적 성과의 하락에 대응하기 위해 효율성, 비용감소, 예산통제 등의 대응을 해보지만, 환경이 요구하는 변화를 제대로 파악하지 못한 채 근본적인 변화는 추구하지 못하는 단계에 해당한다. 이 단계에서 확실한 대책을 세우지 않으면 조직실패가 발생할 확률이 높아진다.

8) D. A. Whetten (1987), "Organizational growth and decline process," *Annual Review of Sociology*, vol. 13, pp. 335~358

9) W. Weitzel & E. Jonsson (1989), "Decline in organizations: A literature integration and extension," *Administrative Science Quarterly*, vol. 34(1), pp. 91~109

넷째, 위기단계(crisis stage)는 인지한 문제를 해결하기에 적합한 방법을 찾지 못한 채 시간을 보냈을 때 도달하는 단계로, 대혼란을 맞이하게 된다. 위기를 극복하기 위해 경영진 교체와 같은 과감한 도전을 하는 경우도 있으나, 이미 많은 시간을 보낸 후에는 결국 파국을 맞이하게 된다.

마지막으로 소멸단계(dissolution stage)는 자금부족, 명성하락, 인력이탈 등 조직 생존에 치명적인 문제들이 발생하게 되고, 변화를 추진하고자 하는 경우라도 자원의 부족으로 인해 종종 실패하고 만다. 설령 시장에서 살아남는다 해도 큰 위기를 겪은 조직구성원들의 트라우마를 어떻게 관리할 것인가가 관건이다. 대규모의 구조조정은 해고를 당한 직원들뿐 아니라 조직에 남겨진 직원들에게도 큰 충격을 안겨주기 때문이다.

도표 9-4 조직쇠퇴단계

단계	특징
무인지	의사소통문제, 명확하지 않은 목표 등 잠재적 문제가 존재하나 이를 인지하지 못함.
무대책	수익저하, 투자감소 등의 신호가 감지되나 적절한 대응을 하지 않음.
잘못된 대응	성과하락에 비용절감, 예산통제 등 잘못된 방향으로 대응.
위기	경영진 교체, 구조조정 등 과감한 변화 추구
소멸	자금부족, 명성하락, 인력이탈 등 조직 소멸

04 조직혁신

혁신의 개념

혁신
조직변화의 과정에 있어 기존에는 존재하지 않던 새로운 방식과 과정을 채택하고 이를 관리해나가는 계획적인 움직임

한치 앞을 내다볼 수 없는 급격한 경영환경의 변화는 기업들로 하여금 환경을 주시하고 그에 맞춰 적응해나가도록 요구한다. 기업은 이러한 요구를 충족하기 위해 변화와 혁신에 대해 날이 갈수록 더욱 큰 관심을 보이고 있다. 혁신(inovation)은 조직변화의 과정에 있어 기존에는 존재하지 않던 새로운 방식과 과정을 채택하고 이를 관리해나가는 계획적인 움직임이라고 할 수

있다.

조직변화는 기존 환경에 존재하던 기술이나 방향을 조직 내부에 새롭게 적용하는 것을 포함하는 개념인 반면, 조직혁신은 조직이 소속된 시장, 산업, 환경에서도 찾아볼 수 없었던 완전히 새로운 아이디어를 채택하는 것을 의미한다.[10)]

혁신에 대한 접근은 결과중심적인 시각과 과정중심적인 시각이 존재한다. 결과중심적 시각은 새롭다고 지각되는 아이디어, 생산된 제품과 서비스 등의 인공물들의 혁신으로 정의될 수 있다. 과정중심적 시각은 새로운 아이디어를 개발하기 위한 시스템의 개선, 제품생산에 대한 새로운 공정의 적용, 수용, 집행을 의미한다.

학자별로 다양하게 정의하고 있는 혁신의 개념을 살펴보면 다음과 같다.

- Robbins(1996): 창의적인 아이디어를 선택하고, 창의적인 아이디어를 유용한 제품, 유용한 서비스 및 운영 방법으로 전환시키는 과정
- Rogers(1983): 개인이나 조직이 새로운 것으로 지각하는 아이디어, 실행 방법 또는 대상을 채택하고 활용하는 것
- Staw(1990): 다양한 대안탐색과 가장 적절한 대안을 선택, 실행하는 선택적인 보유에 따라 결정된다고 보고 혁신은 대안탐색과 선택적 보존과 결과산출

이러한 정의들을 요약하면 다음과 같은 공통점을 발견할 수 있다.

첫째, 혁신은 기업이 환경 변화에 대하여 행하는 적극적 반응의 일환이다.

둘째, 혁신은 예전에는 존재하지 않았던 새로운 요소를 도입하는 것이다.

10) R. Daft (1982), "Bureaucratic versus Non-bureaucratic Structure in the Process of Innovation and Change," in Samuel B. Bacharach, ed., *Perspectives in Organizational Sociology: Theory and Research*, Greenwich, CT, JAI Press, 1982, pp. 129~166.

셋째, 혁신은 새로운 요소의 도입에서 그치지 않으며 이의 구체적 실행과도 연결되는 과정이다.

혁신의 중요성

환경이 급속하게 변화해 감에 따라 조직은 생존을 위해 새로운 혁신기법을 채택하고, 신제품과 새로운 시장을 개척하며, 조직운영시스템의 획기적 혁신이라는 여러 방안들을 모색해야 하는 입장에 처하게 되었다. 지속적인 혁신을 이루지 못할 경우 조직은 퇴보하거나 도태될 수밖에 없는 상황에 당도한 것이다. 이러한 상황을 반영하듯 국내기업들에 있어서도 1990년대 이후 각종 경영혁신기법들의 확산이 본격화되고 현재에도 경영혁신기법들과 혁신이라는 경영목표가 지속적으로 화두가 되고 있다.

1900년 당시 미국의 상위기업 25개사 중 GE와 U.S.Steel만이 1963년까지 명맥을 유지해 왔으며 나머지 기업들은 형체조차 찾아볼 수 없거나 조직의 규모가 현저히 축소되었다. 일본의 경우 100년간 100대 기업에 올라섰던 회사는 총 413개사였지만 그중 80%가 창업 30년 내에 흡수 · 합병되거나 도산하여 그 이름이 없어져 버렸다. 기업도 변신하지 않고서는 살아남기 어렵다.

Forbes는 매해 세계 혁신기업을 선정하여 발표하는데, 이들은 우리에게 널리 알려져 있는 기업일 뿐만 아니라 기업의 재무적 성과 또한 매우 높은 기업으로, 변환하는 환경에서 고객의 니즈, 기술의 발전, 경쟁사의 도전 등에 지속적인 변화와 혁신으로 조직을 이끈 기업들이다. 즉, 급변하는 환경 속에서 기업이 지속적으로 성장 · 발전하기 위해서는 기업의 혁신이 요구된다. 변하지 않는 기업은 성장은커녕 살아남기조차 어렵게 되었다.

경제학자인 Schumpeter는 창조적인 파괴가 경쟁원천이 된다고 하면서 산업 내에 존재하는 복수의 기업들이 균형을 이룬 상태는 결코 바람직하지 않다는 견해를 제시하고 있다. 특히, '경제성장의 원천은 혁신이다'라고 주장하면서 혁신의 중요성을 강조하였다.

05 왜 혁신을 추구하는가?

조직이 살아남기 위해서는 끊임없이 새로운 도전을 추구하며 환경의 변화에 따라 자신의 모습을 혁신해나가야 한다. 그런데 이러한 혁신이 조직에게 반드시 경제적인 효율성을 보장하는가에 대해서는 이견이 존재한다. 학자들은 조직이 혁신을 채택하는 이유에 대해 크게 두 가지 관점에서 설명을 한다.

첫 번째 관점은 효율성이론으로 조직은 혁신을 채택할 때 기술적 효율성이나 수익성에 기초하여 합리적 선택을 한다는 것이다. 반면에 일시적 유행이론은 조직이 효율성을 위해서가 아니라 다른 조직이 채택한 혁신을 그대로 따라하는 경향을 갖기 때문에 혁신이 채택된다고 설명한다.

효율적 관점

효율성이론(efficiency theories)은 조직이 합리적인 의사결정을 통해 능률을 극대화하는 방향으로 행동한다고 간주한다. 이러한 시각은 조직을 합리적 시스템(rational system)으로 바라보는 관점을 갖고, 조직의 구조와 과정은 조직목표를 달성하기 위한 가장 효율적인 방법으로 변화한다고 본다. 즉, 조직은 효율성을 높이기 위하여 혁신을 통해 조직의 변화를 꾀한다고 보는 것이다.

효율적 관점
효율성을 높이기 위하여 혁신

효율적 관점은 거래비용이론(transaction theory)에서 조직의 근본적 존재 이유에 대해 이야기하는 바와 맥락을 같이 한다. 거래비용이론은 조직이 새로운 조직구조를 도입하는 이유에 대하여 조직이 능률을 극대화 하는 과정에서 발생하는 사건으로 설명한다. 즉, 비용을 낮추고 능률을 높이는데 혁신이 필요하다고 판단되면 혁신을 도입한 새로운 조직구조를 구축한다고 바라보는 것이다.

즉, 조직은 혁신을 도입함으로써 기술적으로 효율성을 높이고 그에 따라 발생할 이익에 대한 기대를 바탕으로 혁신을 채택하게 되는 것이다. 혁신과 관련한 의사결정은 합리성, 수익성, 효율성 등의 특성을 바탕으로 이루어지며, 조직은 지속적으로 발전해나가기 위해 새로운 방향을 설정하고 과정을 운영하는 혁신시스템을 구축한다.

그러나 이러한 관점은 몇 가지 한계를 가지고 있다.

첫째, 실제 경영조직에서는 효율적이라고 기대되는 혁신이 채택되지 않는 경우나 혹은 그 반대로 비효율적인 혁신기법이 광범위하게 확산되는 경우가 발생한다. 즉, 모든 혁신이 효율성을 수반하는 것은 아니며, 심지어 그 사실을 명확히 인지하면서도 어쩔 수 없이 혁신을 받아들이게 되는 경우도 나타난다.

둘째, 혁신의 결과가 효율성으로 이루어지는지에 대한 명확한 측정이 어렵다. 의사결정자는 혁신의 결과가 미칠 영향을 분석하는 데 필요한 완전한 정보를 구할 수가 없으며, 따라서 혁신과 수익성의 인과관계는 명확한 예측이 불가능하다. 혁신의 결과를 미리 예상하여 의사결정을 한다는 것은 의사결정 과정 자체의 비합리성을 수반하는 것이 된다.

셋째, 혁신의 결과에 대한 효율성을 검증하기 위해서는 상당한 시간이 걸린다. 따라서 조직들은 실제로 혁신을 적용하여 성공적인 결과가 나타날 때까지 기다릴 여유를 갖지 못하고, 효율성에 대한 체계적인 검증 없이 혁신을 받아들이게 되는 경우가 종종 발생한다.

편승압력

편승압력
이미 혁신을 채택한 많은 조직들의 압력에 의해 혁신을 채택

일시적 유행이론(fad theories)은 혁신의 비효율적인 면을 설명하는 데 유효한 시각이다. 우리는 종종 하기 싫어하고, 별 볼일 없는 결과가 예측되는 일이지만 남의 이목 때문에 또는 유행에 뒤처지지 않기 위해 무언가를 하는

경우가 있다.

경영철학자인 Drucker는 "경영자들은 15세 소녀 같이 유행에 민감해서 다른 회사들이 새로운 경영혁신기법을 사용하는 것을 보면 이를 자기 회사에도 적용하고 싶어 한다."고 말했다. 이러한 주장은 유행하는 혁신기법들 중 상당수가 다른 기업들을 모방한 결과로 나타난다고 보는 것이다.

많은 기업들이 혁신을 채택하고 실행하지만 혁신의 효율성이나 효과에 대한 정보를 알지 못하는데도 불구하고 혁신의 노력이 이루어지고 있다. 때론 기술적으로 비효율적이라 평가된 혁신까지도 조직들이 채택하는 경우가 발생한다. 특히, 뒤늦게 혁신을 채택하는 경우 조직이 당면한 문제를 해결하기 위해서라기보다는 환경으로부터의 압력이 발생하여 혁신을 채택할 수밖에 없는 상황이 나타나기도 한다.

많은 조직들이 특정한 혁신기법을 채택하면 할수록 시간이 지남에 따라 다른 조직들로 하여금 유사한 혁신을 채택하도록 요구하는 사회적 압력이 발생된다. 이러한 현상을 바로 편승압력이라고 부른다. 즉, 편승압력(bandwagon pressure)으로서 혁신을 바라보는 시각은, 조직이 효율성이나 수익을 얻기 위해 혁신을 채택한다고 보는 것이 아니라, 이미 혁신을 채택한 많은 조직들로부터 발생한 압력에 의해 혁신이 확산된다고 바라보는 것이다.

편승압력은 제도적 편승압력과 경쟁적 편승압력으로 구분된다.

제도적 편승압력

제도적 편승압력은 동종 업계의 여러 조직들이 이미 혁신을 채택하여 해당 혁신기법이 지극히 당연한 것으로 인식됨에 따라, 만약 그 혁신을 채택하지 않으면 단순히 그것 때문에 조직이 속한 커뮤니티나 이해관계자로부터 정당성(legitimacy)을 얻지 못한다는 두려움을 바탕으로 받는 압력이다.

제도적 편승압력
제도적 환경 내에 존재하는 압력에 이한 혁신 채택

즉, 혁신의 채택은 이해관계자들에게 비정상적이거나 나태해 보이지 않기 위해 발생하며, 이는 조직이 독립적으로 혁신을 채택하는 것이 아니라 제도적 환경 내에 존재하는 압력에 의해 혁신 의사결정을 내리게 됨을 설명한다.

경쟁적 편승압력

경쟁적 편승압력
경쟁자의 활동을 보며 느끼는 위기감으로 인해 혁신 채택

경쟁적 편승압력은 동종 업계의 여러 조직들이 혁신을 채택하고 있음에도 불구하고, 어떤 조직이 혁신을 채택하지 않으면 그로 인해 조직성과가 평균 이하로 떨어질 수 있다는 두려움 때문에 받는 압력이다. 제도적 편승압력이 다른 이해관계자로부터 받는 시선을 염려하는 과정을 설명한다면, 경쟁적 편승압력은 조직이 경쟁자의 활동을 보며 스스로 느끼는 위기감으로 인해 발생한다고 볼 수 있다.

만약 혁신을 채택한 조직이 성공하게 되면, 혁신을 채택하지 않은 조직은 평균 이하의 성과를 달성하게 된다. 조직은 혁신이 성공하든 실패하든 지에 상관없이 혁신을 채택한 모든 조직이 서로 비슷한 성과를 낼 것으로 기대하고, 차별적인 혁신으로 인한 차별적인 성과라는 위험부담을 낮추기 위해 다른 조직의 혁신을 따라하게 된다.

도표 9-5 **혁신의 추구**

효율적 관점	편승압력
• 합리적 의사결정의 결과 • 효율성 극대화 • 수익성, 효율성, 합리성	• 일시적 유행의 모방 • 제도적 압력 • 경쟁적 압력

06 혁신의 과정

Lewin 모델

조직 내에는 변화를 추진시키는 힘과 이에 저항하면서 현 상태를 유지하려는 힘이 동시에 나타난다. 조직은 이 두 가지 힘에 의해 안정된 상태, 즉 평형을

유지하는 하나의 시스템(system)으로 존재하게 된다. 조직 내 혁신이 발생하기 위해서는 이들 두 힘의 균형이 무너져야 하는데 Lewin은 그 과정을 해빙, 변화, 재결빙의 3단계로 설명하고 있다. 이러한 단계는 조직의 변화 과정을 개인의 태도변화 과정과 동일한 방식으로 바라보는 관점이다.

도표 9-6 **혁신의 3단계**

해빙

해빙은 변화를 추진하려는 힘과 이에 저항하려는 힘 사이에 균형이 깨어지는 단계라고 할 수 있다. 변화의 필요성을 인식함과 동시에 변화가 원만히 진행되도록 준비해야 하며, 그를 위해서는 기존의 관습이나 규정, 전통 등을 허물고 새로운 변화를 위해 동기부여 되어야 한다.

해빙
변화를 추진하려는 힘과 이에 저항하려는 힘 사이에 균형이 깨어지는 단계

변화

변화에 대한 저항력이 감소하고 변화를 추진하는 힘의 크기가 상대적으로 커진 상태에 해당된다. 이 단계는 변화로의 전환(change conversion) 단계라고도 하며, 조직의 구조, 과정 등 설계적인 요소 뿐 아니라 조직구성원의 의식, 가치관 등 태도적인 요소의 변화도 발생한다. 즉, 조직구성원들로 하여금 새로운 전제와 가치관을 통해 새로운 만족감을 느낄 수 있도록 관리해야 하며, 새로운 규범과 가치관에 따라 새로운 행동이 나타나야 한다.

변화
변화를 추진하는 힘의 크기가 상대적으로 커진 상태

재동결

재동결은 변화의 추진력과 저항력 사이에 새로운 균형이 발생하는 단계이다. 앞 단계에서 새롭게 형성된 태도를 바탕으로 실제 행동이 일어나고, 이러한 과정이 반복적으로 강화됨으로써 영구적인 패턴으로 정착되는 단계이다. 이 단계는 앞 단계에서 일으킨 변화가 종전의 상태로 되돌아가지 않도록 오랫동

재동결
변화의 추진력과 저항력 사이에 새로운 균형이 발생하는 단계

안 반복 강화하는 노력이 필요하다.

도표 9-7 Lewin 모델의 실행 방법[11)]

단계	실행
해빙	현재 상황의 문제점 인식
변화	새로운 규범 형성, 공유, 적응
재동결	반복, 강화, 보상

07 혁신의 분야

관리혁신

관리혁신
조직구조와 관리 과정의 변화

조직은 사회적 시스템과 기술적 시스템으로 구성되는데, 관리혁신(administrative innovation)은 조직 내 사회시스템상에 영향을 주는 혁신이다. 새로운 경영시스템, 관리 과정, 인력개발 프로그램의 채택 등 조직구조와 관리 과정의 변화를 포함하는 개념이다. 따라서 관리혁신은 인사 활동, 자원할당, 과업, 권위, 그리고 보상을 구조화하기 위한 새로운 방식의 실행을 의미한다.

관리혁신을 보다 세분화하면 구조혁신과 인적혁신으로 구분된다. 구조혁신(structural innovation)은 조직구조, 조직 내의 업무할당, 인사정책, 권한관계, 의사소통체계, 정보 및 통제시스템, 보상체계 등 조직구조나 관리기법 등에서의 새로운 변화를 의미한다.

인적혁신(people innovation)은 조직 내 구성원의 변화를 야기하는 것으로, 구성원들을 해고하거나 고용함으로써 인력의 구성을 변화시키는 방법이 있고, 교육 등을 통하여 구성원들의 태도, 행위, 신념, 능력, 기대 등을 바꿀 수도 있다.

11) K. Lewin(1951), *Field Theory in Social Science; Selected Theoretical Papers*, D. Cartwright (ed.), New York, Harper & Row.

기술혁신

기술혁신(technical innovation)은 조직 내 기술적 시스템상에 영향을 주는 혁신으로, 새로운 제품 또는 서비스에 관련된 아이디어를 채택하거나 제품 생산 및 서비스 운용의 과정에 새로운 요소들을 도입하는 등, 조직의 주요 작업 활동과 직접 관련되는 혁신이라고 할 수 있다.

기술혁신
주요 작업 활동과 직접 관련되는 혁신

일반적으로 기술(technology)이란 '조직 내에서 투입물을 산출물로 전환시키는 과정, 또는 방법'을 의미한다. 따라서 궁극적인 기술혁신을 위해서는 단순한 제조기법이나 지식과 같은 직접적인 생산기술의 차원에서 뿐만 아니라, 기술을 운영하는 조직구조와 구성원의 행위를 결정하는 요인으로서 사회적 시스템에서의 혁신을 병행해야 한다.

도표 9-8 **혁신의 분야**

관리혁신	기술혁신
• 사회적 시스템 • 구조혁신 • 인적혁신	• 기술적 시스템 • 운영 과정 혁신

08 혁신과 조직구조

조직구조의 3요소와 혁신

조직이론 분야에서 혁신에 대한 연구가 진행되면서 개인이 아닌 조직의 특성과 혁신과의 관련성에 대한 관심이 증가하게 되었었다. 이때 가장 큰 관심은 혁신창출을 위한 최적의 조직구성(configuration)을 밝혀내는 것인데, 이러한 연구들의 핵심은 특정한 조직적 배열(organizational arrangement)이 더욱 혁신적인 조직을 창출할 수 있다고 보는 것이다. 다양한 연구의 결과를 종합하면 보다 분권화되고, 공식화의 정도가 낮고, 전문화와 통합이 잘 이루어진 조직구조에서 조직혁신이 발생하기가 보다 유리하다.

공식화와 혁신

공식화란 개인이 업무를 수행할 때 업무처리지침을 활용하는 정도와 업무처리에서 자유재량 없이 규칙이나 절차를 중시해야 하는 정도를 말한다. 즉, 누가, 언제, 어디서, 무엇을 할 것인지 구체적으로 명시한 정도와 이렇게 명시한 규칙을 지키도록 강제하는 정도로 공식화의 수준을 구분한다.

낮은 수준의 공식화는 직무규칙에 대한 강조를 적게 함으로써 신축을 늘리고, 개방성을 촉진하고, 그러한 개방성이 새로운 생각과 행동을 자극한다. 반면, 엄격한 규칙과 절차는 조직구성원들이 새로운 대안을 찾으려는 노력을 게을리 하게 만들고, 과거의 인식된 격차를 해소하기 위한 새로운 시도들을 억제함으로서 조직구성원들로부터 창의적 문제해결을 기대하기 어렵다. 따라서 높은 공식화 수준은 혁신의 가능성을 약화시키는 반면 낮은 공식화 수준은 창의성과 자율성을 통해 혁신의 가능성을 높여주게 된다.

복잡성과 혁신

조직구조의 복잡성은 조직 내에 존재하는 분화의 정도를 의미한다. 이러한 분화의 정도는 단위 부서 간의 횡적 분리의 정도를 의미하는 수평적 분화와 조직계층의 깊이를 의미하는 수직적 분화, 그리고 조직의 시설 및 인력이 지역적으로 분산되어 있는 정도를 의미하는 공간적 분화로 구분될 수 있다.

조직구조가 복잡하고 다양하다는 것은 분화된 하위부문별로 그 조직 속에 다양한 경력과 경험을 지닌 다수의 전문가가 있음을 의미하는데, 다양한 전문가의 존재는 이질적인 아이디어와 정보를 창출하며, 그들 간의 상호작용이 활발해져 문제해결 과정에 새로운 발상 및 시각이 생길 수 있다. 또한, 직종배경의 폭과 깊이는 곧 그 조직으로 하여금 여러 분야의 정보출처에 접근할 수 있는 기회를 증대시키고, 전문적 지식과 활동의 정도는 조직으로 하여금 사회적 · 경제적 요구를 인지하고 이와 관련된 지식을 증가시키는 것을 용이하게 할 뿐 아니라, 이러한 요구를 프로젝트화 하여 혁신으로 이끄는 능력을 배양할 수 있도록 돕는다.

따라서 조직구조가 복잡하고 다양할수록 조직혁신에는 긍정적인 효과를 지니고 있다고 볼 수 있는데, 이때 다양한 전문가 간의 원활한 상호작용이 나타나기 위해서는 분화와 함께 통합 역시 이루어져야 할 것이다.

집권화와 혁신

집권화란 권한의 상부집중도를 의미한다. 즉, 경영상의 모든 의사결정권이 최고경영층에서 행사될 수 있도록 권한의 집중이 이루어진 경우를 말한다. 이때 집권화는 권한의 범위(locus of authority), 의사결정(decision making)의 정도를 의미하며, 조직의 의사결정 자율성이 분산 또는 집중화되어 있는 정도를 말한다.

조직구조가 집권적일수록 더 많은 경로를 거쳐야 하고, 이에 따라 필요한 정보의 적절한 유동에 장애를 가져올 가능성이 커지며 권력 중심에서 떨어져 있는 곳에서 발생하는 혁신의 아이디어가 무시될 위험이 커지게 된다. 따라서 의사결정권한의 집권화는 문제의 혁신적인 해결을 저해하기 때문에, 혁신행위를 위해서는 권한의 분산이 필요하다. 참여적 작업환경은 조직구성원의 몰입과 참여를 증가시킴으로써 혁신을 촉진한다.

도표 9-9 **혁신과 조직구조의 3요소**

요소	특징	혁신과의 관계
공식화	규칙, 규정, 절차	부정적
복잡성	수평적 · 수직적 · 공간적 분화	긍정적
집권화	의사결정권한의 집중	부정적

양면적 조직

양면적 조직은 조직의 기술혁신에 어떻게 접근할 것인가를 보여주는 조직구조 모델이다. 일반적으로 조직에서 새로운 아이디어를 창출하는 단계는 유기

양면적 조직
혁신적 아이디어를 창출하는 단계는 유기적 조직구조를, 아이디어의 실행 단계는 기계적 조직구조를 채택

적 조직구조(organic structure)가 유리하다. 왜냐하면 조직구성원들에게 자율적인 분위기와 권한이 대폭 이양된 상태에서 창의적인 아이디어가 도출되기 때문이다. 반면, 도출된 새로운 아이디어를 조직전반에 걸쳐 실행하는 단계는 기계적 조직구조(mechanic structure)가 유리하다. 왜냐하면 조직에서 채택한 아이디어를 실현하기 위해서는 일사불란한 체계를 갖추어 효율적으로 아이디어를 수행해야 하기 때문이다.

양면적 조직(ambidextrous organization)은 기술혁신에 대하여 혁신적 아이디어를 창출하는 단계와 창출된 아이디어를 실제로 이용하여 실행하는 단계를 별개로 바라보는 입장이다. 즉, 혁신을 위한 아이디어 창출단계에서는 의사결정권한이 위임되고, 조직구성원들의 자율성이 높은 유기적 조직구조를 채택하고, 아이디어의 실제 이용과 실행은 기계적 구조를 채택함으로써 혁신에 대해 조직이 이중적인 조직구조의 전환체제를 갖추는 것이 바로 양면적 구조를 설계하는 것이다.

결국, 양면적 조직에 의하면 조직에게 있어 서로 상반되는 유기적 · 기계적 조직구조는 모두가 중요한 것이다. 왜냐하면 효율성과 혁신 모두가 조직에게 필요하기 때문이다. 즉, 효율성과 혁신은 서로 상충되는 측면을 가지지만 혁신의 실행을 위해서는 조직들이 이중적인 양면적 구조를 취해야 한다.

도표 9-10 양면적 조직

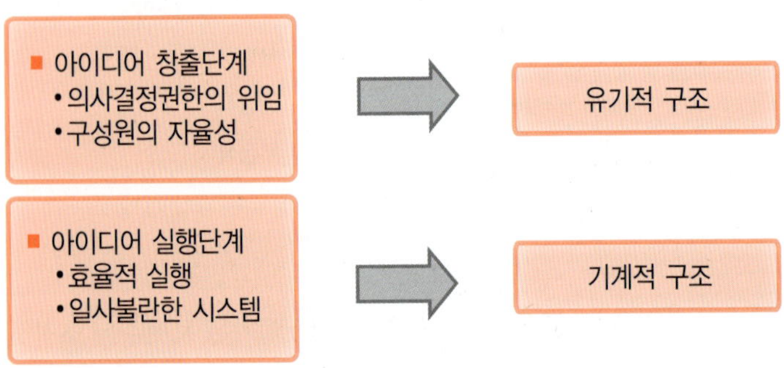

수평적 연계

수평적 연계조직(horizontal linkage organization)은 제품혁신을 위해 요구되는 조직구조의 형태이다. 제품혁신이란 새로운 시장 및 고객을 창출하거나 혹은 기존의 제품 및 서비스를 개선하는 것을 의미한다. 국내의 (주)엠피맨닷컴이 기존 카세트 테입이나 시디를 대체할 새로운 음악재생 도구로서 세계 최초로 개발한 MP3 플레이어나 과거 Apple사가 퍼스널 컴퓨터를 개발하여 상업적 성공을 이룬 경우가 제품혁신에 해당한다. 제품혁신은 기술혁신과 관련성이 높으며, 제품혁신은 주로 조직 외부의 고객에 초점을 맞추기 때문에 혁신에 대한 불확실성이 가장 높다.

수평적 연계
생산, 연구, 마케팅부서의 전문성을 높이고, 환경의 변화를 빨리 감지할 수 있도록 부서 간 아이디어를 공유

수평적으로 연계된 구조를 구축하기 위해서는 크게 세 가지 특징이 필요하다.

전문화

새로운 제품혁신을 목표로 하는 조직에 있어 가장 중추적 역할을 담당하는 부서는 R&D, 마케팅, 생산부서라 할 수 있다. 따라서 이들 부서들은 제품혁신을 위해 그들 고유의 전문성을 확보하여, 자신이 맡고 있는 과업에 대하여 자신감과 실력을 보유할 수 있어야 한다.

즉, 세 개의 기능이 조직 내 전문화(specialization)되어 독립된 부서로서 존재하고, 해당 영역에서의 전문화를 이루기 위해 노력해야 한다. 전문성을 갖추기 위해서는 구성원에게 충분한 재량권을 주고 전문지식과 기술을 습득하기 위한 해외파견, 전문기관 위탁교육 등 다양한 교육훈련 프로그램을 개발해야 한다. 다른 부서와 차별화된 기술, 목표, 태도를 가지도록 각 기능별로 효과적인 학습 시스템을 마련해야 할 것이다.

경계 활동

성공적인 제품혁신을 위해서는 외부환경의 변화를 감지하고 이를 조직에 전이하는 과정이 필요하다. 생산, R&D, 마케팅부서 중 특히 R&D와 마케팅

부서는 외부환경 영역과 밀접한 연계를 갖추고 환경에 대응하는 경계 활동(boundary spanning)을 펼쳐야 한다.

연구개발부서는 신기술 동향이나 전문가집단과 관련을 맺고 기술적 환경의 동향을 엄밀히 살필 것이 요구된다. 연구개발 담당자는 전문기술집단이나 연합(협회)에 연계하여 전문가 모임 등에 자주 참석함으로써 최근 기술 동향 등을 파악하고, 다른 기업의 연구개발부서와도 협력적인 관계를 유지하여 새로운 기술을 제품개발에 응용해야 한다.

마케팅부서는 고객, 경쟁사, 유통업자 등의 변화를 즉각적으로 파악해야 한다. 제품의 판매를 담당하는 마케팅 담당자는 시시때때로 변화하는 고객의 욕구를 파악하고, 경쟁사의 제품과 시장 활동을 분석하는 노력이 필요하며, 유통업자들의 요구사항들에 관심을 기울여야 한다.

수평적 연계

각각의 고유한 기능에 주력하는 마케팅, R&D, 생산부서들 간에는 수평적 연계(horizontal linkage)가 존재해야 한다. 수평적 연계란 각 부서들 간에 서로의 아이디어와 정보를 공유할 수 있는 통로가 존재해야 함을 의미한다.

R&D 부서에서 개발 중인 제품을 생산으로 양산시킬 때 나타날 수 있는 문제점들을 사전에 방지하도록 R&D와 생산부서는 서로 긴밀한 협조를 유지해야 한다. 생산부서 역시 생산이 가능한 디자인과 기술을 제품에 부가할 수 있도록 R&D 부서와 협조가 필요하다. 마케팅 담당자는 고객의 불만사항, 정보를 연구개발부서에 전달하여 새로운 제품을 개발하는데 참고하도록 하고, 생산부서는 마케팅부서의 수요예측에 맞추어 생산능력을 가동할 수 있도록 사전에 준비해야 한다.

이처럼 이들 세 부서들 간에 서로의 정보를 공유하고 긴밀한 협조관계를 유지할 수 있는 수평적 연계가 되어 있을 때 제품의 혁신을 달성할 수 있다.

도표 9-11 수평적 연계 모델 [12)]

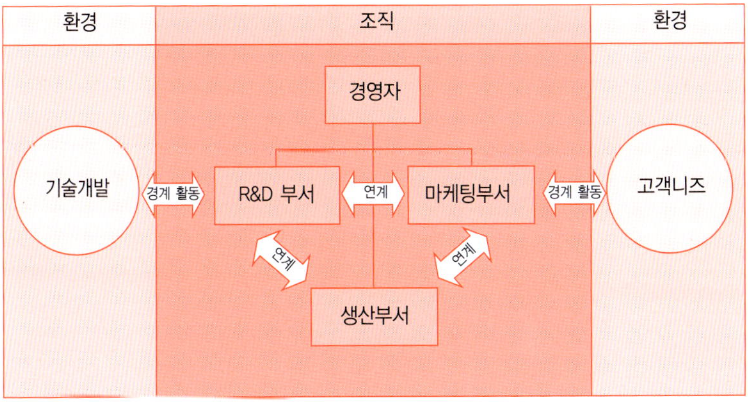

12) R. Daft (2010), *Understanding the Theory and Design of Organizations*, 10th Edition, SOUTH-WESTERN Cengage Learning.

토의

01 혁신적인 제품이라고 생각되는 사례를 들고 그 이유를 설명하시오.

02 조직생애주기에 따라 다르게 나타날 수 있는 조직혁신의 특징에 대해 토의하시오.

03 R&D, 마케팅, 생산부서 간 수평적 연계를 촉진시킬 수 있는 방안에 대해 토의하시오.

CHAPTER 10

의사결정

학 | 습 | 목 | 표

- 의사결정과 관련한 주요 요소들의 개념을 이해한다.
- 의사결정의 유형을 구분하여 파악한다.
- 완전한 합리성과 제한된 합리성 시각의 차이를 이해한다.
- Cyert-March-Simon 모델에서 설명하는 조직의사결정의 특징을 이해한다.
- Mintzberg 모델이 제시하는 의사결정 과정의 흐름을 이해한다.
- Garbage Can 모델이 갖는 시사점과 한계점을 이해한다.

CHAPTER 10

의사결정

01 의사결정

의사결정이란 무엇인가

의사결정
문제를 정의하고 이를 해결할 수 있는 대안을 탐색한 후 바람직한 대안을 선택하는 과정

프랑스의 소설가 Camus는 의사결정에 대하여 다음과 같이 말한 바 있다. "인생은 개인의 선택을 합한 것이며, 역사는 인류의 선택을 축적시킨 것이다."[1)] 즉, 사람은 살아가면서 끊임없이 선택의 앞에 서게 되고, 이는 곧 계속된 의사결정에 노출됨을 뜻한다. 조직 역시 사람과 마찬가지로 지속적인 의사결정 상황을 마주한다. 의사결정이란, 문제를 정의하고, 이를 해결할 수 있는 대안을 탐색한 후, 그 중 바람직한 대안을 선택하는 과정이라 할 수 있다. 특히, 조직 차원에서의 의사결정은 그 결과가 조직 이해관계자에게 가장 큰 가치를 가져올 수 있는 대안을 선택하도록 정교하고도 복잡한 과정이 요구된다.

의사결정의 주요 개념

의사결정과 관련하여 몇 가지 반드시 이해해야 할 개념이 있다. 의사결정을 할 때에는 선택을 하는데 고려해야 할 다양한 정보들을 수집해야 한다. 또한 여러 가지 대안을 개발하여 그 중에 가장 바람직한 대안을 찾아내야 한다. 대안에 대해 평가하기 위해서는 각 대안별로 지니고 있는 속성을 살펴볼 수 있어야 하며, 대안이 어떠한 속성을 어느 정도로 보유하고 있느냐에 따라 의사

1) L. Buchanan & A. O'connell (2006), "A Brief History of Decision Making," *Harvard Business Review*, January.

결정자에게 선호되는 정도가 달라질 수 있다. 이와 같이 의사결정 과정은 다양한 요인들의 복합적인 결합에 의해 발생한다. 의사결정 과정에 존재하는 주요한 요인들에 대해 살펴보도록 하자.

정보

의사결정 상황에서는 의사결정에 필요한 다양한 지식과 자료를 획득해야 하는데, 이를 정보(information)라고 한다. 의사결정을 위해 필요한 많은 정보를 취득할수록 의사결정에 도움이 될 것이나, 무조건 정보의 양이 많다고 해서 의사결정 수준이 반드시 높아지는 것은 아니다. 오히려 너무 많은 정보는 의사결정에 방해가 될 수 있기 때문에, 적절한 수준의 정보를 획득하는 것이 필요하다.

대안

의사결정자는 정보를 바탕으로 문제 해결을 위해 방법을 고안해낼 수 있는데, 이와 같이 다양한 선택의 기회를 대안(alternatives)이라고 한다. 하나의 문제를 해결하기 위해서 하나의 방법만이 존재하는 것은 아니기 때문에 의사결정 과정에서는 다양한 대안이 나타날 수 있다.

대안은 환경으로부터 탐색하여 얻거나, 기존에 존재하던 것을 다시 사용하거나, 새롭게 개발하여 사용할 수도 있다. 그런데 환경의 변화에 따라 동일한 문제에 대해서도 다른 대안을 적용해야 하는 경우가 있으므로, 과거의 대안을 그대로 사용할 때에는 주의를 기울일 필요가 있다.

목표

의사결정자는 자신이 추구하는 바람직한 상태를 달성하고자 대안을 선택하게 된다. 이때, 의사결정자가 달성하고자 하는 바람직한 상태를 목표(goal)라 한다. 의사결정 상황에 따라 목표의 수준은 달라질 수 있다. 때로는 이익의 극대화를 위해 다양한 대안을 고려하고 정교한 계산 과정을 거쳐야 할 수도 있고,

당장의 위기에서 벗어나기 위해 긴박한 의사결정이 필요할 때도 있다.

효과적인 의사결정을 위해 무엇보다 중요한 것은, 의사결정을 통해 얻고자 하는 목표가 무엇인지를 명확히 정의하고, 이러한 목표를 충족시켜줄 수 있는 가장 적합한 대안을 찾는 것이라 할 수 있다.

가치

가치(value)란 각 대안이 지니고 있는 결과에 대한 예상수치를 의미하며, 이는 경제적 가치, 만족도 등 다양한 형태로 측정될 수 있다. 각 대안별로 지니고 있는 가치가 다르며, 이에 따라 대안을 선택하였을 때 나타날 결과물 역시 다르다.

기준

기준(criteria)은 각 대안이 특정한 속성을 충족시키는 정도를 의미한다. 각 대안 마다 특정한 속성을 보유하고 있는 정도는 서로 다르기 때문에 하나의 기준으로 접근할 때 대안은 여러 개의 등급으로 나뉠 수 있다. 예를 들어, 다양한 자동차 모델을 '연비'라는 속성으로 평가할 때, A사의 자동차는 1등급의 기준을 충족시키는 반면, B사의 자동차는 3등급의 기준만 지니고 있을 수 있다.

즉, 어떠한 기준으로 접근하느냐에 따라 각 대안별로 그 속성이 보다 풍부한 경우도 있고 적은 경우도 있다. 의사결정자는 바람직한 대안을 선택하기 위하여 각 대안이 다양한 속성에 따라 어떠한 기준을 충족시키는지 명확히 판단해낼 수 있어야 한다.

선호

의사결정자의 가치관, 철학 등에 따라 대안 혹은 대안이 가져올 결과에 대하여 좋아하는 정도가 달라질 수 있다. 이와 같이 대안 및 대안의 결과에 대하여 가치판단적으로 접근하는 것을 선호(preferences)라 한다.

의사결정자는 자신에게 선호도가 높은 대안을 선택하려는 경향이 있다. 이때 조직 수준의 의사결정에서 중요한 것은 개인이나 일부 집단의 이익을 대변하는 의사결정이 아닌, 다양한 이해관계자의 이익을 우선시하는 의사결정이 이루어져야 한다. 즉, 개인의 선호가 아닌 조직의 선호에 따라 기준을 세우고 의사결정에 필요한 정보를 수집하여 최적의 대안을 선택하도록 노력해야 한다.

도표 10-1 의사결정의 주요 요인 [2)]

요인	특징
정보	의사결정 상황과 관련한 지식, 데이터
대안	문제를 해결할 수 있는 다양한 방법
목표	의사결정을 통해 달성하고자 하는 바람직한 상태
가치	대안이 지니고 있는 결과에 대한 예상
기준	각 대안이 특정한 속성을 충족시키는 정도
선호	의사결정자의 위계적 가치판단

의사결정의 유형

대안의 특성에 따른 분류

의사결정의 유형은 대안이 지니고 있는 특성에 따라 크게 세 가지로 분류될 수 있다. 이러한 기준은 대안이 어떠한 선택의 기회를 주는지에 따라 구분하는 것이다.

첫 번째 유형은 대안이 예 혹은 아니오 중에 하나일 때로, 선택의 여부(whether)에 대한 의사결정이다. 이는 의사결정자의 입장에서 하나의 대안을 받아들일 것인가 혹은 외면할 것인가를 선택해야 하는 의사결정 유형이

2) Adapted from R. Harris(2012), "Introduction to Decision Making," Virtual Salt. Web 〈http://www.virtualsalt.com/crebook5.htm〉

다. 예를 들어, '새로운 시장으로 진출할 것인가?' 혹은 '제품의 가격을 낮출 것인가?' 등의 질문에 대하여 선택 혹은 거부의 대안을 고려하는 상황이 여기에 해당된다.

두 번째 유형은 여러 가지 대안 중 어떤 것(which)을 선택할 지에 관한 의사결정이다. 의사결정자의 입장에서 선택할 수 있는 대안이 다양하게 존재하고, 각 대안들이 가지고 있는 대안에 대하여 선호를 바탕으로 한 가지를 선택해야 할 때 발생하는 유형이라 할 수 있다. 예를 들어, '자동차시장, 통신시장 중 어느 시장에 진출할 것인가' 등의 하나를 선택해야 하는 상황이 여기에 해당된다.

마지막으로, 의사결정을 실행하기 위해서는 특정한 상황 조건이 형성되어야 하는 상황적 의사결정(contingent decision)이 존재한다. 어떠한 대안을 실천할지에 대해서는 선택이 이루어졌으나 그 대안을 실천하기 위한 사전적 조건이 달성되어야 하는 경우이다. 예를 들어, '시장점유율이 50%를 넘으면 가격을 인하한다.'의 상황이 여기에 해당된다.

도표 10-2 대안의 특성에 따른 의사결정 유형 [3]

유형	특징
여부 의사결정	하나의 대안을 선택 혹은 거부
선택 의사결정	다양한 대안 중 하나를 선택
조건 의사결정	특정한 조건이 형성되면 대안을 실행

상황의 특성에 따른 분류

조직 내에서 발생하는 의사결정의 상황에 따라서도 의사결정 유형을 나누어 생각해볼 수 있다. 이와 관련하여 Simon은 의사결정의 유형을 구조화된 의사결정과 비구조화된 의사결정으로 나누어 설명하였다.[4]

3) Adapted from R. Harris(2012), *op. cit.*

4) H. Simon (1977), *The New Science of Management Decision*, Prentice-Hall, Revised Edition.

구조화된 의사결정(programmed decisions)은 매우 일상적이고 반복적으로 발생하는 것으로, 경험에 의해 문제에 대한 정의가 매우 잘 이루어져 있으며, 문제해결을 위한 절차 역시 명확하게 정해져 있다. 구조화된 의사결정에서는 선택기준이 이미 잘 마련되어 있고, 문제와 관련한 투명한 정보를 쉽게 얻을 수 있으며, 비교적 안정적인 환경에서 의사결정의 결과를 쉽게 예측할 수 있다.

구조화된 의사결정
일상적이고 반복적으로 발생하는 의사결정

이에 비해 비구조화된 의사결정(non-programmed decisions)은 전에 경험하지 못한 새로운 문제가 많고, 따라서 문제에 대한 정의가 없으며, 문제해결을 위한 절차 또한 세워져 있지 않다. 의사결정을 위한 명확한 선택기준이 존재하지 않고, 대안들은 매우 불확실하다. 환경의 불확실성이 높아 의사결정의 결과를 쉽게 예측할 수 없을 뿐 아니라, 비구조화된 의사결정 상황에서는 보통 대안의 개발이 매우 어려워, 하나의 전문화된 대안을 선택해야 하는 경우가 많다. 따라서 비구조화된 의사결정 상황에서는 조직 내 관리자, 기능, 사업부 간의 긴밀한 협력이 요구된다.

비구조화된 의사결정
전에 경험하지 못한 새로운 문제에 대한 의사결정

Greenberg는 [도표 10-3]과 같이 구조화된 의사결정과 비구조화된 의사결정의 특징 세 가지를 비교하여 설명하였다.

첫째, 구조화된 의사결정은 과업의 유형이 단순하고 일상적인 것에 비해, 비구조화된 의사결정은 복잡하고 창의적이다.

둘째, 과거의 의사결정을 참고할 수 있는지 여부와 관련하여, 구조화된 의사결정은 과거 경험으로부터 상당한 정보를 얻을 수 있으나, 비구조화된 의사결정은 과거 경험에 의존할 수 없다.

셋째, 의사결정의 주체를 비교했을 때, 구조화된 의사결정은 일상 업무를 수행하는 일반 실무자에 의해 이루어지는 반면, 최고경영자는 비구조화된 의사결정을 수행한다.

도표 10-3 구조화된 의사결정과 비구조화된 의사결정[5]

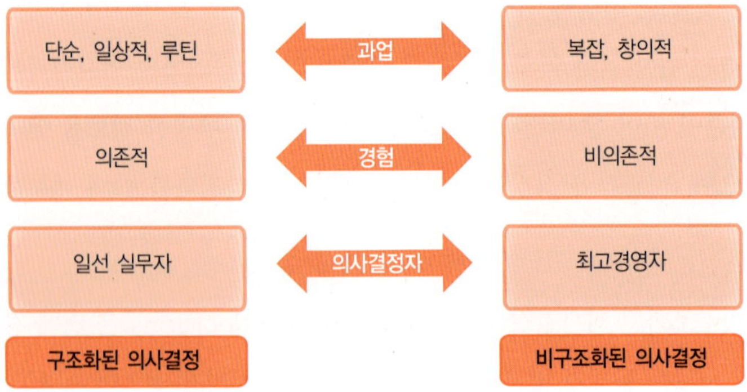

02 완전한 합리성과 제한된 합리성

의사결정에 관한 연구에는 두 가지 상반된 시각이 존재한다. 초기 학자들은 의사결정자의 완전한 합리성을 가정하고, 효율적이고 합리적인 의사결정이 이루어지기 위해 필요한 특징들을 제시하였다. 그러나 모든 의사결정이 합리성을 바탕으로 이루어지는 것은 아니며, 완전한 합리성을 바탕으로 의사결정을 설명하기에는 현실성이 떨어진다는 비판이 일었다. 따라서 완전한 합리성에 대한 비판적인 시각으로 제한된 합리성을 바탕으로 한 연구가 진행되었다.

완전한 합리성

완전한 합리성과 경제인

완전한 합리성
완벽한 정보, 과학적 평가, 정확한 예측이 가능함을 전제

전통적인 경제학이론에서 이야기하는 경제인(economic man)은 완전한 합리성을 갖는다.[6] 개인을 합리적인 존재로 바라보는 완전한 합리성 모델은,

---

5) J. Greenberg & R. Baron (2008), *Behavior in Organization*, 9th edition, Prentice-Hall

6) H. Simon (1955), "A Behavioral Model of Rational Choice," *Quarterly Journal of Economics*, vol. 69, pp. 99~118.

의사결정 주체가 문제의 정의와 해결에 필요한 모든 정보를 획득할 수 있고, 대안에 대해 과학적인 평가를 내릴 수 있으며, 대안을 선택했을 때 발생할 결과에 대해 정확하게 예측할 수 있다고 가정한다. 이와 관련하여, Bakka와 Fivesdal이 정의한 경제인의 다섯 가지 특성은 다음과 같다.[7]

- 경제인은 다양한 대안을 발견했을 때 언제나 의사결정을 내릴 수 있다.
- 경제인은 대안의 결과에 대해 본인의 선호체계에 따라 순서를 정한다.
- 경제인은 선호는 여러 단계로 나열될 수 있다(A>B>C).
- 경제인은 자신의 가치체계에 따라 늘 이익을 극대화 한다 (maximization).
- 만약 똑같은 상황이 다시 발생하면 예전과 같은 선택을 한다.

가정

완전한 합리성 모델은 의사결정환경이 명확하게 정의되어 있고, 그에 따라 최적의 대안을 선택한다고 본다. 이러한 주장을 펼치는 완전한 합리성 모델은 의사결정과 관련한 몇 가지 가정을 전제로 한다.[8]

첫째, 완전한 합리성 모델에서는 의사결정에 필요한 모든 대안이 주어진다고 본다. 의사결정자는 문제를 해결하기 위한 모든 대안을 사전에 인지하고 그 중에 하나를 선택하게 된다. 여기서 대안은 '주어진(given)' 것으로, 완전한 합리성 모델은 대안을 어떻게 획득하는지에 대해 명확히 설명하지 못한다.

둘째, 각 대안별로 어떠한 결과가 발생할지 명확히 예측할 수 있다고 가정한

---

7) J. Bakka & F. Fivesdal (1986), *Organisationsteori, Struktur, Kultur, Processor*, Nyt Nordisk Forlag, Arnold Busck, Denmark, p. 166; Translation by J. Simonsen, *Administrative Behavior; How Organizations can be understood in terms of decision process* (1994), Department of Computer Science, Roskilde University, Roskilde, Denmark.

8) R. Cyert & J. March (1992), *A Behavioral Theory of the Firm*, 2nd Edition, Oxford, Blackwell.

다. 즉, 의사결정자가 확실성과 위험에 대해 명확한 지식을 갖추고 있음을 뜻한다. 확실성(certainty)은 대안이 가져올 결과를 뜻하고, 위험(risk)은 결과가 발생할 가능성을 뜻하는 것으로 이는 확률로 표시된다. 예를 들어, 구름이 모여 일정 조건이 되면 비가 내리는 것은 확실성이며, 기상청에서 매일 발표하는 비가 올 확률은 위험이라고 할 수 있다. 완전한 합리성 모델은 대안의 확실성과 위험에 대해 의사결정자가 명확히 인지함을 가정한다.

셋째, 의사결정자는 확실한 선호기준(preference ordering)을 갖고 대안을 선택한다. 어떠한 대안이 가장 바람직한 결과를 가져올 것인지를 명확히 판단하여, 원래의 목표에 따라 선호되는 대안별로 서열을 정한다.

넷째, 의사결정자는 가장 선호하는 결과를 가져올 최적(optimal)의 대안을 선택한다. 다양한 대안 중 최고의 효용을 가져올 수 있는 대안을 선택하여 의사결정 결과의 효율성을 극대화할 수 있다.

의사결정단계

완전한 합리성 모델에서는 의사결정자가 여러 개의 연속적인 단계를 통해 의사결정을 진행한다고 본다. 완전한 합리성 모델에 대한 연구가 발전함에 따라, 의사결정 과정의 진행단계에 대해 매우 다양한 주장이 제기되기도 한다. 의사결정을 Blai는 총 8단계로 세분화했는데, 의사결정 환경감지, 의사결정 문제정의, 의사결정 목표구체화, 문제의 진단, 대안의 개발, 대안의 평가, 최적 대안의 선택, 대안의 실행 등으로 구분된다.[9] 의사결정 과정을 3단계로 축약하면 문제의 확인 및 정의, 대안의 개발, 대안의 평가 및 실행으로 나눌 수도 있다. 이와 같이 의사결정 과정은 상황과 문제의 특성에 따라 단계가 통합되거나 세분화될 수도 있는데, 대략 다음 다섯 단계로 설명될 수 있다.

9) B. Blai (1986), *Eight Steps to Successful Problem Solving, Supervisory Management*, pp. 7~9.

❶ 문제의 정의

의사결정의 가장 첫 번째 단계는 문제의 정의로, 이 단계에서는 조직이 처한 환경에 대해 모든 정보를 수집한 후 이상적인 상황과 현실의 상황을 비교하여 차이가 발생하는지 여부를 확인한다. 이상과 현실의 괴리가 존재할 때 문제가 있음을 인식하고 이를 해결하기 위한 방향을 고민하게 된다.

❷ 목표의 설정

의사결정의 효과성을 높이기 위해서는 문제를 해결하는데 있어 구체적으로 기대되는 수준을 명확히 정해야 한다. 선택을 통해 내가 달성하고자 하는 목표 수준이 무엇인지, 어떤 결과를 냈을 때 의사결정이 성공적이었다고 할 수 있는지 기준을 설계하는 단계이다.

❸ 대안의 개발

세 번째 단계에서는 앞서 정의된 문제를 해결하고, 원하는 목표 수준을 달성할 수 있는 다양한 대안을 개발하게 된다. 이 단계에서는 가능한 여러 대안을 개발하여 의사결정의 선택을 풍부하게 만들 수 있다. 즉, 문제가 발생한 근본적인 원인을 제거하고 문제점을 해결하기 위해 실천할 수 있는 방법들을 최대한 다양하게 생각해내야 하는데, 이를 위해서는 많은 사람들로부터 다양한 아이디어와 의견을 제안 받는 것이 필요하다.

❹ 대안의 평가

네 번째 단계에서는 앞서 개발된 대안들에 대한 평가가 이루어진다. 의사결정자가 명확한 기준을 설정하고, 그 기준에 따라 각 대안들이 가지고 있는 가치 수준을 평가한다. 각 대안을 실행했을 때 어떠한 결과가 나올지를 예측하여 의사결정이 가져올 성과를 평가한다. 이때는 대안의 실행으로 발생하는 효용뿐 아니라 비용까지 함께 고려해야 한다.

❺ 대안의 실행

마지막으로 최적의 대안을 선택하여 실행하는 단계이다. 의사결정 과정은 선택에서 끝나는 것이 아니라 실제로 행동에 옮기는 것까지 포함한다. 특히 이 실행단계는 의사결정 전체 과정에서 매우 중요한 단계로 고려된다. 아무리 좋은 대안이 개발되고 선택되더라도 제대로 실행되지 않으면 의사결정의 효과성은 존재하지 않기 때문이다. Starbuck은 의사결정에 대해 '심사숙고를 끝내고 행동을 시작하는 것'으로 정의하여 의사결정 후 실행의 중요성을 강조하기도 했다.[10)]

도표 10-4 합리적 의사결정의 단계

제한된 합리성

제한된 합리성과 관리인

제한된 합리성
정보처리능력의 한계로 인해 만족스러운 수준에서 의사결정

완전한 합리성 모델은 매우 합리적인 의사결정 과정을 설명하고 있는 것 같으나, 실제 현실에서 발생하는 의사결정 상황을 제대로 설명하지 못한다는 비판을 받는다. 즉, 조직이 따라야 할 규범적인 행동을 묘사하는 것에 불과하다는 지적이다. 단계별로 문제를 확인하고 대안을 개발하는 과정이 의사결정 결과의 효용을 높여 줄 수는 있으나, 매우 많은 시간을 필요로 하는 단점이 있다. 일상생활의 간단한 문제에 대해 선택을 할 때에도 그렇게 체계적으로 접근을 하는 경우는 드문데, 조직의 복잡하고 급속히 변화하는 환경에서 시간적 여유를 갖고 단계별로 의사결정에 접근하기는 더더욱 어렵다.

10) L. Buchanan & A. O'connell (2006), *op. cit*.

Simon은 이러한 한계를 극복하고자 보다 현실적인 특징을 반영한 제한된 합리성 모델(bounded rationality model)을 제시하였다.[11] 그의 지적에 따르면, 인간은 결코 합리적인 존재가 아니며, 감정과 비합리성이 인간의 행동에 큰 영향을 미친다. 특히, 인간의 정보처리능력에는 한계가 있어 환경에서 제공되는 정보 중 극히 일부만을 습득하여 처리할 수 있다. 따라서 고전적인 시점에서 바라보는 경제인은 이상적인 모델에 대한 개론일 뿐이며, 실제로 의사결정이 이루어지는 특성을 설명하기 위해서는 관리인(administrative man) 개념으로 접근해야 함을 주장하였다.[12]

Simon의 관리인은 경제인과 다음 두 가지 면에서 개념적 차이를 보인다.

첫째, 경제인은 최적의 대안을 선택하는 반면, 관리인은 만족스러운(satisfice) 수준에서 의사결정을 한다. 즉, 문제해결을 위해 가능한 모든 방안을 강구하고 그 중 최선의 대안을 찾기 위해 노력하는 것이 아니라, 적당히 괜찮은 선에서 대안이 발견하면 더 이상의 탐색을 멈추고 만족스러운 대안을 선택하고 만다는 것이다.

둘째, 경제인은 복잡한 현실을 있는 그대로 바라보지만, 관리인은 세상을 극히 단순화(simplify)시켜 인지한다. 의사결정과 관련한 모든 정보를 찾기 위해 노력하기보다, 주변에서 쉽게 구할 수 있고 접근성이 높은 정보만을 바탕으로 문제 상황을 인식하고 해석하는 경향을 보인다.

Bakka와 Fivesdal이 요약한 관리인의 특성을 살펴보면 다음과 같다.[13]

- 관리인은 문제 상황을 항상 단순화 하여 바라본다.

---

11) H. Simon (1991), "Bounded Rationality and Organizational Learning," *Organization Science*, vol. 2, pp. 125~134.

12) H. Simon (1976), *Administrative Behavior: A Study of Decision-Making Processes in Administrative Organization*, 3rd Edition, Macmillan.

13) J. Bakka & E. Fivesdal (1986), *op. cit*.

- 관리인은 각 대안이 가져올 결과에 대해 몇 개의 제한된 정보만을 구한다.
- 관리인은 만족스러운 대안을 찾기 위해 의사결정에 접근한다.
- 관리인은 일정하게 정해진 절차나 공식 없이, 시행착오의 경험을 바탕으로 직관적 의사결정(heuristics)을 내린다.

가정

완전한 합리성 모델이 의사결정 상황과 관련하여 확실성과 위험에 대한 명확한 정보를 가정한다면, 제한된 합리성 모델은 불확실성(uncertainty)을 가정한다. 즉, 의사결정자가 직면하는 불확실성으로 인해 합리성이 제한될 수밖에 없다.

기업은 소비자, 공급자, 주주, 경쟁자, 정부, 시민단체 등 다양한 환경에 노출되고, 환경은 그 분야가 복잡할 뿐 아니라 변화의 속도도 빠르기 때문에, 기업이 환경과 관련한 모든 정보를 수집하는 것은 불가능하며 그에 따라 불확실성이 발생한다.

설령 불확실성을 제거하기 위해 필요한 모든 정보를 수집할 수 있다고 하더라도, 그러기 위해서는 치러야 할 비용이 너무 크다. 이와 같이 정보가 제한적이고 급변하는 상황에서는, 기업의 의사결정이 예상하지 못한 결과를 가져오거나, 의도하지 않은 부작용을 만들 수도 있다는 것이 제한된 합리성이 설명하는 바이다.

그러나 제한된 합리성이 의사결정의 효과성을 항상 낮추는 것은 아니다. 의사결정에 필요한 정보를 습득하고 처리하는 것은 많은 시간과 에너지를 필요로 한다. 완전한 합리성 모델에서처럼 가능한 모든 대안을 찾을 때보다, 일부의 정보만을 처리하는 제한된 합리성 모델이 오히려 더 효율적일 수 있다.

지금까지 의사결정 연구의 두 가지 큰 흐름에 대해 살펴보았다. 이제 조직 수준의 의사결정에 대해 설명한 조직의사결정 모델들을 살펴보기로 한다.

도표 10-6 완전한 합리성과 제한된 합리성의 차이

구분	완전한 합리성	제한된 합리성
목표	이익의 극대화	만족
정보	완벽한 정보환경	단순화
평가	객관적 평가	직관적 접근
결과	정확한 예측	불확실

03 Cyert-March-Simon 모델

일반적인 의사결정과 다르게 조직 수준에서 이루어지는 의사결정은 그만의 독특한 특징이 나타난다. 조직은 다양한 이해관계자를 갖고 조직 내부 역시 많은 부서로 이루어지기 때문에 조직 의사결정 상황은 매우 복잡해진다. 또한, 조직 차원의 전략적 의사결정을 내릴 때에는 다양한 부서의 관리자가 참여하여 다수에 의한 의사결정이 이루어진다. 이에 따라 매우 다양한 시각에서 문제에 접근하는 등 복잡성이 높아진다.

Cyert와 March 그리고 Simon은 조직 의사결정에 관하여 도전적이면서도 통찰력 있는 모델을 제시하였다. Carnegi-Mellon 대학에서 연구되어 카네기 모델(carnegi model)로도 불리는 이 모델은, 제한된 합리성을 바탕으로 하여 실제 상황에서 조직이 어떻게 의사결정하고 행동하는지를 잘 설명하고 있다.[14] 예를 들어, 조직에서는 하나의 문제가 아닌 여러 개의 문제에 대해 동시에 의사결정 해야 하는 경우가 있다. 또한, 대안의 결과에 대해 명확히 평가하고 계산하기보다는 과거의 경험에 의존(rules of thumb)하여 주먹구구식으로 의사결정을 하는 경우도 있다. 이와 같이 보다 현실적으로 접근하는 Cyert-March-Simon 모델은, 조직 차원의 의사결정에서 발생하는

14) J. March & H. Simon (1993), *Organizations*, 2nd edition, Oxford, Blackwell

주요한 몇 가지 특징을 다음과 같이 설명한다.[15)]

의사결정 상황

불확실성

조직 의사결정 상황에는 높은 불확실성(uncertainty)이 존재한다. 관리자(manager)가 의사결정을 펼치는데 필요한 정보는 제한적으로 주어지고, 의사결정을 위한 시간 역시 충분히 갖지 못하는 경우가 있다. 문제를 해결하기 위해 필요한 자원을 충분히 획득하지 못하는 경우도 있고, 다양한 문제들이 동시에 나타나기도 한다. 즉, 관리자가 맞이하는 의사결정 상황은 시간, 자원, 정보 등의 제약으로 인해 불확실성이 높게 나타나는 특성이 있다.

갈등

조직 수준에서 의사결정을 진행하는 과정에는 관리자 간의 갈등(conflict)이 발생하게 된다. 부서별 관리자에 따라 추구하는 목표가 다르고, 하나의 대안에 대해 서로 다른 기준으로 평가하며, 경험과 가치관에 따라 다른 의견을 펼치게 된다. 하나의 조직 내에는 다양한 하위목표 혹은 관리자가 개인적으로 추구하는 비공식적 목표가 존재할 수 있기 때문에, 서로 다른 목표를 추구하는 관리자 간에는 갈등이 존재한다.

의사결정 주체

조직 내 의사결정에는 다수의 관리자가 참여한다. 따라서 의사결정의 주체는 개인이 아닌 관리자들의 연합으로 존재한다. Cyert-March-Simon 모델은 관리자들이 세력(coalition)을 형성하여 자신들의 이해관계에 따른 주장을 펼치고, 이를 바탕으로 본인들에게 유리한 대안을 선택한다고 본다.

---

15) R. Cyert & J. March(1992), *op. cit*.

세력이란, 관리자들의 연합으로 유사한 목표와 문제를 소유하는 사람들이 모여 형성하게 된다.[16] 이와 같이 세력이 형성되는 이유는 관리자들의 다양한 가치와 선호체계 때문이다. 조직 내에는 다양한 부서가 존재하고, 그에 따라 관리자마다 서로 다른 가치를 추구한다. 자연스레 조직의 문제에 대해 서로 다른 의견을 보이게 되고, 문제해결에 있어 갈등을 낳는다.

세력
유사한 목표와 문제를 소유하는 관리자들의 연합

관리자들은 의사결정 문제를 해결하기 위해 토론, 협상, 타협을 벌이게 되고 그 과정에서 자연스레 서로 다른 세력이 형성된다. 관리자들은 서로 다른 이해관계에 따라 서로 다른 세력을 형성하고 참여하며, 세력은 조직 내부의 관리자로부터 외부의 전문가 혹은 고객까지 매우 다양한 주체로 구성된다.

세력이 형성되는 또 다른 이유는 개인이 획득하고 처리할 수 있는 정보에 한계가 있기 때문이다. 조직 내 의사결정을 내리기 위해 필요한 정보는 매우 복잡하고 불확실하여, 개인 수준에서 처리하기에는 시간과 자원이 부족하다. 따라서 관련된 부서의 관리자에게 조언을 구하거나 서로 정보를 교환하여 더 큰 개념을 완성시킬 수 있다. 즉, 관리자 간의 갈등뿐 아니라 정보의 불확실성으로 인해 세력이 형성되기도 한다.

이렇게 형성된 세력은 서로 다른 힘의 크기를 갖고, 그 중 가장 지배적인 세력에 의해 의사결정이 이루어진다고 본다. 다시 말해, 대안의 선택을 위해서는 지배세력의 승인이 필요하다. 즉, Cyert-March-Simon 모델에서 이야기하는 조직 의사결정의 주체는 개인이 아닌 세력이며, 의사결정 과정은 정치적이고 사회적인 힘에 의해 지배된다. 이렇게 세력 수준에서 의사결정이 이루어지기 때문에 선택되는 대안에도 한계가 존재한다.

16) W. Stevenson, J. Pearce, & L. Porter (1985), "The concept of Coalition in Organization Theory and Research," *Academy of Management Review*, vol. 10, pp. 256~268

대안의 선택

세력단위의 의사결정은 어떠한 대안을 선택하게 만드는가? Cyert-March-Simon 모델은 제한된 합리성의 시각을 조직 의사결정에 적용하여, 조직에서는 만족스러운 수준(satisficing)에서 대안이 선택됨을 설명하였다. 하나의 세력은 다양한 사람으로 구성되기 때문에 세력을 구성하는 모두에게 최상의 대안이 존재하기는 어렵다. 따라서 가장 큰 성과를 높일 수 있는 대안보다는 구성원을 대체적으로 만족시키는 대안을 선택하게 된다. 이때에는 완벽한 대안을 찾기 위해 너무 많은 노력을 기울일 필요가 없다. 즉, 만족스러운 수준에서 대안이 선택되기 때문에 정보를 탐색하는 방법도 달라진다.

정보탐색의 방법

최적의 대안을 찾기 위해서는 문제 해결을 위한 모든 대안을 평가해야 한다. 모든 대안을 찾아내는 데에는 시간과 비용이 너무 많이 든다. 그러나 최적의 대안이 아닌 만족스러운 수준에서 대안을 선택할 때에는 정보탐색에 필요한 시간과 비용을 절약할 수 있다. 눈앞에 직면한 문제를 해결하는 수준에서 대안의 탐색이 이루어지기 때문이다. 이와 같이 의사결정 문제에 가깝게 존재하는 환경만을 탐색하여 대안을 개발해내는 방법을 당면과제탐색(problemistic search)이라 한다.[17)]

Cyert-March-Simon 모델에 따르면, 관리자들은 보통 합당한 선에서 처음 발견되는 대안을 선택하기 때문에 대안의 탐색은 만족을 이끌어내기 위해 가장 기초적인 수준에서 머물게 된다. 예를 들어, 이직이나 퇴직으로 인한 공백이 생겼을 때, 그 자리를 어떻게 채울 것인가에 대해 우선적으로 접근을 할 뿐, 빈자리가 생길 때마다 조직 전반의 인력 공급과 배치를 고려하지는 않는다.

17) R. Cyert & J. March (1992), *op. cit*.

도표 10-7 Cyert-March-Simon 모델과 의사결정

상황	주체	대안
• 불확실성 • 갈등	• 세력 • 사회적 · 정치적 힘	• 당면과제 탐색 • 만족스러운 대안 선택

04 Mintzberg 모델

Mintzberg는 조직 내 관리자의 의사결정 과정을 과거 경험에 기반한 것으로 정의하는 새로운 조직 의사결정 모델을 제시하였다. 관리자는 과거의 선택으로부터 거의 차이가 없거나 약간의 변화를 보이는 대안을 선택함으로써 의사결정의 오류를 줄이고자 한다. 즉, 과거의 결정으로부터 급격한 변화를 보이는 선택은 하지 않으며, 연속적이고도 점진적인 수정과 보완으로 대안을 개선해 종래에는 완전히 새로운 대안을 만든다는 것이다. 문제의 확인으로부터 해결안을 제시하기까지 수정을 거듭하는 이 모델은 따라서 점진적 의사결정 과정 모델(incremental decision process model)이라 불리기도 한다.

의사결정이 점진적으로 이루어진다는 것은, Lindblom이 "*The Science of Muddling Through*"에서 표현한 'muddling through'와 유사하다고 할 수 있다. 관리자의 의사결정은 진흙에서 빠져나갈 때와 유사하게 천천히 그리고 조금씩 이루어지지만, 그러한 과정을 통해서도 원하는 목표를 충분히 달성할 수 있다.[18)]

단 한걸음으로는 진흙탕에서 빠져나올 수는 없듯이, 문제를 해결하기 위해서는 한 번의 중대한 결정이 존재하는 것이 아니라 연속적인 작은 선택이 계속된다고 보는 것이다. Mintzberg는 일련의 연속적인 의사결정 과정을 확인,

18) C. Lindblom (1959), "The Science of "Muddling Through," *Public Administration Review*, vol. 19, pp. 79~88.

개발, 선택의 세 가지 단계로 구분하였으며, 각 단계별로 존재하는 세부적인 루틴(routine)을 다음과 같이 설명하고 있다.[19]

의사결정의 과정

확인단계

조직 의사결정에서 나타나는 첫 번째 단계는 문제의 확인단계(identification phase)로, 의사결정자는 문제에 대한 정의를 내리게 된다. 이때에는 문제를 인지하는 루틴과 문제를 진단하는 루틴이 작용한다.

❶ 인지루틴

문제를 새롭게 인지하는 루틴(recognition routine)은 실제의 상황이 기대되는 표준과 다를 때 일어난다. 기대되는 표준(expected standards)은 과거의 경향이나 사람들의 기대 수준을 바탕으로 설정된다. 즉, 조직 의사결정자는 표준과 현실 사이에 존재하는 괴리를 발견했을 때 문제, 위기 혹은 기회를 인지하게 된다.

❷ 진단루틴

문제의 진단루틴(diagnosis routine)은 문제를 인지한 후 그와 관련한 정보를 정리 · 분석하는 루틴이다. 의사결정 상황에는 복합적이고 다양한 요소들이 뒤섞여 존재하기 때문에, 의사결정자는 문제 혹은 위기와 관련된 많은 정보를 입수한 후 문제의 심각성이나 중요도에 따라 정보를 정리해야 한다. 이와 같이 문제 상황을 정리하고 보다 구체적으로 정의내리는 진단루틴이 발생하는 것이다.

19) H. Mintzberg, D. Raisinghani, & A. Theoret (1976), "The Structure of 'Unstructured' Decision Processes," *Administrative Science Quarterly*, vol. 21, pp. 246~275.

개발단계

조직 의사결정의 두 번째 단계는 대안을 개발하는 단계(development phase)로, 대안을 탐색하는 루틴과 대안을 설계하는 루틴이 작용한다.

❶ 탐색루틴

대안을 탐색하는 루틴(search routine)은 다시 세 가지 방법으로 구분될 수 있다.

첫째, 기억탐색(memory search)은 조직 내 이미 존재하는 유사한 대안을 찾는 방법이다. 의사결정자는 조직 내에서 발생한 문제를 해결하기 위하여 새로운 방법을 고안해 내기보다 과거의 방법을 그대로 모방하려는 경향을 보일 수 있는데, 이때 기억에 의존하는 기억탐색루틴이 발생하는 것이다.

둘째, 수동적 탐색(passive search)은 대안이 우연히 떠오를 때까지 기다리는 방법이나. 조직이 대인을 찾기 위해서 노력하는 것과 마찬가지로 가끔은 대안이 자신에게 적합한 조직을 찾기도 한다고 지적하였다.[20] 즉, 대안을 개발하기 위해 반드시 적극적으로 찾아나서는 것이 아니라 적합한 대안이 떠오를 때까지 문제의 해결을 보류시키는 방법이다.

셋째, 트랩탐색(trap search)은 원하는 대안이 나타날 수 있도록 조직이 원하는 바를 공개적으로 알리는 방법에 해당된다. 예를 들어, 자신이 필요로 하는 것을 공급자에게 알린다든지, 공모전을 통해 아이디어를 모집하는 방법 등이 여기에 해당된다.

❷ 설계루틴

대안을 설계하는 루틴(design routine)은 조직이 적극적으로 새로운 대안을 만드는 것을 의미한다. 이때는 모호성을 줄이기 위해 시행착오 과정을 거

---

20) Cyert & March (1963), *A Behavioral Theory of the Firm*, Englewood Cliffs, NJ, Prentice-Hall.

치며 조금씩 문제를 구체화 하여 해결안을 수정해나간다.

선택단계

마지막 선택의 단계에서는 전 단계에서 구해진 대안 중 바람직한 것을 선택한다. 이 단계는 차단, 평가와 선택, 승인의 과정으로 구성된다.

❶ 차단루틴

앞서 개발된 다양한 대안 중 불가능한 것을 선별하여 골라내는 과정을 차단루틴(screen routine)이라 한다. 차단은 어떠한 대안이 문제해결에 적절한가를 찾기보다는 어떠한 대안이 실행 불가능한가를 찾는 접근이다. 대안을 실행하기 위해 지나치게 많은 비용과 시간이 요구되거나, 대안의 결과를 쉽게 예측할 수 없을 때 발휘되기 쉽다.

❷ 평가-선택루틴

개발된 대안에 대하여 나름의 기준에 따라 평가와 선택이 발생하게 된다. 평가와 선택(evaluation-choice routine)은 세 가지 방법에 의해 이루어질 수 있다.

첫째, 판단(judgement)은 의사결정자의 주관적인 생각에 따라 대안을 평가하고 선택하는 방법이다. 의사결정자가 대안을 고르는 기준은 명확히 존재하지 않고, 자신만의 고유한 사고 과정을 거쳐 판단하게 된다.

둘째, 협상(bargain)은 서로 목표가 다른 의사결정자집단이 각자의 판단을 동원하여 토론과 협의를 거쳐 대안을 선택하는 방법이다. 대안에 대한 평가는 다양한 시각을 반영하여 이루어지며, 의사결정집단 간의 합의를 통해 최종대안이 선택된다.

셋째, 분석(analysis)은 보다 체계적이고 과학적인 기법에 의해 대안을 평가하는 방법이다. 객관적인 자료와 사실에 근거한 평가를 통하여 가장 바람직하다고 여겨지는 대안이 선택된다.

❸ 승인루틴

조직 의사결정의 마지막 단계에서는 선택된 대안을 공식적으로 승인하는 루틴(authorization routine)이 발생한다. 대안이 선택된 후에는 조직구조상의 상위계층으로부터 승인을 받아야 한다. 때로는 조직의 의사결정에 영향을 미칠 수 있는 외부환경으로부터의 승인도 필요하다. 이때는 대안이 채택되거나 혹은 기각될 수도 한다. 가끔은 조건적 채택(conditional acceptance)으로, 대안의 큰 틀을 벗어나지 않는 수준에서 개발단계로 되돌아가 대안을 수정하기도 한다.

역동적 요인

한편, 3단계별로 진행되는 의사결정 과정 중에 이를 방해하고 지연시키는 요인들이 작용한다. 조직은 열린 시스템으로 늘 환경과 상호작용하기 때문에, 의사결정이 이루어지는 과정 역시 역동적으로 변화한다. 의사결정을 재촉하거나, 새로운 단계를 만들게 하거나, 이전단계로 돌아가게 하는 역동적 요인(dynamic factor)을 몇 가지 살펴보도록 하자.

피드백 연기

의사결정 과정에서 피드백 연기(feedback delay)가 발생하며 의사결정의 진행을 막을 수 있다. 각 의사결정단계는 어느 정도 시간을 필요로 한다. 또한, 다음 단계로 진행되기 위해서는 전 단계에서 교환된 정보를 습득해야 하는데, 이러한 피드백이 이루어지지 않으면 의사결정의 진행이 어려워진다.

도표 10-8 Mintzberg 모델의 의사결정 과정 [21)]

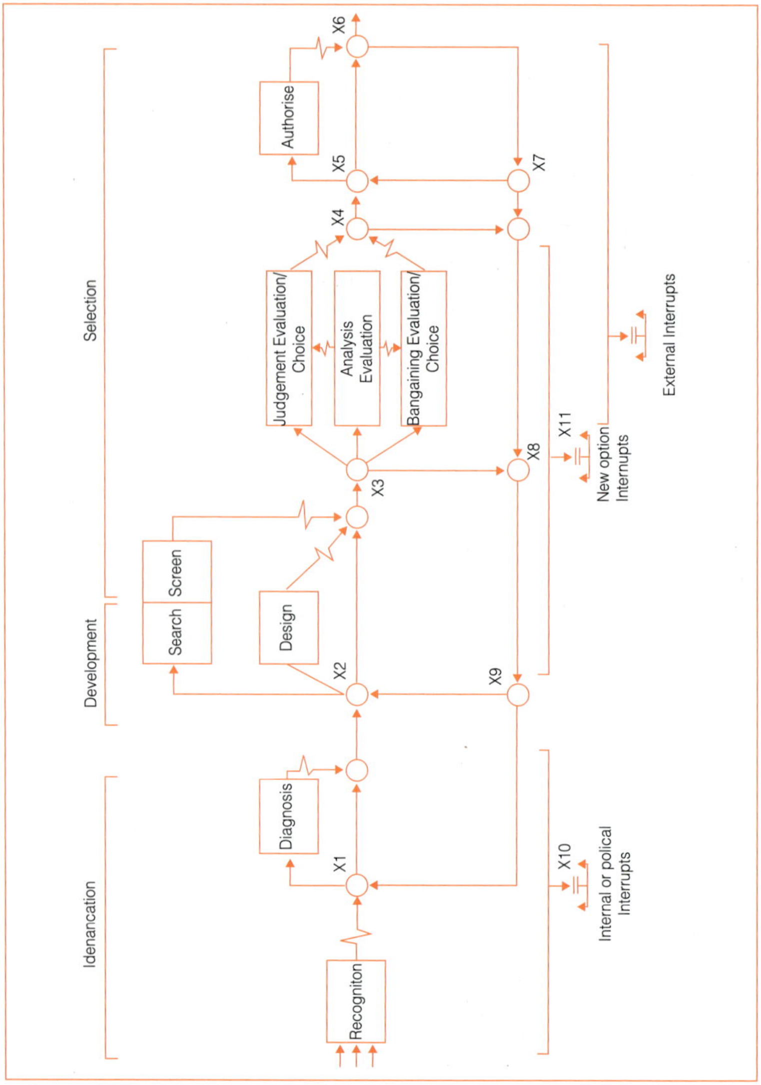

21) H. Mintzberg, D. Raisinghani, & A. Theoret (1976), *op. cit.*

스케줄 연기

스케줄 연기(schedule delay) 역시 의사결정의 진행을 방해하는 중요한 요소로 등장한다. 조직 의사결정은 관리자들에 의해 이루어지는데, 관리자는 조직 내 다양한 부문에 연관되어 있다. 따라서 서로 다른 업무일정을 가진 관리자들이 만나서 의사결정에 대해 토론, 분석하기 위해서는 스케줄을 조정해야 하는데 이때 의사결정의 속도가 느려질 수 있다.

Mintzberg는 이러한 의사결정 과정을 [도표 10-8]과 같이 표현하였다. 그림에서와 같이 조직 의사결정은 확인, 개발, 선택의 3단계로 이루어지고, 각 단계는 2개 이상의 루틴이 작용하여 문제를 해결하며, 여러 가지 역동적 요인들로 인해 의사결정 과정상에 간섭이 발생하여 전단계로 되돌아가는 패턴이 나타난다.

도표 10-9 Mintzberg 모델의 의사결정단계

단계	특징	역동적 요인
확인단계	• 인지: 문제의 인식 • 진단: 정보의 분석	
개발단계	• 탐색: 대안의 탐색 기억탐색: 과거의 경험에 의존 – 수동적 탐색: 문제해결 보류 – 트랩 탐색: 문제 공유 • 설계: 새로운 대안의 개발	• 피드백 연기 • 스케줄 연기
선택단계	• 차단: 실행 불가능한 대안 제거 • 평가-선택 – 판단: 주관적 선호 – 협상: 토론과 협의 – 분석: 과학적 분석 • 승인: 선택된 대안의 공식적 승인	

완전한 합리성과 Mintzberg 모델의 비교

의사결정이 몇 가지 단계를 통해 진행된다고 보는 시각은 얼핏 완전한 합리성 모델에서 살펴본 의사결정의 과정과 비슷하게 보일 수도 있다. 하지만

Mintzberg 모델은 의사결정이 진행되는 단계마다 발생할 수 있는 제한된 합리성의 특징을 제시하며, 조직에서의 단계별 의사결정이 어떠한 비합리성을 내포하는지를 설명한다. 즉, 의사결정이 몇 가지 단계로 구분된다는 시각은 완전한 합리성과 유사하다고 할 수 있으나, 의사결정이 진행되는 과정상의 속성과 그에 따른 결과는 제한된 합리성 시각을 따르고 있다고 할 수 있다.

완전한 합리성 모델에서는 가능한 모든 대안을 구하여 평가한다고 보는 반면, Mintzberg 모델은 과거의 경험에 기초한 대안을 살핀다고 가정하여 대안탐색의 폭을 매우 좁혀서 설명한다. 이러한 시각은 제한된 시간과 자원을 갖고 의사결정을 하는 관리자의 특징을 잘 설명해 준다. [도표 10-10]은 완전한 합리성 모델과 Mintzberg 모델의 차이점을 잘 보여준다.

도표 10-10 **완전한 합리성 모델 vs Mintzberg 모델**[22)]

특징	완전한 합리성	Mintzberg 모델
의사결정의 철학	기술적, 과학적	다원론적
의사결정의 권한	합법적, 합리적	관료적
의사결정의 과정	단계적	점진적
의사결정의 대안	최적화, 극대화	만족해

05 Garbage Can 모델

Garbage Can 모델

Cohen과 March 그리고 Olsen은 매우 모호하고 혼돈스러운 조직 의사결정 상황을 강조하는 Garbage Can 모델을 제시하였다.[23)] 이들은 조직 내 문제와 해결책, 그리고 이들의 연결고리가 무작위하게 조직 내에 산재한다고 가

22) S. Chilton (2003), *Rationality Vs. "Muddling Through*," The University of Minnesota.

23) M. Cohen, J. March, & J. Olsen (1972), "A Garbage Can Model of Organizational Choice," *Administrative Science Quarterly*, vol. 17, pp. 1~25.

정하고, 그 모습이 마치 휴지통 안에 뒤섞여 있는 쓰레기와 비슷하다고 해서 이를 Garbage Can 모델이라고 이름 지었다.

특히, 기존에 의사결정을 설명하는 모델들이 의사결정 과정을 문제 발생으로부터 대안의 탐색, 문제의 해결까지 순차적인 과정으로 묘사한 것에 비해, Garbage Can 모델은 조직 내에 여러 가지 문제, 대안, 기회 등의 사건들이 서로 독립적으로 조직 내에서 흘러 다니다가 우연한 기회에 결과를 가져온다고 설명한다.

Garbage Can 모델은 관리자의 의사결정이 문제의 인식으로부터 시작되는 것이 아니라, 해결책의 인식으로부터 문제를 찾게 될 수도 있음을 인정한다. 즉, 해결책을 적용하기 위해서 새롭게 문제를 정의한다는 것이다. 예를 들어, 우리 사회에 팀제가 새롭게 도입되었을 때 기존의 조직구조에 커다란 문제를 느끼지 않았다 하더라도 팀제를 적용하기 위해 조직개편을 하는 것이 그러한 케이스에 해당된다.

조직화된 무질서

조직화된 무질서(organized anarchy)로 조직 의사결정 상황을 정의한 Garbage Can 모델은 다양한 문제가 동시에 발생하며 해결을 요구하는 조직의 현실을 잘 반영한다.[24] 조직화된 무질서가 나타나는 이유는 크게 세 가지로 설명된다.[25]

첫째, 조직에는 확실한 선호체계가 존재하지 않고 조직구성원의 갈등과 만족수준에 의해 문제를 정의하고 해결한다. 혼자서 의사결정을 내리는 개인 의사결정과 달리 조직 의사결정은 다양한 사람들이 함께 모여 의사결정을 내리

24) M. Masuch & P. LaPotin (1989), "Beyond Garbage Cans: An AI Model of Organizational Choice," *Administrative Science Quarterly*, vol. 34, pp. 38~67.

25) R. Daft (2013), *op. cit*.

게 된다. 따라서 다양한 선호체계에 영향을 받으며, 이의 우선순위를 정하는 것은 쉽지 않다. 따라서 의사결정은 갈등을 해결하고 만족스러운 수준에서 이루어지는 경우가 많다.

둘째, 조직 의사결정을 위한 명확한 기술이 존재하지 않는다. 조직 내 의사결정은 대부분 시행착오를 거쳐 이루어지며 원인과 결과는 모호하다. 조직에서는 복잡한 사회적 과정을 통하여 과업이 수행되고 문제가 해결된다. 사회적 과정은 여러 가지 요인에 영향을 받는 모호성을 띠며, 하나의 결과를 설명하기 위해서는 다양한 원인이 존재할 수 있다. 따라서 의사결정에 필요한 명확한 기술이 보장되지 않는다.

마지막으로, 조직 의사결정에 참여하는 사람들은 매우 유동적이다. 시간과 자원의 압박으로 인해 의사결정에 참여하는 주체가 항상 변화하며, 문제를 해결하는 주체와 대안을 개발하는 주체, 그리고 의사결정을 내리고 실행하는 주체 모두 다르게 나타날 수 있다. 즉, 의사결정자의 일관성이 보장되지 않기 때문에 의사결정 과정은 혼란한 문제를 보유하게 된다.

조직 의사결정의 구성 요소

Garbage Can 모델은 조직의 혼란스러운 의사결정 상황에 존재하는 몇 가지 의사결정 요소를 설명하고 있다. 거대한 조직의 테두리 안에는 의사결정에 영향을 미치는 다양한 요소들이 혼재하며, 이러한 요소들이 서로 연결되는 사건이 발생할 때에 문제가 해결될 수 있다고 본다. 그러나 때로는 요소 간 연결이 이루어지지 않을 수도 있고, 잘못된 연결이 발생할 수도 있다. 이와 같이 Garbage Can 모델은 조직 내 의사결정이 예측할 수 없는 복잡한 요인과 사건을 통해 발생한다고 본다. Garbage Can 모델이 설명하는 주요 의사결정 요소로 문제, 해결책, 참여자, 선택의 기회 등이 존재한다.[26)]

26) M. Cohen, J. March, & J. Olsen (1972), *op. cit*.

문제

문제(problems)는 조직 내부와 외부에 있는 이해관계자가 기업의 활동과 관련하여 불만족을 느껴 관심을 기울이고 심각하게 고려하는 사항이라 할 수 있다. 업무의 실패, 승진과 경력, 조직 내 집단 간의 관계, 자원의 분배, 이데올로기, 사회 전반적 위기의식 등이 문제가 될 수 있다.

해결책

해결책(solution)은 누군가가 생산해 놓았거나 조직에 제안해 놓은 의견, 생각을 의미한다. 문제가 존재하기 때문에 해결책이 발생하는 것이 아니라, 조직 내 흘러 다니는 해결책이 문제 상황을 인지시킬 수도 있다. 우리가 무엇을 모르는지조차 모를 때에는 문제를 인지하지 못한다. 하지만 미처 몰랐던 개념을 우연히 마주하면 그때 비로소 문제를 인지하게 된다. 즉, 문제가 있기 전에 대답이 먼저 존재할 수 있다. 예를 들어, 시장에서 소비자의 요구가 있기 전에 기업에 신제품을 생산하는 경우가 여기에 해당된다. 시장에서의 문제제기 이전에 이미 해결책을 내놓는 것이다.

참여자

의사결정 참여자(participants)는 조직 내 존재하는 구성원으로 상황에 따라 늘 변화한다. 문제제기를 하는 자가 항상 해결책을 내놓는 것은 아니며, 의사결정자에 따라 참여하길 원하는 문제나 해결책의 특성이 다를 수도 있다. 또한, 사람마다 인식하는 문제의 특성 역시 달라지며, 조직구성원들은 서로 다른 다양한 업무를 수행하기 때문에, 각자의 시간에 의해 의사결정에 참여 여부가 달라진다.

선택의 기회

조직은 저마다 의사결정을 내려야 하는 상황을 직면하는데, 이때 선택의 기회(choice opportunities)가 발생한다. 계약을 체결하거나, 채용, 승진, 해고를 해야 하는 경우 의사결정자가 좋은 해결책을 발견하면, 자연스레 문제를 깨닫게 되어 해결책과 문제를 적절히 연결하게 된다.

도표 10-11 Garbage Can 모델과 의사결정 요소

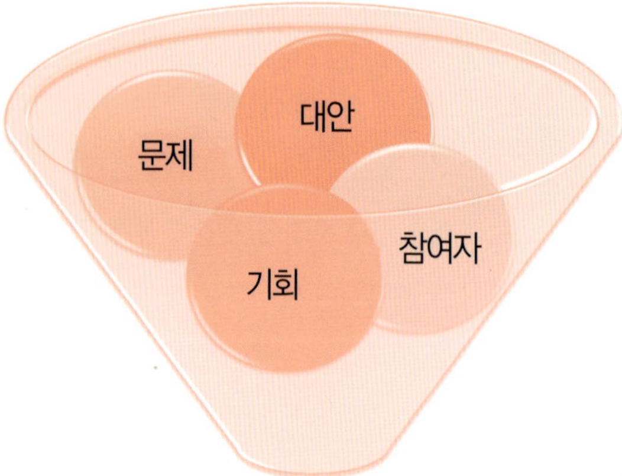

시사점

Garbage Can 모델은 조직의 의사결정 현실을 가장 잘 보여주는 장점을 갖고 있지만, 동시에 의사결정 과정에 대한 올바른 해법을 주지 못한다는 비판도 존재한다. 하지만 다른 모델이 설명하지 못하는 부분을 제시한 것은 분명하다. Garbage Can 모델로부터 우리는 조직의 의사결정 과정에 대해 몇 가지 특별한 점을 배울 수 있다.

첫째, 문제의 해결은 합리적인 의사결정의 결과라기보다는 선택의 기회에서 문제와 해결책이 우연히 만날 때 발생한다. 조직에서는 인지된 문제를 해결하기 위하여 대안을 적극적으로 개발하고 탐색하는 과정을 갖지 않은 채 의사결정이 이루어질 수도 있음을 보여준다.

둘째, 많은 선택이 이루어지지만 항상 문제가 해결되는 것은 아니다. 의사결정의 결과가 항상 기대했던 결과를 가져오는 것은 아니며, 오히려 잘못된 의사결정으로 인해 예전보다 더욱 악화된 결과를 맞이하게 되는 경우도 있다.

셋째, 해결책과 연결되지 않은 문제는 풀리지 않고 조직에 계속 남아 있다. 문제를 인식했다 하더라도 적절한 해결책이 연결되지 않을 때에는 해결되지 않은 문제를 계속 안고 가는 경우가 발생한다. 즉, 조직에는 아직 풀지 못한 여러 개의 문제들이 산재해 있을 수 있다.

넷째, 해결책이 문제에 앞서 존재할 수 있다. 기존의 과업수행 방법에 있어 문제를 인식하지 않은 상태에서도 충분히 이를 개선할 수 있는 새로운 해결책이 먼저 떠오를 수 있다. 즉, 조직 의사결정은 문제의 인식으로부터 출발하는 것이 아니라 해결책의 인식에서 출발하는 경우가 발생하기도 한다.

토의

01 구조화된 의사결정과 비구조화된 의사결정 상황의 구체적 사례를 제시하시오.

02 완전한 합리성과 제한된 합리성의 시각에 대하여 찬반 의견을 토의하시오.

03 세 개의 조직 의사결정 모델을 비교하고, 현실을 가장 잘 설명한다고 생각되는 모델을 선택하여 그 이유를 토의하시오.